R
2526.

R 2886

13606

HF/93/4101

REPONSE
AU LIVRE QUI A POUR TITRE

P. DANIELIS HUETII,
Episcopi Suessionensis designati,

CENSURA PHILOSOPHIÆ CARTESIANÆ.

Servant d'éclaircissement à toutes les parties de la Philosophie, sur tout à la Metaphysique.

Par PIERRE SILVAIN REGIS.

A PARIS,
Chez JEAN CUSSON, ruë saint Jacques, à l'Image de saint Jean Baptiste.

M. DC. XCI.
Avec Approbation & Privilege du Roy.

RÉPONSE
A LA CENSURE
DE LA PHILOSOPHIE
DE Mʳ. DESCARTES.

A
MONSIEUR LE VICOMTE
DE MONTAIGU.

PREFACE.

LES Ecrits de Mr. Descartes ont cela de commun, Monsieur, avec tous les ouvrages extraordinaires, que lors qu'ils ont commencé à paroître, ils ont esté presque universellement rejettez de tout le monde. Mais enfin ils ont insensiblement disposé les esprits &

ã ij

PREFACE

les cœurs à les recevoir; & la vérité s'y est tellement manifestée, que leurs plus grands ennemis sont devenus, & deviennent encore tous les jours leurs protecteurs.

Les Meditations Metaphysiques de Mr. Descartes furent d'abord dediées à la Societé de Sorbonne, qui fit choix de personnes sçavantes, judicieuses, & desinteressées pour les examiner. Mr. Arnaud en particulier les ayant receuës du P. Mersenne, les examina aussi, & proposa ensuite des difficultez qui ont esté mises depuis au quatriéme rang parmi les Objections qui furent faites presque en même temps par un grand nombre de Sçavans, à qui Mr. Descartes avoit envoyé ses Meditations pour estre examinées avant que de les mettre sous la presse.

Ces objections furent en si grand nombre, & si differentes, que Mr. Descartes osa dire qu'il seroit difficile aprés cela, d'en proposer qui fussent nouvelles, & qui n'eussent pas esté touchées par quelques-uns de tant & de si excellens Auteurs. C'est en effet ce que l'experience a confirmé depuis : car bien que de temps en temps il se soit élevé des personnes qui ont attaqué la doctrine de Mr. Descar-

PRÉFACE.

tés, il faut avoüer pourtant qu'ils n'ont apporté aucunes raison nouvelles; ils n'ont fait que rebattre les premieres objections; ou s'ils ont dit quelque chose de different, cela a paru plus digne de pitié que de réponse. Delà vient que les Disciples de Mr. Descartes ont gardé le silence à l'égard de ces personnes, ne doutant point que de tels ouvrages ne deussent se détruire par eux-mêmes; en quoy l'on a bien vû par les suites, qu'ils n'ont pas esté trompez.

Entre les derniers Auteurs qui ont écrit contre Mr. Descartes, les deux plus considerables sont Samuël Parker, Archidiacre de Cantorbery, & Mr. Huet nommé à l'Evêché de Soissons, & depuis à l'Evêché d'Avranche. Comme ils sont l'un & l'autre distinguez par leur merite personnel, par leur doctrine profonde, & par la dignité de leurs emplois, on n'a pas cru que leurs objections deussent demeurer sans réponse comme celles des Antagonistes vulgaires de Mr. Descartes.

Mr. Le Grand, fameux Cartesien, a répondu aux difficultés de Samuel Parker, dans un livre qui a pour titre: *Apologie de René Descartes, faite par Anthoine le Grand contre Samuel Parker Archidiacre de Cantorberi*, imprimée à

PRÉFACE

fondres l'an 1679. Et vous m'obligez aujourd'huy, Monsieur, à répondre aux objections de Mr. Huet.

Je dis, Monsieur, que vous m'y obligez : car vous sçavez combien de fois vous m'avez demandé ce que je pensois de ces objections, & combien de fois je vous ay répondu, qu'elles me paroissoient extremement fortes, & bien concertées. Vous inferiez delà, que j'estois obligé d'y répondre : vous disiez, qu'ayant à peu prés les mêmes Principes que Mr. Descartes, je ne pouvois abandonner sa défense sans negliger la mienne ; que Mr. Huet par son credit & par son éloquence, avoit imposé aux plus habiles gens, & que tous les esprits mediocres croyoient que ç'en estoit fait de la doctrine de M. Descartes, puis qu'un si grand homme s'étoit declaré contre elle. J'opposois à cela, que ces sortes de réponses sont difficiles ; que le succez en est douteux ; qu'on s'ennuye d'ordinaire en les lisant, sur tout quand la satyre en est bannie, comme elle le sera toujours de tout ce que je feray. Vous repliquiez que vous estiez garand de l'évenement ; que je venois de faire imprimer un corps entier de Philosophie qui rendoit ces matieres plus presentes à mon esprit ; que je les devois ma-

PRÉFACE

tier avec plus de facilité qu'un autre; que les réponses que j'avois faites à quelques Articles particuliers, & que vous aviez vûës, vous avoient paru claires & faciles; qu'elles estoient de la portée de tout le monde, & que même elles serviroient d'éclaircissement à toute la Philosophie, & particulierement à la Metaphysique.

Je n'ay pû resister à tant de raisons, MONSIEUR, mais j'ay cedé sur tout au desir que j'ay toujours eu de vous obeïr; car il m'a paru que vous vouliez absolument que je misse la main à l'œuvre. En effet à qui dois-je obeïr plûtost qu'à vous dont je respecte le rang & la qualité? Qui dois-je écouter plutost que vous, dont la prudence & le bon conseil me sont connus par de si longues experiences? Et à qui dois-je me rapporter du Jugement de cet Ouvrage plûtost qu'à vous, qui avez une parfaite connoissance de la Philosophie, & qui excellez aux Mathematiques?

Pour proceder donc à cette Réponse avec le plus d'ordre qu'il me sera possible, je tâcheray de suivre l'Auteur pas à pas. Pour cet effet, je diviseray chaque Chapitre de son Livre en ses Articles, & je répondray en suite à chaque Article selon

PRÉFACE

l'ordre qu'il aura esté proposé ; observant toujours cette regle, que je mettray au commencement le propre Texte de l'Auteur traduit en François, pour la facilité de ceux qui n'entendent pas le Latin. Cette Traduction ne répondra pas à la verité à l'élegance du Latin de Mr. Huet (comme personne n'écrit aussi bien que luy en cette Langue :) mais je tâcheray du moins de faire en sorte que mes expressions répondent exactement aux pensées de l'Auteur ; afin de ne diminuer en rien la force de ses argumens. Je ne traduiray pas même les Articles tous entiers ; je ne mettray de chacun que ce qui regarde le fond de la doctrine de Mr. Descartes ; car pour ce qui concerne sa personne, sa vie, ses mœurs, &c. je me contenteray de le marquer par des lignes ponctuées.

Et parce que dans chaque Article, il y a d'ordinaire plusieurs raisonnemens differens ; pour faire que le Lecteur ait plus de facilité à rapporter chaque réponse à son argument, je mettray à la tête & de l'argument & de la réponse, une même lettre italique, qui marquera le rapport qu'ils ont ensemble.

Au reste, je ne doute pas que mes réponses ne paroissent trop courtes à ceux

PRÉFACE.

qui voudront simplement les comparer avec le Texte de l'Auteur article par article : mais ils doivent considerer que mon but n'a pas esté de répondre à chaque mot, mais seulement à l'essentiel de chaque raisonnement ; ce que j'ay fait souvent en peu de paroles. Que si l'on trouve que je ne me sois pas assez expliqué pour me rendre intelligible, je seray obligé d'avouer franchement que je me suis éloigné de mon but, qui n'a pas esté de devenir obscur par ma breveté, mais seulement de devenir moins ennuyeux ; & de plaire à mon Lecteur, en laissant quelque chose à son intelligence.

Fautes à corriger.

Page 36. lig. 18. 66, *lisez* 56.
Page 60. lig. 30. qu'ils, *lisez* que les Geometres.
Pag. 84. lig. 15. &, *lisez* est.
Page 88. lig. 11. approuvent, *lisez* apperçoivent.
Page 106. lig. 11. de, *lisez* dans
Page 126. lig. 8. se contredire, *lisez* leur contredire. *La même faute se trouve à la réponse.*
Page 142. lig. 19. de pensées, *lisez* de penser.
Ibid. lig. 25. parler, *lisez* penser.
Page 146. lig. 29. se puisse, *lisez* puisse.
Ibid. lig. 30. en, *lisez* se.
Page 169. lig. 23. sent, *lisez* connoît.

CENSURE

DE LA PHILOSOPHIE
DE DESCARTES,

Faite par Pierre Daniel Huet, nommé à l'Evêché de Soissons.

RÉPONSE A CE TITRE.

Je ne m'arrêteray pas, MONSIEUR, à examiner le titre de ce Livre : je croy qu'il vous importe peu de sçavoir ce que veut dire icy le mot de *Censure*; s'il signifie un simple jugement, ou une vraye condamnation de la Philosophie de Mr. Descartes. Et en effet, pourquoy vous importeroit-il, puis que vous ne reconnoissez Mr. Huet ni pour Juge, ni pour Examinateur legitime des Ouvrages de ce grand Philosophe ?

PREFACE,

CENSURE DE LA PHILOsophie de Descartes. A Mr. le Duc de Montausier, Pair de France.

Vous m'avez demandé souvent, Monsieur, ce que je pensois de la Philosophie de Descartes, qui a esté si bien reçuë dans ce siecle, qu'il semble qu'elle ait aboli toutes les autres. Ayant connu que je ne l'approuvois pas, vous m'en avez demandé souvent la raison ; & je vous l'ay proposée selon les occasions, tantost en peu de paroles, & tantost par de longs discours ; mais toujours avec sincerité, &c.

Réponse a la Preface.

Je ne m'arrêteray pas non plus, Monsieur, à l'examen de la Preface ; car qu'importe de sçavoir les motifs qui ont porté Mr. Huet à écrire contre Mr. Descartes ? Cela certes ne nous regarde point, nous qui n'avons pour but que de deffendre le fond de la doctrine de ce Philosophe contre les objections de Mr. Huet.

Réponse,

RÉPONSE
AU LIVRE QUI A POUR TITRE,
P. DANIELIS HUETII,
Episcopi Suessionensis designati,
CENSURA PHILOSOPHIÆ
Cartesianæ.

CHAPITRE I.

Où l'on examine le sentiment de Descartes touchant le doute, & touchant cet argument: Je pense, donc je suis.

CENSURE. ARTICLE I.

ESCARTES a posé le doute pour fondement de toute sa Philosophie. (*a*) [Et il ne veut pas que nous doutions legerement, & en passant, mais de telle sorte que nous tenions pour incertaines, & même

A

pour fausses, non seulement toutes les choses qui nous ont paru auparavant douteuses ou vraisemblables, mais encore celles que nous avons regardé comme tres certaines; sans même en excepter les principes qui sont connus par eux-mêmes & par la lumiere naturelle, tels que sont ceux-ci, Deux & deux font quatre, Le tout est plus grand que sa partie.... Il établit encore pour maxime de regarder comme des fictions de l'esprit les corps que nous voyons, que nous touchons, & le monde même qui nous environne; il veut encore que nous soyons incertains si nous sommes nous-mêmes, & par ce moyen il établit un doute si general qu'il ne lui reste rien dont il soit assuré.

RÉPONSE A L'ARTICLE I.

Il est vrai, Monsieur, que Mr. Descartes a commencé sa Philosophie par le doute, & que dans toute sa premiere Meditation il a établi les raisons qu'il avoit de douter de tout ce qu'il croyoit estre parvenu à sa connoissance par les sens, ou par ailleurs: mais il n'a jamais posé le doute pour fondement de sa Philosophie.

Par le fondement de la Philosophie Mr. Descartes & tous les Philosophes entendent une verité simple & connuë par elle-même sur laquelle toutes les autres veritez de la Philosophie sont appuyées; & nous n'entendons par le doute de Mr. Descartes qu'une simple suspension de jugement à l'égard de tout ce qu'il croit sçavoir, pour avoir lieu de l'examiner de nouveau : ce qui a fait que Mr Descartes après avoir resolu de douter de tout dans sa premiere meditation, a commencé d'examiner tout dans la seconde.

(*a*) Mr. Descartes ne veut point que nous doutions legerement & en passant ; il veut que nous persistions à douter jusqu'à ce que nous ayons si bien examiné les choses que nous puissions determiner precisément si elles sont vrayes ou fausses : mais il n'a jamais dit qu'il fallût tenir pour incertaines, & même pour fausses les veritez les plus évidentes, & celles que nous avons regardées comme tres-certaines. Il a seulement dit dans le nomb. second de la premiere partie des Principes qu'il falloit douter des choses évidentes, & tenir pour fausses les incertaines ; ce qui est fort different. Il faut ajouter, Monsieur, que quand il a dit qu'il faloit douter des choses évidentes, il n'a pas entendu parler d'un doute veritable, qui se tire de la nature même des choses qui ne se manifestent pas assez à notre esprit pour y produire des idées claires & distinctes, mais d'un doute feint & de methode, qu'il appelle lui-même dans le 30. nombre de la 1. partie des Principes, Hypothetique,

Hyperbolique, ou Metaphysique; parce qu'il depend non de la nature des choses, mais de la seule resolution qu'il a faite d'examiner de nouveau, non seulement tout ce qu'il a crû sçavoir, mais encore tout ce qui se presentera à l'avenir à son esprit pour en porter son jugement.

Socrate, Platon & Carneades ont douté de la même maniere que Mr. Descartes. Aristote a fait encore un Livre exprés de l'utilité de douter; sans qu'il serve de rien de dire que Mr. Descartes a poussé le doute plus loin que ces Philosophes, en ce qu'il a douté, & même tenu pour fausses les choses qui sont connuës par la lumiere naturelle. Car outre qu'il vient d'être dit que Mr. Descartes n'a jamais tenu pour fausses les choses évidentes, cette expression, *douter de ce qui est connu par la lumiere naturelle*, signifie uniquement, selon lui, qu'il faut examiner tout de nouveau ce qui paroît de plus évident. Ainsi ce n'est pas une grande merveille si Mr. Descartes doute s'il est; s'il y a des corps; s'il y a un monde, &c. Parce que son doute Hypothetique, Hyperbolique, ou Metaphysique, comme il l'appelle, étant general, il embrasse tout, tant ce qui est évident que ce qui est incertain.

Il y a donc deux sortes de doute: un

doute veritable, & un doute feint & de methode. Le doute veritable procede comme il a été dit, de la nature même des choses qui ne se découvrent pas assez à l'esprit pour paroître entierement evidentes ; & le doute feint & de methode procede, non des choses mêmes, mais de la resolution que nous prenons de remettre à l'examen tous les jugemens que nous avons faits. Ce qui merite d'autant plus d'estre remarqué, que c'est de là que dependent tous les faux raisonnemens que l'Auteur de la critique fait contre le doute de Mr. Descartes ; ayant toujours conclu du doute feint & de methode, ce qui ne se peut conclure que du doute veritable.

Censure. Article II.

Descartes dit pour établir les raisons de son doute que les sens sont des trompeurs ; que pendant le sommeil nous croyons sentir plusieurs choses qui ne sont point ; que nous ne pouvons distinguer les choses qui nous arrivent en dormant d'avec celles qui nous arrivent étant éveillez ; que la raison humaine est obscure & sujette à l'erreur ; que nous ne sçavons pas si Dieu nous a faits tels que nous nous trompions toujours, même dans les choses qui nous paroissent les plus évidentes. Il faut bien prendre garde à ce que cela veut dire, de peur que quand Descartes aura rempli son esprit & le nôtre de doute & d'incertitude, il ne tâche de nous surprendre & de ne douter plus lui même. (*) Il faut, dit-il, douter de tout sans exception pour éviter l'erreur, & pour parvenir à la verité; parce que les sens & la raison nous trompent souvent, & que nous ne sçavons pas si Dieu nous a faits pour estre toujours trompez.....

RÉPONSE A L'ARTICLE II.

Il est vray que Mr. Descartes a établi son doute hypothetique & de methode sur les raisons que l'Auteur de la Critique rapporte ; mais il n'a eu en cela aucun dessein de nous surprendre : son but n'a pas esté, en nous faisant douter de tout, de nous mettre dans cet estat pour nous y abandonner & pour s'en retirer lui-même, sans que nous nous en apparcevions, puisqu'au contraire il ne nous a voulu faire douter de tout que pour nous preparer à examiner tout, afin d'estre plus assurez ensuite de ce que nous aurons examiné aprés ce doute.

(*a*) Il dit à la verité, qu'il faut douter de tout sans exception, parce que les sens nous trompent ; mais il ne dit jamais que la raison nous trompe. Il y a une tres-grande difference entre dire que les sens nous trompent, & dire que la raison nous trompe : dire le premier, c'est assurer qu'il arrive souvent que nous jugeons faussement touchant les choses que les sens nous rapportent ; & dire le second, c'est assurer que nous sommes trompez, lors même que nous usons le mieux qu'il est possible de la faculté que nous avons de juger ou de raisonner : ce qui ne se peut dire sans attribuer à Dieu la cause de toutes nos erreurs. Car, comme l'a tres-bien remarqué Mr. Descartes dans la Réponse aux 4. Objections, dans les jugemens clairs & exacts, lesquels s'ils estoient faux, ne pourroient estre corrigez par d'autres plus clairs ni par l'aide d'aucune autre faculté naturelle, nous ne pouvons estre trompez ; parce que si nous l'estions, Dieu devroit estre tenu pour un trompeur ; ce qui repugne à l'idée d'un estre parfait & souverainement bon, tel qu'est Dieu. Ainsi vous voyez, Monsieur, que dans cet Article, lorsque l'Auteur dit que la raison humaine est obscure & sujette à l'erreur, il confond l'obscurité des idées avec la fausseté des jugemens & des raisonnemens, & qu'il ne distingue pas assez la faculté que nous avons de raisonner d'avec le mauvais usage que nous faisons de cette faculté.

CENSURE. ARTICLE III.

Ce qui est premierement digne de blâme en Descartes, c'est que lui qui avoit résolu de douter de tout pour découvrir la verité ; pour mieux douter a résolu de tenir toutes choses non seulement pour incertaines, mais encore pour fausses ; ce qui est manifestement contraire à son dessein. (*a*) Car celui qui tient une chose pour fausse, n'en doute pas plus que celui qui la tient pour vraye ; mais il croit & assure qu'elle est fausse : & celui qui croit & assure, ne doute point, mais celui-là seul doute qui suspend son consentement, & qui est incertain si la chose est vraye ou fausse.

RÉPONSE A L'ARTICLE III.

Je tombe d'accord avec l'Auteur de la Censure, que Mr. Descartes auroit agi contre l'intention qu'il avoit de découvrir la verité, si sans aucun dessein d'examiner les choses, il avoit résolu de tenir pour fausses toutes celles qui lui paroistroient incertaines. Mais s'il ne l'a resolu (comme il est vray) que pour avoir lieu d'examiner plus exactement tout ce qui se presentera à son esprit. Bien loin que cette conduite fasse obstacle à son dessein, elle le favorise beaucoup ; n'y ayant rien, comme dit Aristote au Chapitre II. du premier Livre de la Metaphysique, qui aide tant à découvrir la verité que d'examiner attentivement les choses qu'on desire sçavoir.

(*a*) Et il ne serviroit rien à l'Auteur de dire que celui qui tient une chose pour fausse, n'en doute pas plus que celui qui la tient pour vraye, & partant que Mr. Descartes détruit son doute à l'égard de toutes les choses qu'il tient pour fausses : car il est aisé de répondre que la fausseté que Mr. Descartes attribuë aux choses incertaines n'estant qu'hypothetique, elle ne peut empêcher qu'il ne doute de ces mêmes choses. D'où je conclus encore que l'Auteur de la Censure confond la fausseté hypothetique & de methode, avec la veritable fausseté.

Censure. Article IV.

Descartes cherchant ensuite avec empressement quelque étincelle de verité, croit que la premiere qui se presente à lui, est qu'il existe ; car quoy qu'il se trompe toujours, quoy qu'il dorme, ou que Dieu l'ait fait tel qu'il soit toujours dans l'ignorance, neanmoins parce qu'il pense, il est necessairement ; d'autant qu'il repugne (ce sont ses propres paroles) que nous croyions que ce qui pense ne soit pas dans le temps même qu'il pense. Il établit donc pour fondement de toute sa Philosophie, cette proposition, *Je pense ; donc je suis*. Il nous reste maintenant à examiner tout cela.

RÉPONSE AU IV. ARTICLE.

L'Auteur de la Censure ne fait que proposer dans cet Article les raisons dont Mr. Descartes se sert pour s'assurer de son existence : Il ajoute seulement que Mr. Descartes établit pour fondement de sa Philosophie cette proposition, *Je pense ; donc je suis*. Ce qui fait voir que nous avons eu raison d'assurer dans la Réponse au premier Article, que ce n'estoit pas dans le doute que Mr. Descartes mettoit le fondement de sa Philosophie, mais seulement qu'il commençoit sa Philosophie par le doute : ce qui est fort different.

CENSURE. ARTICLE V.

Je dis premierement que Descartes pose comme une chose accordée ce qui est en question. Il s'agit de sçavoir s'il est, & avec raison; car qui veut douter de tout, doit douter s'il est...... Et aussitost pour prouver qu'il est, Je pense, dit-il, donc je suis : Mais qu'est-ce que ce *je* ? C'est sans doute quelque chose qui existe. Il cherche donc s'il est, & il suppose qu'il est; il suppose donc ce qui est en question. (*a*) De plus, comment faut il entendre ce *je pense* ?

C'est sans doute que je suis pensant : d'où je forme cet argument; *Je suis pensant; donc je suis*: ce qui revient à cet argument de Chrysippe : S'il est jour, il est jour : or il est jour, donc il est jour. *Si je suis, je suis: or je suis; donc je suis.* Ainsi je suppose dans cet argument que je suis pour prouver que je suis, c'est à dire, que je tombe dans un cercle de Logique. (*b*) Il faut ajouter que quand Descartes dit, Je pense, il dit non seulement qu'il est, mais encore qu'il est une chose qui agit; en quoy il suppose également & la chose qui est, & l'action de cette chose. (*c*) Or nous sçavons qu'il y a eu des gens fort habiles qui ont répondu à Descartes, lors qu'il s'est vanté de cette invention, que cette proposition, *Je pense*, n'estoit pas plus vraye que toutes les autres qu'il tient pour fausses. Et certes ils lui ont répondu cela avec raison : car celui qui doute s'il est, peut bien douter s'il pense. Surquoy Descartes n'a pû se deffendre qu'en recourant à la lumiere naturelle, à laquelle il avoit pourtant dit qu'il ne falloit pas se fier. (*d*) De plus, voici quel est le fondement de cet argument : *Celui qui pense est* ; mais il devoit mettre cette proposition au commencement de son argument : *Tout ce qui pense est : je pense ; donc je suis.* (*e*) Ainsi Descartes abandonne encore sa promesse, & prend pour certain ce qui est aussi douteux que tout ce qu'il a tenu pour faux; tant il est vray qu'il a bientost oublié cette belle resolution de tenir tout pour faux; dans laquelle s'il eût persisté, comme il convenoit à un grand Philosophe, lors que cette proposition *Je pense* lui est venuë dans l'esprit, il l'eût reputée pour fausse avec tout le reste. (*f*) Sinon il la devoit excepter de cette Loy generale de tenir tout pour faux : ce que n'ayant pas fait, cette Loy doit passer pour imprudente & pour temeraire.

RE'PONSE A L'ARTICLE V.

L'Auteur de la Censure commence ici à entrer en matiere. Il veut faire voir que Mr. Descartes est tombé dans une petition de principe, lors qu'il a dit, *Je pense, donc je suis*. Nous pretendons faire voir au contraire qu'il n'y est pas tombé ; & pour le prouver, nous allons proposer l'argument même de l'Auteur, afin de répondre à chaque proposition l'une aprés l'autre. Voicy cet argument. *Mr. Descartes cherche à sçavoir s'il est*. Cela est vray. *Et aussitost pour prouver qu'il est: Je pense, dit-il ; donc je suis*. Nous convenons encore de cela. *Mais qu'est ce que ce Je ? C'est sans doute quelque chose qui existe*. Nous répondons que ce je n'est point une chose qui existe, mais une chose qui pense. *Il cherche donc s'il est*. Cela est vray ; *& il suppose qu'il est*; Cela n'est pas vray. *Il suppose donc ce qui est en question*. Nous nions cette consequence : & il n'importe de dire que tout ce qui pense existe, car cela peut estre vray sans que Mr. Descartes le sçache; & ce qui fait voir qu'il ne sçait pas encore, c'est qu'il ne parvient à la connoissance de son existence que par sa pensée. C'est pourquoy quand il dit, *Je pense ; donc je suis*, il ne tombe point dans un cercle de Logique ; car ce cercle n'est autre chose que prouver une verité par elle même consideree de la même maniere ; ce qui n'arrive pas à Mr. Descartes à l'égard de la pensée & de l'existence ; car supposant même que ce qui pense soit existant, il le connoit plutost sous la forme de pensant que sous celle d'existant ; ce qui suffit pour éviter ce pretendu cercle, dans lequel il tomberoit seulement, si son existence estoit connuë par elle-même comme l'est sa pensée.

(*a*) Quand Mr. Descartes dit, *Je pense*, ou, *je suis pensant*, ce qui est la même chose, il ne tombe pas non plus dans un cercle de Logique semblable à celui de Chrysippe : *S'il est jour, il est jour : Or il est jour ; donc il est jour*. Car il y a cette difference entre l'argument de Mr. Descartes & celui de Chrysippe, que dans celui-ci la consequence & les premisses sont identiques, c'est à dire, qu'elles renferment la même chose consideree de la même maniere ; & que dans l'autre elles ne considerent pas la même chose ; ou si elles la considerent, c'est sous des idées differentes: en sorte que comme Chrysippe eût bien raisonné, s'il eût dit, Le soleil luit; donc il est jour; parce qu'encore que le jour & la lueur du soleil soient une même chose, l'idée du jour dépend de celle de la lueur du soleil; Mr. Descartes raisonne aussi fort bien, quand il dit, *Je pense; donc je suis*; parce que la connoissance de son existence dépend de celle de sa pensée.

(*b*) De plus, si quand Mr. Descartes dit *Je pense*, il ne dit pas qu'il est, & qu'il existe, il ne dit pas à plus forte raison qu'il agit; car tout le monde sçait que l'action suppose l'estre. C'est pourquoy il ne tombe point dans le cercle de Logique que l'Auteur suppose.

(*c*) C'est donc sans raison qu'on a répondu à Mr. Descartes, que cette proposition, *Je pense*, n'estoit pas plus vraye que plusieurs autres qu'il tenoit pour fausses, puis qu'elle est connuë par sa propre nature, & que les autres ne sont connuës que par elle; ce qui fait qu'on peut fort bien douter si l'on est, sans pouvoir douter si l'on pense: d'autant que douter si l'on est, c'est douter de son estre, qui n'est connu que par la pensée; au lieu que douter si l'on pense, c'est douter de la pensée qui est connuë par elle même: ce qui repugne.

Ainsi Mr. Descartes pour se deffendre a recouru fort à propos à la lumiere naturelle : D'où vient que quand il a assuré qu'il ne falloit pas se fier à cette lumiere, il n'a voulu dire autre chose, si ce n'est qu'il ne falloit pas s'y fier de telle sorte, que cela nous empechât d'examiner tout de nouveau les choses que nous avions cru connoître par cette lumiere, avant que de les avoir examinées.

(*d*) L'Auteur de la Censure ajoute, que Mr. Descartes pour former un bon argument, devoit mettre au commencement cette proposition, *Tout ce qui pense est*, & dire, *Tout ce qui pense est : je pense, donc je suis*. Mais c'est inutilement qu'il l'ajoute : car il n'y a point de petit Logicien qui ne sçache que dans les Syllogismes on n'exprime pas toujours trois propositions ; parce que souvent une seule suffit pour en faire connoistre deux à l'esprit, comme il arrive dans cette occasion, & generalement dans toutes celles où au lieu de Syllogismes, on ne forme que des Enthymêmes.

(*e*) Mr. Descartes n'abandonne point la resolution qu'il a faite de douter de tout, ou de tenir tout pour faux, lorsqu'il admet des choses pour vrayes : car, comme il n'a fait cette resolution que pour avoir lieu d'examiner les choses douteuses & incertaines, il y persiste autant qu'il faut, & qu'il est necessaire, en y demeurant jusqu'à ce qu'il ait examiné ces choses ; après quoy il ne seroit pas convenable à un grand Philosophe comme lui, quand cette proposition, *Je pense*, lui vient dans l'esprit, de la reputer pour fausse ; puis qu'après l'avoir bien examinée, elle lui a paru vraye.

(f) Je le dis encore que Mr. Descartes ne s'est jamais fait une loy generale de tenir tout pour faux, & qu'il a seulement resolu de reputer pour tel ce qui lui paroistroit incertain ; car pour les choses évidentes, il s'est contenté de les regarder comme douteuses, comme il a esté remarqué dans la réponse au premier Article.

Concluons donc, 1. Que Mr. Descartes ne tombe point dans des cercles de Logique, quand il dit, *Je pense ; donc je suis. Je suis pensant ; donc j'existe. Je pense ; donc j'agis.* 2. Qu'il n'est point de l'essence d'un Syllogisme d'avoir trois propositions exprimées. 3. Que Mr. Descartes n'abandonne point la resolution qu'il a faite de douter, quand il admet des choses pour vrayes, après les avoir bien examinées. 5. Qu'il n'a jamais établi pour maxime de tenir tout pour faux.

Censure. Article VI.

Nous avons examiné cet antecedent *je pense*; voyons ensuite ce que Descartes conclut delà. *Donc je suis*, dit-il. Mais si nous nions cette consequence, comment la prouvera t-il ? Sera-ce par les regles de la Dialectique ? Non; car ayant resolu de tenir toutes choses pour fausses, il ne peut ajouter foy aux regles de la Logique. (*a*) Mais que répondra t-il, si nous lui objectons que bien qu'on lui accorde que celui qui pense est, il peut estre aussi que celui qui pense n'est pas; car c'est le sentiment de Descartes que Dieu peut faire que deux propositions repugnantes soient vrayes tout à la fois. D'où il s'ensuit qu'il se peut faire que celui qui pense soit & ne soit pas. (*b*) Que s'il est aussi vray que celui qui pense ne soit pas qu'il est vray qu'il soit, que Descartes voye où nous conduit une demonstration de laquelle on peut conclure deux choses aussi contraires. S'il répond qu'il repugne que ce qui pense ne soit pas lors qu'il pense, nous disons par la même raison qu'il repugne que ce qui est ne soit pas lors qu'il est. C'est pourquoy, puisqu'il enseigne qu'il se peut faire que ce qui est ne soit pas tandis qu'il est, quoy que cela répugne, nous disons aussi qu'il se peut faire qu'une personne pense, & qu'elle ne soit pas tandis qu'elle pense.

Réponse a l'Article VI.

Aprés avoir tanté de détruire cet antcedent, *Je pense* ; voici comment l'Auteur de la Censure attaque la consequence, *donc je suis*. Si nous nions cette consequence, dit-il, comment la prouvera Descartes? Nous répondons qu'il la prouvera par les regles de la Logique. Mais replique l'Auteur, il veut tenir ces regles pour fausses. Cela est vray ; mais ce n'est qu'hypotetiquement qu'il les veut tenir pour telles, afin d'avoir lieu de les examiner. Or qui le peut empêcher, quand il les a examinées, de les tenir pour vrayes, si elles lui ont paru telles ?

(*a*) Si Mr. Huet objecte que le sentiment de Mr. Descartes est que Dieu peut faire que deux propositions repugnantes soient vrayes, & partant que bien qu'on lui accorde que celui qui pense est, il peut estre vray qu'il n'est pas ; nous répondrons que tant s'en faut que Mr. Descartes croye que Dieu puisse faire les choses qui repugnent, il enseigne au contraire en plusieurs endroits de ses ouvrages, & sur tout dans la premiere partie de ses Principes, qu'il y auroit de la contradiction à dire que sa pensée fût sans lui. Voici comment il parle : *Pendant que nous rejettons tout ce dont nous pouvons douter, & que nous feignons même qu'il est faux, nous supposons facilement qu'il* n'y a point de Dieu, de Ciel, ni de Terre, & que nous n'avons point de corps: mais nous ne sçaurions supposer de même que nous ne sommes point pendant que nous doutons de la vérité de toutes ces choses: car nous avons tant de repugnance à concevoir que ce qui pense n'est pas veritablement au même temps qu'il pense, que nonobstant les plus extravagantes suppositions, nous ne sçaurions nous empêcher de croire que cette conclusion, *Je pense, donc je suis*, ne soit vraye. Ce qui fait voir, que si Mr. Descartes a dit quelque part que Dieu peut faire que ce qui est ne soit pas, il l'a dit par une de ces suppositions qu'il appelle *extravagantes*, nonobstant lesquelles il ne peut s'empêcher de croire que ce qui pense, existe pendant le temps qu'il pense; ou il l'a dit par rapport à la puissance extraordinaire de Dieu, de laquelle il ne s'agit pas ici, où nous ne parlons que des choses considerées dans le cours ordinaire de la nature.

(6) Mr. Descartes ne fait donc point de demonstration d'où l'on puisse conclure des choses repugnantes; puisque s'il dit d'un costé qu'il repugne que ce qui pense ne soit pas, lors qu'il pense; il ne nie pas de l'autre qu'il ne repugne aussi que ce

qui eſt, ne ſoit pas, lors qu'il eſt. C'eſt pourquoy, puiſque Mr. Deſcartes n'enſeigne point qu'il ſe puiſſe faire que ce qui eſt ne ſoit pas tandis qu'il eſt; par la même raiſon l'Auteur de la Cenſure ne peut pas dire qu'une perſonne penſe, & qu'elle ne ſoit pas tandis qu'elle penſe.

Mr. Huet prend ici la fauſſeté hypothetique des regles de la Logique pour une fauſſeté veritable, & attribuë à Mr. Deſcartes un ſentiment qu'il n'a pas, qui eſt que Dieu peut faire les choſes mêmes qui repugnent : ce qu'il n'a jamais enſeigné, ou s'il l'a enſeigné quelque part, ce n'eſt que par des ſuppoſitions qu'il appelle lui-même *extravagantes*.

Censure. Article VII.

Il faut ajouter, que quoy que Deſcartes prenne cette propoſition, Je penſe, donc je ſuis, pour la premiere, il y en a pourtant pluſieurs autres qui la doivent preceder, comme celle-là : *Tout ce qui penſe eſt*, & encore mieux celui-ci qui eſt plus ſimple ; *Tout ce qui agit eſt*. (*a*) Mais nous ne ſçaurions connoiſtre que ce qui agit eſt, que nous ne ſçachions ce que c'eſt qu'agir & ce que c'eſt qu'eſtre. Or pour connoiſtre ce que c'eſt qu'agir, il faut connoiſtre quel eſt l'agent, quelle eſt la cauſe qui le fait agir, comment il agit, & pourquoy il agit. De plus, pour connoiſtre ce que c'eſt que l'eſtre, il faut sçavoir ce que c'est qui est, quelle est la cause qui le fait estre, comment il est, & pourquoy il est. (*b*) Il faut de plus que les regles de la Dialectique soient fort presentes à l'esprit de celuy qui pense pouvoir déduire certainement de ces deux antecedens, *Celuy qui pense est: je pense*, cette consequence *; donc je suis*. (*c*) Descartes répond, que toutes les propositions qui precedent celle-cy sont connuës par la lumiere naturelle : ce que je ne puis admettre. Je pretends au contraire qu'elles sont fort inconnuës.

RÉPONSE A L'ARTICLE VII.

Tant s'en faut que cette proposition, *Tout ce qui pense existe*, doive preceder celle-cy, *Je pense, donc je suis*, elle n'en est au contraire qu'une suite & une dependance. Car il faut remarquer que tout ce qui existe est singulier, & que ce n'est que par des abstractions d'esprit que nous le rendons general, en cessant de faire attention à ce qu'il a de particulier pour ne considerer que ce qu'il a de commun. Par exemple nous rendons general un triangle qui estoit singulier, en ne considerant en luy autre chose, sinon que c'est une figure à trois lignes & à trois angles; car alors l'idée que nous en formons peut servir à representer tous les autres triangles aussi bien que celuy-là. Ce qui fait voir que l'esprit n'auroit jamais l'idée d'un triangle general, si par des abstractions il ne la formoit de l'idée de quelque triangle singulier. Or par la même raison qu'un triangle general suppose un triangle singulier, toutes les propositions generales en supposent de singulieres : d'où il s'ensuit que je ne connoistrois jamais cette proposition generale, *Tout ce qui pense existe*, si je ne connoissois auparavant cette proposition singuliere, *Je pense; donc je suis*. En effet l'esprit ne peut connoistre que tout ce qui pense existe, sans penser; & il ne peut penser sans connoistre qu'il pense, ny connoistre qu'il pense sans sçavoir qu'il existe. Ainsi la premiere notion de l'esprit est la connoissance de sa pensée & de son existence. Mais si cette notion, *Je pense ; donc je suis* precede cette autre, *Tout ce qui pense existe*, elle precedera à plus forte raison cette autre, *Tout ce qui agit existe*; car nous ne connoissons point d'autre action que celle de penser ; c'est pourquoy la notion de penser precedera encore celle d'agir : ce qui renverse entierement le raisonnement de l'Auteur.

(*h*) Il objecte que nous ne pouvons pas connoistre que tout ce qui agit est, sans sçavoir ce que c'est qu'agir & ce que c'est qu'estre ; & que pour sçavoir ce que c'est qu'agir, il faut connoistre l'agent, la maniere dont il agit, la cause qui le fait agir, & la fin pour laquelle il agit ; & que pour connoistre l'estre, il faut sçavoir ce qui est, ce qui le fait estre, comment il est, & pourquoy il est. Nous répondons que Mr. Huet parle là d'une connoissance parfaite que les Latins appellent *adæquata*, de laquelle il ne s'agit pas icy, où il n'est question que de la simple connoissance de notre existence, qui est la premiere & la plus simple de toutes nos connoissances, puis qu'elle les precede toutes, & qu'il est impossible d'en avoir aucune qui ne la renferme. Outre que quand il faudroit avoir toutes ces notions dans l'esprit pour pouvoir conclure qu'on existe, il seroit aisé de faire voir que cette seule proposition, *Je pense*, les renferme toutes au moins implicitement. En effet, quand je dis, *Je pense*, je sçay que j'agis, parce que je sçay qu'agir & penser sont une même chose : je sçay que j'agis en pensant, que les objets sont les causes exemplaires de mes pensées, & que je pense pour connoistre & pour aimer les choses ausquelles je pense. Je sçay de plus que je suis un estre, parce que je pense ; que mon estre dépend d'un autre estre pour exister ; que j'existe en pensant, & que je pense pour connoistre. Toutes ces notions sont si essentiellement renfermées dans cette seule proposition, *Je pense ; donc je suis*, que je défie Mr. Huet de la former sans concevoir en même temps, au moins *implicitement*, toutes ces idées: ce qui suffit pour la verité du raisonnement de Mr. Descartes.

(*b*) L'Auteur assure qu'il faut que les regles de la Dialectique soient fort presentes à l'esprit de celuy qui pense pouvoir déduire certainement de ces deux propositions, *Celuy qui pense est* : *Je pense* ; cette conclusion, *donc je suis*. Mais en verité je ne sçay pas pourquoy il l'assure. Car quelle Dialectique faut-il pour concevoir que deux choses sont unies ensemble, lors que leur liaison est connuë par elle-même ? & qui ne sçait pas que la liaison qui est entre l'idée d'une chose qui pense, & l'idée de l'existence de cette chose, se manifeste par elle-même ? Il est vray que la Dialectique est necessaire dans les raisonnemens où la liaison du sujet & de l'attribut de la conclusion, n'est connuë que par une troisiéme idée, qu'on appelle *moyen* ou *milieu*. Mais elle ne sert de rien dans les axiomes,

axiomes, où la liaison du sujet & de l'attribut se manifeste par sa propre nature. Or il sera démontré ensuite que ces deux propositions, *Je pense ; donc je suis*, ne forment point un véritable argument, ou syllogisme, mais un simple axiome, qui n'a besoin d'aucune preuve, ny par conséquent d'aucune dialectique.

(*d*) Mr. Descartes a raison de répondre que toutes les propositions qui précédent celle-cy, *Je pense ; donc je suis*, sont connuës par la lumière naturelle, parce qu'en effet elles ne sont autre chose que cette proposition même considerée d'une veuë plus générale. Par exemple ces propositions, *Tout ce qui pense est, tout ce qui agit est*, supposent necessairement, comme il a esté dit, cette proposition, *Je pense ; donc je suis*. Mais, dira Monsieur Huet, si elles la supposent elles ne la précedent pas. Je réponds qu'elles ne la précedent pas dans l'esprit de celuy qui cherche à découvrir son existence par l'analyse, dans laquelle on commence toûjours par ce que les questions ont de plus particulier: mais qu'elles la précedent dans l'esprit de ceux qui veulent prouver aux autres leur existence par la synthese, dans laquelle on commence toujours par ce que les questions ont de plus general, comme je l'ay enseigné dans la Logique. Concluons donc 1. Que les connoissances generales ne precedent pas les singulieres. 2. Que pour connoistre l'existence d'une chose, il ne faut pas avoir une connoissance entiere & parfaite de cette chose. 3. Que les regles de la Dialectique ne sont pas necessaires pour connoistre les veritez qui se manifestent par elles-mêmes.

Censure. Article VIII.

Admirez cependant l'inconstance de Descartes : il a resolu de douter de tout, même des choses que nous connoissons par la lumiere naturelle, sans en excepter les Theoremes Mathematiques, ni les principes sur lesquels ils sont fondez tel qu'est celui ci, Le tout est plus grand que sa partie : & bien tost après il admet plusieurs choses pour vrayes par cette seule raison qu'elles sont connuës par la lumiere naturelle. (*) Il assure qu'il existe fondé sur ce seul argument, qu'il repugne qu'une chose qui pense ne soit pas dans le même-temps qu'elle pense. Or qu'est-ce que repugner si ce n'est estre contraire à la lumiere naturelle .... D'où il s'ensuit que Descartes nous enseigne de rejetter comme fausses toutes les choses qui repugnent à la lumiere naturelle, & de recevoir pour vrayes toutes celles qui s'y accordent. Or je demande s'il n'est pas aussi conforme à la lumiere naturelle de dire que le tout est plus grand que sa partie, que de dire que celui qui pense est? Pourquoi donc croirai-je que celui qui pense est, parce que cela est conforme à la lumiere naturelle, & je ne croirai pas que le tout est plus grand que sa partie, puisque cela y est aussi conforme. Or qu'est-ce que se contredire, si cela ne l'est pas ?

RÉPONSE A L'ARTICLE VIII.

Il est vray que Mr. Descartes a resolu de douter de tout, même des theoremes Mathematiques, & qu'il a admis bientost aprés plusieurs choses pour vrayes, par cette seule raison qu'elles sont connuës par la lumiere naturelle. En quoy il ne paroist point inconstant : car quelle inconstance y a-t-il à douter de tout avant que d'avoir rien examiné ; & à admettre plusieurs choses pour vrayes aprés les avoir examinées, & avoir reconnu qu'elles sont conformes à la lumiere naturelle ?

(*a*) Il est vray que Mr. Descartes veut qu'on admette pour vrayes, & qu'on rejette comme fausses les choses, selon qu'elles sont conformes ou contraires à la lumiere naturelle ; mais il ne nie pas qu'il ne soit aussi conforme à la lumiere naturelle, de dire que le tout est plus grand que sa partie, que de dire que ce qui pense est : c'est pourquoi ceux qui croyent que ce qui pense est, parce que cela est conforme à la lumiere naturelle, peuvent croire que le tout est plus grand que sa partie, puis que cela y est aussi conforme ; ce qui n'a rien d'opposé à la doctrine de Mr. Descartes, qui est que toutes les choses qui sont conformes à la lumiere naturelle sont vrayes ; avec cette difference pourtant, que la verité des unes paroist avant que celle des autres se fasse connoistre.

Reconnoissons donc que Mr. Descartes ne peut douter des choses qui sont connuës par la lumiere naturelle, & tenir ces mêmes choses pour vrayes dans le sens qu'on appelle *composé* ; parce que ce seroit tenir pour vraye & pour fausse la même chose en même-temps (ce qui repugne:) mais que rien n'empêche qu'il ne doute, & qu'il ne tienne point vrayes les mêmes choses dans le sens *divisé* ; parce que ce n'est que tenir pour vray, aprés l'avoir examiné, ce donton doutoit avant que de l'avoir examiné. Ce qui merite d'être particulierement remarqué ; parce que l'Auteur de la Censure tombe souvent dans la même faute, en prenant le sens composé pour le sens divisé.

Censure. Article IX.

Je dis encore que cette proposition, *je pense*, est fort ambiguë, & qu'elle signifie autre chose que ce que Descartes veut faire entendre ; & partant que cette consequence, *donc je suis*, est fausse, comme estant deduite d'une signification qui n'est pas naturelle, mais feinte par Descartes. (*a*) Toute pensée consiste en trois choses : dans l'esprit qui pense, dans l'objet auquel il pense, & dans l'action de l'esprit qui pense. (*b*) Je dis dans l'action, quoi que je sçache bien que Descartes comprend sous ce mot tous les mouvemens de l'esprit, par lesquels il se meut lui même, ou est meu par d'autres. Mais cela ne fait rien à cette dispute. Car soit que l'esprit se meuve, ou qu'il soit meu, il faut trois choses à la pensée ; l'esprit qui reçoit le mouvement, l'objet qui le meut, & le mouvement même qui est reçû. Mais pour le present il nous sera plus commode de considerer la pensée comme une action que comme une passion. (*c*) Ainsi, par exemple, pour penser au Soleil, il est necessaire que mon esprit soit pour penser, qu'il ait une action par laquelle il pense, & qu'il ait un objet auquel il pense, sçavoir le Soleil. Or quand Descartes dit *je pense*, quel est l'objet de sa pensée ? C'est sans doute sa pensée. Mais cette pensée n'est pas celle par laquelle son esprit pense maintenant : car si elle l'estoit, il s'ensuivroit qu'une même pensée seroit l'action & la fin à laquelle cette action se rapporte ; ce qui est absurde & contraire à la lumiere naturelle à laquelle Descartes nous renvoye si souvent. (*d*) Ainsi la pensée par laquelle je pense est differente de celle à laquelle je pense : d'où il s'ensuit que cette proposition de Descartes *Je pense*, est défectueuse en ce qu'elle ne signifie autre chose sinon *je pense que je pense*. Cette façon même de parler, *je pense que je pense*, n'est pas sans défaut; car elle signifie autre chose que ce qu'elle semble signifier : en effet sa signification vaut autant que si je disois, *je pense que j'ay pensé*. (*e*) Car il est de l'esprit comme des yeux, qui ne peuvent considerer qu'une chose directement en même temps : c'est pourquoy pour penser que je pense, il me faut servir de deux pensées dont l'une se refléchit sur l'autre; sçavoir la derniere sur la premiere, & celle qui est presentement sur celle qui est passée : de telle sorte que la premiere sera la fin de la derniere; & la derniere l'action par laquelle l'esprit considerera la premiere ; car il repugne que l'un & l'autre se fisse par la même action, autrement la même chose agiroit sur elle-même ; ce que le moindre Philosophe n'oseroit avancer. (*f*) C'est pourtant ce qu'a dit Descartes. Car lorsqu'il prononce *je pense*, cela veut dire, *je pense que je pense*; de sorte que ce *je pense*, & ce *que je pense* ne sont qu'une seule & même pensée. Mais comme il a esté demontré qu'il y en a deux, dont l'une est presente, & l'autre passée, ou ce *je pense* est tout à fait faux, ou il signifie *je pense que j'ay pensé* (*f*) Or celuy qui pense qu'il a pensé doit user de la memoire pour se souvenir qu'il a pensé : mais les Cartesiens avouent eux-mêmes que par tout où la memoire est d'usage, on peut se tromper, dont la raison est que la memoire est une opinion, & que toute opinion est trompeuse; car je ne suis pas plus assuré d'avoir pensé que d'avoir promené, d'avoir dormi ou d'avoir mangé ; & ces choses sont fort incertaines. Je ne suis donc pas assuré d'avoir pensé, & par conséquent cette conclusion, *donc je suis*, est fausse. Accordons neanmoins à Descartes qu'il est vray que j'ay pensé. Mais ma memoire me peut tromper lors que je dis, *donc je suis*: car lors que je pense à ce consequent, j'ay cessé de penser à l'antecedent *je pense*, & je ne puis sçavoir que par la memoire que ce consequent depend de cet antecedent: c'est pourquoy, comme la memoire est foible, ce consequent peut estre facilement rapporté à un autre antecedent qu'à celuy duquel il depend. (g.) Il faut ajouter que cet argument, *je pense, donc je suis*, estant appuié sur cette proposition, *Tout ce qui pense est dans le temps qu'il pense*; il s'ensuit que lors que je conclus que je suis de ce que je pense, cela ne signifie aucune chose, si ce n'est que je suis dans le temps que je pense. Or est-il que ma pensée a cessé d'estre lors que je dis, *donc je suis*, & que le temps dans lequel je dis que je pense est different de celuy dans lequel je dis, *donc je suis*: c'est pourquoy cet argument signifie, *je pense, donc je seray*, où il signifie, *j'ay pensé, donc je suis*. Et partant cette proposition, *Tout ce qui pense est dans le temps qu'il pense* (de laquelle Descartes veut que cet argument depende) ne regardera en rien son raisonnement, ou pour faire qu'elle le regarde, il la faudra changer en celle-cy: Tout ce qui pense est dans le temps même qu'il ne pense pas. Ce qui estant ainsi changé & corrigé se trouve absolument faux selon le propre aveu de Descartes. (*h*) Ses Disciples pretendent avoir évité cette difficulté en disant que le consequent est dans l'antecedent, c'est à dire, que ce consequent, *donc je suis*, est compris dans l'antecedent *je pense*, & partant qu'il ne faut avoir aucun égard au temps ; d'autant qu'en quelque temps que j'ajoute, *donc Je suis*, cela est vray, lors que j'ay dit, *je pense*. Mais quelle ignorance ! Car il est bien vray que de ce que ce conséquent, *je suis*, est dans cet antécédent *je pense*, il s'enfuit que dans le même-temps que je dis, *je pense*, il est vray que je suis. Mais il ne s'enfuit pas pour cela qu'il soit vray de dire dans un autre temps, *Je suis*. Or comme ce conséquent, *donc je suis*, estoit nul avant que de dire, *je pense*, il est de même nul après avoir dit, *je pense* : C'est pourquoy il faut considerer icy non la nature des choses, mais le progrés que l'esprit fait dans la connoissance de son existence, lequel après avoir pensé à cette proposition, *je pense*, passe à cette autre pensée qu'il cherche, *donc je suis*; lesquelles deux pensées sont dans deux temps differentes comme elles sont differentes en nature : c'est pourquoy l'une estant vraye, l'autre peut estre fausse.

RÉPONSE A L'ARTICLE IX.

Il n'y a rien de plus simple que cette proposition, *Je pense*, ni rien de plus naturel que la signification que Mr. Descartes lui attribuë : ainsi la conséquence, *donc je suis*, qui s'en tire immediatement, ne peut estre fausse ni feinte.

(*a*) Je tombe d'accord qu'en toute pensée il y a trois choses : l'entendement qui pense, l'action ou la passion par laquelle il pense, & l'objet auquel il pense.

(*b*) Je ne m'arrêterai pas, Monsieur,

à faire voir que le sentiment de Mr. Descartes est que la pensée par laquelle l'esprit connoît, n'est pas une action, mais une passion : cela est si vrai que l'Auteur le reconnoît lui-même. Mais c'est une chose surprenante que l'ayant reconnu, il persiste à supposer que la pensée est une action, & non pas une passion, sans en apporter d'autre raison que de dire que cela lui est plus commode pour le present. Mais il ne s'agit pas ici de sçavoir ce qui lui est le plus commode ; il est question seulement de découvrir quel est le veritable sentiment de Mr. Descartes sur ce sujet. Or Mr. Descartes enseigne dans tous ses ouvrages que l'entendement est une faculté purement passive, c'est à dire, que penser c'est proprement recevoir des pensées, & non pas en produire : ce que l'Auteur feint d'ignorer.

(c). Il est vrai que pour penser au Soleil, il est necessaire que mon esprit soit pour penser, qu'il ait une pensée par laquelle il pense, & qu'il ait un objet auquel il pense, sçavoir le Soleil. Mais s'ensuit-il pour cela que quand Mr. Descartes dit *je pense*, il y ait là deux pensées, dont l'une devienne l'objet de l'autre ? Cela ne s'ensuit aucunement : seulement est-il vrai que par une abstraction d'esprit, il sepaře sa pensée de son objet, qui est par exemple le Soleil; ce qui fait que sa pensée reste seule. Et c'est inutilement que l'Auteur objecte que si cela estoit, il s'ensuivroit qu'une même pensée seroit l'action & la fin à laquelle cette action se rapporte; ce qui repugne: car il est aisé de répondre que la pensée n'est pas une action, mais une passion, & que quand elle seroit une action, elle ne se rapporteroit pas à elle-même, mais à un objet different d'elle, qui est sous-entendu; estant impossible de separer autrement que par une abstraction d'esprit, la pensée de l'objet auquel l'on pense.

(d) Or s'il est vrai qu'on ne puisse penser sans penser à quelque objet different de sa pensée, que deviendront les raisonnemens de l'Auteur ? Comment prouvera-t-il que quand Mr. Descartes dit, *je pense*, cette proposition soit équivalente à celle-cy, *je pense que je pense* ? Et comment demontrera-t-il encore que cette proposition, *je pense que je pense*, est défectueuse, & qu'elle signifie, *je pense que j'ai pensé* ? C'est certes ce qu'il ne sçauroit faire voir. Mais accordons à l'Auteur que quand Mr. Descartes dit, *je pense*, cela veuille dire, *je pense que je pense*; s'ensuivra-t-il pour cela qu'il y ait là deux pensées, dont l'une soit l'objet de l'autre? Point du tout. Il s'ensuivra seulement que Mr. Descartes pense, & qu'en pensant il s'apperçoit qu'il pense par une seule & simple pensée, laquelle est connuë par elle-même : sans quoi il y auroit un progrés infini de pensées : car s'il faut une seconde pensée pour connoître la premiere, il en faudra une troisiéme pour connoître la seconde, & ainsi de suite jusqu'à l'infini.

(*e*) Puisque l'Auteur veut comparer la pensée avec la lumiere, & dire qu'il en est de l'esprit comme des yeux, suivons donc cette comparaison, & faisons remarquer qu'en toute lumiere il y a trois choses : l'œil qui voit, l'action par laquelle il voit, & l'objet qui est vû. Supposons en suite que l'Auteur dise, *je vois la lumiere*; ne pourrons-nous pas luy demander alors, s'il y a là deux lumieres, ou s'il n'y en a qu'une? S'il n'y en a qu'une, ne pourrons-nous pas dire que la même chose agit sur elle-même? ce que selon luy le moindre Philosophe n'oseroit avancer : & s'il y en a deux, ne pourrons nous pas assurer qu'il y en a une infinité; puisqu'il n'est pas plus necessaire de recourir à une seconde lumiere pour voir la premiere, que de recourir à la troisiéme pour voir la seconde. Il faut donc que l'Auteur reconnoisse que quand il voit la lumiere, il y a une infinité de lumieres; ou qu'il avouë avec Carneades, que la lumiere qui rend toutes les autres choses visibles, se manifeste par elle-même: c'est pourquoy puisque selon l'Auteur, la pensée est à l'égard de l'esprit, ce que la lumiere est à l'égard des yeux; il faut conclure qu'elle est connuë par elle-même. C'est ce que Mr. Descartes enseigne expressément dans le nomb. 9. de la 1. partie de ses Principes en ces termes: *Par le mot de penser, j'entens tout ce qui se fait en nous de telle sorte que nous l'appercevons immediatement par nous-mêmes.* Saint Thomas confirme la même chose dans le 1. art. de la quest. 66. de la premiere partie, où parlant des Anges il assure qu'ils se connoissent par leur propre substance: ce qui renverse tous les raisonnemens de l'Auteur qui sont fondez sur ce qu'il suppose sans raison, que quand nous pensons, nous pensons que nous pensons, & que nous ne pouvons penser que nous pensons que par deux pensées differentes, dont l'une soit l'objet de l'autre: ce qui repugne.

(f) Il est vray que celuy qui pense qu'il a pensé doit user de la memoire pour se souvenir qu'il a pensé ; mais il ne s'ensuit pas de là qu'il puisse se tromper. Car quoy que la memoire soit infidelle, ce n'est pas à dire pourtant qu'elle puisse tromper dans toutes les occasions : elle peut tromper seulement dans celles où les veritez dont on se veut souvenir, sont fort éloignées, ce qui n'arrive pas icy : outre que nous avons demontré que cette proposition, *Je pense*, ne veut pas dire, *je pense que j'ay pensé*, d'où il s'ensuit que la memoire n'y est d'aucun usage.

(g) L'Auteur dit que cet argument, *Je pense, donc je suis*, étant fondé sur la verité de cette proposition, *Tout ce qui pense est dans le temps qu'il pense*; il s'ensuit que quand de cette proposition, *je pense*, Monsieur Descartes conclut, *donc je suis*, il veut dire qu'il est dans le même temps qu'il pense : Or cette pensée estant passée dans le temps où il dit, *je suis*; pour parler juste, il devoit dire *je pense, donc je seray*; ou bien, *j'ay pensé, donc je suis*. Je répons que quand Monsieur Descartes dit, *je pense, donc je suis*, cela signifie qu'il est dans le même temps qu'il pense ; mais qu'il n'est pas vray que Monsieur Descartes ne pense plus dans le temps qu'il dit, *Donc je suis*. Il est vray que dans l'expression cette proposition, *je pense*, precede cette autre, *donc je suis* : mais dans le fond ces deux veritez sont en même-temps dans l'esprit ; l'une dans l'entendement, & l'autre dans la volonté. Car il faut remarquer que Monsieur Descartes enseigne expressément, que les pensées sont des passions qui appartiennent à l'entendement, & que les affirmations & les negations sont des actions qui appartiennent à la volonté. Ainsi il est tres-aisé à concevoir que les pensées & les affirmations peuvent estre en même-tems dans l'esprit; les unes dans l'entendement, & les autres dans la volonté.

(*b*) Ceux qui pretendent avoir évité la difficulté qui se tire de la memoire, en disant que le consequent, *donc je suis*, est tellement compris dans l'antecedent, *je pense*, qu'il ne faut avoir aucun égard au temps, ne sont point de veritables Cartesiens. Les vrais disciples de Monsieur Descartes reconnoissent avec leur Maistre, que quand il dit, *je pense, donc je suis*, cela signifie qu'il est dans le même-temps qu'il pense, comme il l'enseigne dans le nomb. 1. de la 1. part. des Principes. C'est pourquoy l'Auteur a raison de se moquer de ceux qui ont une opinion contraire. Mais il se trompe beaucoup, lors qu'il dit en suite, que comme ce consequent, *donc je suis*, est nul avant que de dire, *je pense*; il est de même nul aprés avoir dit, *je pense*; parce que ces deux pensées ne sont pas dans le même-temps : car les Cartesiens répondent à cela que la raison pour laquelle cette consequence, *donc je suis*, est nulle avant que d'avoir dit, *je pense*, est qu'alors elle n'a point d'antecedent duquel elle dépende, mais qu'elle est tres-juste aprés avoir dit, *je pense*; parce qu'elle en a un, & que son antecedant & elle, bien que quant à l'expression ils soient dans des temps differens, ils sont neanmoins en même-temps dans l'esprit ; l'un dans l'entendement qui conçoit, & l'autre dans la volonté qui affirme. D'où ils concluent que cette consequence, *donc je suis*, est tres-juste.

(*i*) Il est vray que le progrés que l'esprit fait dans la connoissance de son existence est tel, qu'aprés avoir formé cette proposition, *je pense*, il semble passer à cette autre pensée, *donc je suis*. Mais il ne faut pas croire pour cela que ces deux pensées soient en deux temps differens : il faut penser seulement que la seconde dépend de la premiere comme de sa cause :

car il faut remarquer que les idées de l'entendement sont les causes des determinations de la volonté, & partant que cet antecedent, *je pense*, est la cause de ce consequent, *donc je suis*. Ainsi pour finir par où nous avons commencé, nous conclurons que quand je dis, *Je pense*, je n'ay qu'une pensée qui se connoît elle-même, par elle-même, independemment de la memoire ; & que quand je dis, *Je pense, donc je suis*, j'ay en même-temps une pensée dans l'entendement, & une affirmation dans la volonté. Ce qui exclut entierement l'usage de la memoire, qui ne regarde que le passé.

Censure. Article X.

Les Cartesiens répondent, que dés que quelqu'un pense, il s'apperçoit qu'il pense. Par ex. lorsque quelqu'un pense qu'il est jour, il pense non seulement qu'il est jour, mais il connoît encore qu'il pense à cela ; de sorte que la connoissance de cette pensée n'est autre chose que cette pensée même. Mais par là ils cherchent à se cacher, en confondant deux idées qui sont entierement differentes. (*a*) Car lors que je pense qu'il est jour, mon esprit est le principe de cette pensée: la pensée est une action de mon esprit, & le jour est l'objet de cette action, ou de cette pensée. Mais lors que je pense que je pense qu'il est jour, l'objet de ma pensée est changé : car alors l'objet de ma pensée n'est pas, *il est jour*, mais bien, *je pense qu'il est jour*. Or l'objet estant changé, l'action le doit estre aussi ; car on dit communément dans les Ecoles, que les actions sont specifiées par les objets. Cette derniere pensée est donc differente de la premiere ; & c'est en vain qu'on les confond ensemble (*b*) Comme nous ne pouvons rien connoistre que par des idées, je ne puis pas connoistre que je pense qu'il est jour, que par l'idée de cette pensée. Or qui dira que l'idée de cette pensée est la même que celle du jour, il pourra dire par la même raison, que le jour & la pensée sont une même chose. (*c*) Ecoutons Descartes qui se condamne lui-même dans sa Methode. *C'est*, dit-il, *une autre action de l'esprit par laquelle nous jugeons qu'une chose est bonne ou mauvaise, & c'en est une autre par laquelle nous connoissons que nous avons jugé ainsi : si bien que l'une se trouve souvent sans l'autre.* (*d*) Accordons neanmoins aux Cartesiens que l'idée de la pensée est la même que celle du jour, puisqu'il y a eu des Philosophes qui ont crû que toute pensée estoit accompagnée d'une perception de soy même, comme quand je me veux promener, non seulement je veux me promener, mais je veux & j'approuve encore cette volonté de me promener. (*e*) Tout de même qu'en regardant une maison il y a deux visions ; l'une directe par laquelle je vois la maison, & l'autre oblique par laquelle je vois les arbres voisins. Ainsi, disent-ils, quand je pense qu'il est jour, il y a là deux pensées ; l'une directe, qui est la pensée du jour ; & l'autre oblique, qui est la pensée de la pensée du jour. Carneades avoir aussi coutume de dire en parlant de la regle de la verité que les Latins appellent, Cri-

terium, que de l'espece d'une chose qui se presente à l'esprit, il se forme une phantaisie qui se represente elle-même, & la chose qu'on regarde: pour preuve dequoy il se servoit de l'exemple de la lumiere, qui se manifeste elle-même, & qui rend visibles toutes les autres choses. Mais les Cartesiens ne pourront tirer de là aucun avantage. (*f*) Car afin que de la connoissance de ma pensée je puisse former cet antecedent, *je pense*, pour en tirer cette consequence, *donc je suis*, il ne suffit pas que cette connoissance soit oblique, & par consequent imparfaite; mais il est necessaire qu'elle soit directe, & parfaite. Ce n'est pas assez, par exemple, que je sente que je pense; il est necessaire que je pense que je pense: car on ne peut pas estre assuré qu'une consequence est renfermée dans un antecedent, si l'on ne connoist distinctement la nature de cet antecedent: C'est pourquoy l'esprit doit s'attacher directement à cette premiere pensée. Or cette premiere pensée estoit l'action de l'esprit qui pense à l'objet, & cet objet estoit, comme j'ay dit, la fin de cette pensée; & maintenant cette action devient la fin d'une nouvelle pensée, & l'esprit agit à l'égard de cette pensée, par une nouvelle action. Cette objection des Cartesiens est donc inutile.

Réponse a l'Article X.

Les Cartesiens ne confondent point des idées qui soient differentes, lors qu'ils disent que quand quelqu'un pense, il s'apperçoit qu'il pense : car il a esté prouvé que la pensée est connuë par elle-même.

(*a*) L'Auteur objecte, que lors qu'il pense qu'il est jour, son esprit est le principe de cette pensée, sa pensée est l'action de son esprit, & le jour est l'objet de cette action. Les Cartesiens répondent, que la pensée n'est point une action, mais une passion; & que quand elle seroit une action, lors que je pense que je pense qu'il est jour, l'objet de la pensée n'est point changé, & que cet objet est toujours *il est jour*, & non pas, *je pense qu'il est jour*: dont la raison est, que la connoissance de cette pensée, *il est jour*, n'est pas differente de cette pensée même.

(*b*) Il est vray que nous ne pouvons rien connoistre que par des idées: mais cela doit estre entendu seulement des choses qui sont hors de notre esprit; car pour les choses qui sont dans notre esprit, telles que sont les pensées, nous n'avons point besoin du secours des idées pour les connoistre; parce qu'elles sont connuës par elles-mêmes. Or la pensée que j'ay *qu'il est jour*, est dans mon esprit; elle n'est donc point connuë par une idée, mais par elle-même: ainsi je ne puis pas dire que l'idée de cette pensée soit la même que celle du jour, puis que je n'ay pas d'idée de cette pensée : je puis dire seulement que je connois le jour par cette pensée, & que je connois cette pensée par elle même.

(c) Mr. Descartes ne se condamne point luy-même, lors qu'il dit dans sa Methode, *Que c'est une autre action de l'esprit par laquelle nous jugeons qu'une chose est bonne ou mauvaise, & que c'en est une autre par laquelle nous connoissons que nous avons jugé ainsi ; si bien que l'une se trouve souvent sans l'autre.* Car il faut sçavoir que selon Mr. Descartes, l'action de l'esprit par laquelle nous jugeons qu'une chose est bonne ou mauvaise, est une fonction qui appartient à la volonté ; & que l'action par laquelle nous connoissons que nous avons jugé ainsi, est une autre fonction qui appartient à l'entendement. Or ce n'est pas une grande merveille que deux fonctions, dont l'une appartient à l'entendement, & l'autre à la volonté, soient differentes, & que l'une puisse estre sans l'autre.

(d) Les Cartesiens ne demandent point qu'on leur accorde que l'idée de la pensée soit la même que celle du jour ; car ils sçavent qu'ils n'ont pas d'idée de la pensée.

(e) C'est aussi sans raison que l'Auteur de la Censure leur fait dire, que tout ainsi que quand je regarde une maison, il y a là deux visions; l'une directe, par laquelle je vois la maison, & l'autre oblique par laquelle je vois d'autres maisons: de même quand je pense qu'il est jour, il y a là deux pensées; l'une directe, qui est la pensée du jour; & l'autre oblique, qui est la pensée de la pensée du jour: car en effet pourquoy diroient-ils cela, eux qui enseignent par tout que la pensée du jour se manifeste par elle-même, & qui pour le prouver se servent de l'autorité de Carneades, qui compare la pensée avec la lumiere, & qui dit que celle-cy se manifeste par elle-même.

(*f*) L'Auteur dit, qu'afin que de la connoissance de sa pensée il puisse former cet antecedent, *Je pense*, pour en tirer ce consequent; *donc je suis*, il ne suffit pas que cette connoissance soit oblique, mais qu'il est necessaire qu'elle soit directe. Ce n'est pas assez, par exemple, que je sente interieurement que je pense, il est necessaire que je pense que je pense: car on ne peut pas estre assuré qu'un consequent est renfermé dans un antecedent, si l'on ne connoist distinctement la nature de cet antecedent. Les Cartesiens avoüent tout cela, & ils reconnoissent de bonne foy que pour former cet antecedent, *Je pense*, d'où l'on puisse tirer ce consequent, *donc je suis*, il faut avoir une connoissance de sa pensée qui soit directe : mais ils assurent qu'il n'y a point de connoissance plus directe que celle que l'esprit a de sa propre pensée, puisqu'il la connoist par elle-même. Or si l'esprit connoist sa pensée par elle-même, comme il a esté prouvé plusieurs fois ; n'est-ce pas sans raison que l'Auteur enseigne que cette premiere pensée estoit l'action de l'esprit, qui pense à cet objet, & cet objet estoit la fin de cette pensée, & que maintenant cette action devient la fin d'une nouvelle pensée ; & que l'esprit agit à l'égard de cette nouvelle pensée par une nouvelle action ? Je dis, Monsieur, qu'il l'enseigne sans raison ; puisqu'en effet il n'y a point là de nouvelle pensée, ny de nouvelle action, telles qu'il les suppose. Ce qui fait voir que le defaut du raisonnement que l'Auteur fait dans cet Article, consiste dans cette fausse supposition, Que quand la pensée se connoist, elle ne se connoist pas par elle-même, mais par une autre pensée ; ce qui causeroit un progrez infiny dans les pensées de l'esprit.

Censure. Article XI.

Descartes & ses sectateurs voyant que ces deux propositions, *Je pense ; donc je suis*, pourroient estre separées ; pour les unir plus étroitement, ont dit que nous ne connoissons point notre existence par le raisonnement, mais par une simple vûë de l'esprit : car ils reconnoissent que tout raisonnement est sujet à l'erreur, à cause qu'il dépend de la memoire qui est trompeuse & infidelle : C'est pourquoy si je prouve que ces propositions, *Je pense ; donc je suis*, sont un vray raisonnement, & que la verité qu'elles renferment ne peut estre connuë par une simple vûë de l'esprit, je feray voir en même temps que cet argument est incertain. (*a*) Je demande donc à Descartes ce que c'est qu'un raisonnement ; si ce n'est pas une action de l'esprit par laquelle des principes connus il déduit des veritez qui sont à connoistre : ou pour me servir des termes de saint Thomas, si ce n'est pas le progrez d'une connoissance à une autre pour découvrir une verité qui n'est pas connuë. Or n'est-il pas vray que tout cela se rencontre dans l'assemblage de ces deux propositions ; & partant qu'elles forment un vray argument. Descartes declare au commencement de sa Philosophie, qu'il ne sçait s'il est. Pour parvenir à la connoissance de cette verité qui luy est inconnuë, il cherche l'existence d'une chose de laquelle il ne puisse pas douter, & il veut que ce soit cette proposition, *Je pense*. Il pose donc cette verité comme un principe tres-connu. Il pose encore comme une chose évidente par la lumiere naturelle cette proposition,

Tout ce qui pense est ; & ensuite de ces deux Principes qui luy sont connus, *Tout ce qui pense est* ; *or je pense*, il assure qu'il déduit la connoissance d'une chose qui luy estoit inconnuë, sçavoir de cette verité, *donc je suis*; dans laquelle conclusion, ce qu'on appelle attribut, est joint au sujet, sçavoir ce *suis* est joint à ce *je* par le moyen du milieu, *Je pense*, qui se trouve dans les deux premisses ; ce qui forme un veritable Syllogisme. (*b*) Il faut ajouter que si ces deux veritez, *Je pense* ; *donc je suis*, estoient connuës d'une simple vûë, c'est à dire par une seule action de l'esprit, il ne seroit pas vray de dire que cette proposition, *Je pense*, fût plus connuë, ny plûtost connuë que cette autre ; *donc je suis* : d'où il s'ensuivroit qu'on pourroit déduire aussi facilement de cette proposition, *Je suis*, cette autre, *Je pense*, que Descartes déduit de celle-cy, *Je pense*, cette autre ; *donc je suis*. (*c*) Or si cette verité, *donc je suis*, dépend de cette verité, *Je pense*, il faut plûtost porter sa pensée sur la verité, *Je pense*, que sur la verité, *donc je suis* : ce qui fait voir que la connoissance de cette verité, *donc je suis*, est posterieure à cette autre, *Je pense* ; & par consequent que ces deux veritez ne sont pas connuës par une simple vûë.

Réponse a l'Article XI.

Les Cartesiens disent que nous ne connoissons pas notre existence par le raisonnement, mais par une simple vûë ; & ils soutiennent cela, non pas parce que la memoire est trompeuse (car ils ne ne croyent pas que la memoire soit d'aucun usage à cet égard;) mais parce que la liaison qui est entre l'idée de la pensée & l'idée de l'existence, est connuë par elle-même, c'est à dire par cette lumiere interieure dont parle Mr. Descartes dans les nomb. 43. & 44. de la premiere partie des Principes, laquelle precede toutes les connoissances acquises.

(*a*) Mr. Descartes demeure d'accord avec l'Auteur que le Syllogisme est une action de l'esprit, par laquelle des Principes connus il tire une consequence par où il découvre une chose qu'il ignoroit auparavant. Mais il dit qu'il n'a jamais ignoré son existence : qu'il est vray qu'il a feint de l'ignorer; mais qu'il ne l'a feint que pour avoir lieu d'examiner les raisons qu'il auroit d'en estre asseuré : ce qui ne suffit pas pour un veritable raisonnement, de l'essence duquel il est que la connexion de l'attribut & du sujet de la conclusion soit connuë non par elle-même, mais par un milieu : ce qui ne se rencontre pas dans cet argument, *Je pense ; donc je suis*, dans lequel la connexion qui est entre *je* & *suis*, est connuë par elle-même. Ainsi cette proposition, *Je suis*, n'est point proprement une proposition à prouver, qu'on appelle *question* ; mais un axiome qui n'a besoin d'aucune preuve, & que Mr. Descartes n'a entrepris de démontrer que pour suivre son doute hypothetique & de methode. En quoy il a agy comme feroit un Geometre qui feindroit d'ignorer que le tout est plus grand que sa partie, & qui tâcheroit de le prouver par cet argument: *Le contenant est plus grand que le contenu: Le tout contient sa partie ; donc le tout est plus grand que sa partie.* Car comme cette espece de raisonnement n'empêcheroit pas que cette proposition, *Le tout est plus grand que sa partie*, ne fût connuë par elle-même ; par la même raison l'argument de Mr. Descartes n'empêche pas que dans ce raisonnement, *Je pense ; donc je suis*, cette conclusion, *donc je suis*, ne soit connuë par la lumiere naturelle, c'est à dire par une simple vûë. C'est ce que Mr. Descartes assure lui-même dans la Réponse aux secondes objections en ces termes: *Quand nous appercevons que nous sommes des choses qui pensent, c'est une premiere notion, qui n'est tirée d'aucun Syllogisme. Et lors que quelqu'un dit, Je pense ; donc je suis, ou : j'existe, il ne conclut pas son existence de sa pensée comme par la force de quelque Syllogis-*

me, mais comme une chose connuë de soy : il la voit par une simple inspection de l'esprit, comme il paroist de ce que s'il la déduisoit d'un Syllogisme, il auroit dû auparavant connoistre cette majeure, Tout ce qui pense est, ou existe : mais au contraire elle luy est enseignée de ce qu'il sent en luy-même qu'il ne se peut pas faire qu'il pense s'il n'existe : car c'est le propre de notre esprit, de former les propositions generales de la connoissance des particuliers.

(b) Quoy que ces deux veritez, *Je pense ; donc je suis*, soient connuës par une simple vûë, il ne s'ensuit pas neanmoins que de cette proposition, *Je suis*, on en puisse déduire aussi bien cette autre, *Je pense*, que de celle-cy, *Je pense*, on en peut déduire cette autre ; *donc je suis*. La raison de cette difference est, que l'estre estant quelque chose de plus general que la pensée, (comme il paroist de ce que l'estre convient au corps & à l'esprit, & que la pensée ne convient qu'à l'esprit seul ;) on peut bien conclure qu'une chose est, de ce qu'elle pense : mais on ne peut pas inferer de même qu'une chose pense de ce qu'elle est. Ce qui suffit pour détruire le raisonnement de l'Auteur de la Censure.

(c) Il n'importe de dire que si cette verité, *donc je suis*, dépend de cette autre verité, *Je pense*; il faut plûtost porter sa pensée sur la verité, *Je pense*, que sur la verité, *donc je suis*; & partant que la connoissance de cette verité, *donc je suis*, est posterieure à cette autre, *Je pense*: d'où il s'ensuit que ces deux veritez ne sont pas connuës par une simple vûë. Car les Cartesiens répondent qu'il est vray que la verité, *donc je suis*, dépend de la verité, *Je pense*, & partant que la connoissance de cette verité, *Je pense*, precede celle de cette verité, *donc je suis*; mais qu'elle la precede, non d'une priorité de temps, mais d'une simple priorité de nature, laquelle ne suffit pas pour empêcher que ces deux veritez ne soient connuës par une simple vûë.

Concluons donc que l'Auteur semble ignorer la difference qui est entre un axiome & un syllogisme, & qu'il ne sçait pas qu'on peut déduire de l'idée de chaque individu, l'idée de toute l'espece; mais non pas déduire de l'idée de toute l'espece, l'idée de chaque individu : parce que le degré inferieur renferme toujours le superieur avec quelque chose de plus; ce qui fait qu'on peut bien conclure de l'idée de la pensée, l'idée de l'existence;

mais non pas de l'idée de l'existence, l'idée de la pensée.

Censure. Article XII.

Mais examinons cet argument jusques dans son principe. J'ay dit cy-devant que Descartes avoit eu une autre raison de commencer sa philosophie par le doute, qui est que nous ne sçavons pas si nous ne sommes point faits de telle sorte par l'auteur de la nature, que nous nous trompions toujours, même dans les choses qui paroissent estre tres-connuës, au nombre desquelles il met non seulement les theorêmes de la Geometrie, mais encore leurs principes. Nous ne luy ferons point maintenant un procez, sur ce que la supposition qu'il fait, sçavoir que Dieu nous peut tromper toujours, est peu reçuë parmy les Philosophes Chretiens, puisque nous sçavons qu'il est bon & sincere; & qu'en nous formant, il nous a faits participans de la lumiere, comme Descartes l'enseigne luymême en plusieurs endroits, sur tout dans le nomb. 29. de la premiere partie de ses Principes, où il dit *que Dieu est tres-veritable & la source de toute lumiere; de sorte qu'il n'est pas possible qu'il nous trompe, c'est à dire, qu'il soit directement la cause des erreurs ausquelles nous sommes sujets.* Il a mieux aimé dans la premiere & seconde Meditation, feindre qu'il y a un mauvais genie qui nous trompe toujours, que d'attribuer ce defaut à Dieu. Mais auquel des deux qu'il attribuë la cause de nos erreurs, il faut se souvenir que nous philosophons, & que la Philosophie donne la liberté de feindre tout ce qu'on veut, quelque peu raisonnable qu'il soit. Suivant donc cette loy generale, que nous sommes faits tels que nous nous trompons toujours, puisque cela ne souffre aucune exception, & qu'il n'y a rien qui me paroisse si évident, qu'il ne me devienne par là suspect d'erreur & de fausseté : tout ce que Descartes me proposera à croire cy-aprés, je le rejetteray avec raison, si je m'en veux tenir à son doute general. (*a*) Mais voicy ce même D. qui doutoit de tout, lequel estant devenu certain qu'il n'est pas toujours trompé, assure positivement qu'il pense; & partant qu'il est, fondé sur ce seul argument, qu'il repugne que ce qui pense, ne soit pas dans le temps même qu'il pense : d'où il conclut que cette connoissance, *je pense ; donc je suis*, est la premiere & la plus certaine de toutes les connoissances. Voyez, je vous prie, comment celuy qui avoit résolu de douter de tout, assure maintenant que tout ce qui luy paroist évident & connu par la lumiere naturelle, est vray. (*b*) Mais comment se peut-il faire que celuy qui ignore s'il est tellement fait qu'il se trompe toujours, puisse sçavoir qu'il ne se trompe pas lors qu'il croit qu'il est, & qu'il pense, & qu'il y a des choses qui repugnent, & d'autres qui sont vrayes, parce qu'elles sont évidentes ? D'où a-t-il pû apprendre ce qu'il ignoroit un peu auparavant ? Comment a-t-il résolu cet argument dont il estoit si convaincu, & qui est si fort, que quelques fameux Cartesiens ont avoüé franchement, qu'il est impossible de convaincre par la raison ceux qui veulent soutenir opiniâtrement que la nature de l'homme est telle, qu'il se trompe toujours ? Que si Descartes excepte de cette loy generale de doute & d'ignorance, les choses qui sont connuës par la lumiere naturelle, &

s'il n'a eu rien à répondre à un Philosophe qui luy disoit que cette proposition, *Je pense*, pouvoit estre fausse, sinon qu'elle estoit connuë par la lumiere naturelle; il est obligé d'admettre pour vrais tous les Principes de la Geometrie, desquels il avoit pourtant résolu de douter. Que si Descartes admet les Principes des Mathematiques, il doit admettre aussi les Theorêmes qui suivent de ces Principes, & par consequent toute la Geometrie. Mais Descartes avouë, & certes on n'en peut pas disconvenir, qu'on se trompe souvent en cela. La porte est donc ouverte aux erreurs, & tout ce grand appareil de doute qu'il a établi au commencement de sa Philosophie, devient inutile. Que Descartes voye donc quel party il veut prendre. Car s'il continuë de dire qu'il ne sçait pas s'il est tellement fait qu'il se trompe toujours, qu'il reconnoisse donc qu'il se peut tromper en cecy, *Je pense, donc je suis*, & par consequent que ce n'est pas le premier ny le plus asseuré fondement de la Philosophie : ou s'il reconnoist cela pour vray avec tout le reste qui est connu par la lumiere naturelle, qu'il reconnoisse qu'il n'y aura rien qui soit exempt d'erreur. Que tous les Cartesiens se joignent ensemble, ils ne satisferont jamais à cette difficulté. (e) Quand je lisois la troisiéme Méditation de Descartes, je ne pouvois assez admirer la repugnance qui se trouve dans ses raisonnemens. Toutes les fois, dit-il, que la puissance de Dieu se presente à mon esprit, je suis obligé d'avoüer qu'il luy est tres facile de faire que je me trompe même dans les choses qui me paroissent tres certaines ; & incontinent après il ajoute : Toutes les fois que je considere les choses qui me paroissent tres-certaines, pour lors je profere ces paroles,

A iij

Que Dieu me trompe autant qu'il voudra, il ne fera jamais que je sois trompé, lors que je crois que je suis au même temps que je pense. Ne voyez vous pas, Descartes, la contradiction où vous tombez ? Car c'est la même chose que si vous disiez, Il n'y a rien en quoy je ne me puisse tromper ; il y a plusieurs choses dans lesquelles je ne me puis tromper : ou bien, Je ne sçay si je ne me trompe pas dans les choses fort évidentes. Et parce qu'il se souvient qu'il n'a pas encore levé la resolution qu'il a faite de douter de tout, il tâche de le faire icy. Je ne puis pas, dit-il, estre fait de Dieu de telle sorte que je me trompe toujours ; car si cela estoit, Dieu seroit un trompeur : or je n'ay aucune raison de croire qu'il soit tel ; au contraire estant souverainement bon & parfait, il ne me peut tromper. (*d*) Si Descartes avoit à faire à des Chrestiens, ils luy pardonneroient cette façon de parler, & ils avoüeroient que Dieu estant bon & sincere ne veut pas tromper toujours : mais c'est icy une dispute de la raison, & non de la foy. Que Descartes s'imagine donc qu'il a à faire avec un ancien Philosophe, qui disputera avec luy de cette sorte : (*e*) Vous ignorez, Descartes, si vous vous trompez toujours, vous ne sçavez pas non plus si vous vous trompez lorsque vous dites, *Si Dieu m'avoit fait tel que je me trompasse toujours, Dieu seroit un trompeur*: & en cela certes vous vous trompez. Car un trompeur est celuy dont les effets ne répondent pas aux paroles, ou qui fait autre chose que ce qu'il a promis de faire. Or Dieu n'a pas promis à l'homme qu'il le feroit tel qu'il ne se tromperoit jamais dans les choses évidentes : ainsi vous qui vouliez douter des choses évidentes, vous ne doutez pas mêmes des fausses.

Ce Philosophe ajoutera encore, que Descartes ne sçait point s'il se trompe lors qu'il dit, *que Dieu qui est parfaitement bon, ne le peut tromper*. Qu'il ne sçait point certainement ce que c'est que Dieu, ny ce qu'il peut, ny ce qu'il veut ; & que d'ailleurs c'est autre chose de dire qu'il nous trompe, & qu'il est proprement & directement la cause de nos erreurs ; ou de dire qu'il nous laisse tromper. Il dira encore, que comme Dieu ne peut pas estre appellé trompeur peur nous avoir faits tels que nous nous trompions quelquefois, il ne pourroit pas non plus estre appellé trompeur pour nous avoir faits tels que nous nous trompassions toujours : au contraire sçachant que nous nous trompons souvent, si nous avons quelque sentiment de pieté, nous devons en reconnoissant nostre foiblesse, nous défier de nous-même, & reconnoistre combien nous sommes inferieurs à Dieu qui est toujours parfaitement veritable. (*f*) Cet ancien Philosophe dira encore à Descartes : Vous avez enseigné vous même dans vos Principes part. 1. art. 29. & dans votre 4. Med. que nous ne pouvons pas feindre que Dieu soit l'auteur de nos erreurs, bien qu'il ait mis des bornes à nos connoissances, & qu'il nous ait faits sujets à nous tromper ; & qu'au contraire nous le devons remercier des biens qu'il nous a faits, & ne nous pas plaindre de ce qu'il ne nous a pas donné toutes les perfections qu'il pouvoit nous accorder, à cause que sa puissance est libre à notre égard.....De plus combien est inutile ce que vous dites, sçavoir que vous n'avez aucune raison de croire que Dieu vous ait fait tel que vous vous trompiez toujours. Ne vous trompez vous pas quelquefois ? & celuy qui se trompe quelquefois ne peut-il pas soupçonner qu'il se peut tromper toujours ? N'avoüez-vous pas, Descartes, qu'il est aussi aisé de croire que nous nous trompons toûjours, qu'il est aisé de croire que nous nous trompons quelquefois? Or nous nous trompons souvent. Ne sçavez vous pas que c'est estre imprudent de se fier trop à ceux qui nous ont trompé une ou plusieurs fois ? Or combien de fois nous trompe notre raison ? C'est ainsi que ce Philosophe disputera. Descartes ajoute, qu'il ne sçait pas encore s'il y a un Dieu, ny par consequent s'il peut estre trompé par luy, & il se propose de l'examiner ensuite. Quel renversement de la raison. (g) Il a dit d'abord qu'il ne sçavoit pas si Dieu l'avoit fait tel qu'il se trompât toujours, & partant qu'il devoit douter de tout ; & maintenant comme s'il estoit assuré que Dieu ne l'a pas fait tel qu'il se trompât toujours, il met pour preuve ce qui est en question, & enseigne qu'il y a plusieurs choses dont il ne peut pas douter. Or ces choses estant admises pour certaines, il tache de prouver que Dieu est, & qu'il ne l'a pas fait tel qu'il se trompe toujours. (h) Ne devoit il pas, puisqu'il s'estoit proposé de douter si Dieu ne l'avoit pas fait tel qu'il se trompât toujours, lever ce doute avant que de passer outre, & aprés avoir prouvé que Dieu ne l'avoit pas fait tel qu'il se trompât dans les choses connuës par la lumiere naturelle, faire voir qu'il connoissoit par cette lumiere qu'il pensoit, & qu'il estoit parce qu'il pensoit ?

RÉPONSE A L'ARTICLE XII.

L'Auteur ne veut point faire un procés à Mr. Descartes sur ce qu'il dit qu'il ne sçait pas si Dieu l'a fait tel qu'il se trompe toûjours ; parce, dit-il, qu'il est permis aux Philosophes de supposer. Mais supposant que Mr. Descartes établit pour loy generale que nous sommes faits tels que nous nous trompons toujours, il se propose de rejetter comme faux tout ce que Mr. Descartes lui donnera pour veritable. Cette resolution paroît fort raisonnable aux Cartesiens, pourveu qu'elle ne dure qu'autant qu'il faudra pour examiner les choses que Mr. Descartes luy donnera pour veritables; car si elle duroit au delà, elle seroit injuste, puisque Mr. Descartes n'a feint de douter si Dieu nous trompe, que pour avoir lieu d'examiner les raisons que nous avons de croire que Dieu ne nous trompe pas.

(a) Mr. Huet propose comme une chose fort extraordinaire, de voir ce même Descartes qui doutoit de tout, lequel estant devenu certain qu'il n'est pas toujours trompé, assure positivement qu'il pense, & partant qu'il est, fondé sur ce seul argument, *qu'il repugne que ce qui pense ne soit pas dans le temps même qu'il pense.* Les Cartesiens disent qu'il n'y a en cela rien de surprenant ; & qu'au contraire il est tres-conforme à la raison de voir que Mr. Descartes qui doutoit de tout avant que d'avoir rien examiné, estant devenu certain par un serieux examen qu'il n'est pas toujours trompé, assure positivement qu'il pense, & qu'il est parce qu'il pense. Car, comme il a esté remarqué, rien n'empêche que la même personne, qui doutoit de tout, ne devienne assurée que tout ce qui paroist évident est vray, aprés l'avoir examiné.

(*b*.) Et il n'importe de dire que celuy qui ne sçait pas s'il est fait de telle sorte qu'il se trompe toujours, ne peut sçavoir s'il ne se trompe point lors qu'il croit qu'il est, & qu'il pense : car il est constant que Mr. Descartes n'a jamais douté de son existence, & qu'il a seulement feint d'en douter. C'est pourquoy, quand il admet des choses qui sont évidentes, ce n'est pas qu'elles ayent esté exemptées de la loy generale du doute, mais c'est qu'en les examinant elles luy sont devenuës si claires, qu'il n'en peut plus douter. C'est par cette raison que Mr. Descartes admet pour vrais les Principes & les Theorêmes de la Geometrie; sans que l'Auteur puisse dire qu'il y ait là aucune erreur. Car il faut remarquer que les erreurs qui se trouvent dans la Geometrie, ne procedent pas de ce que les Principes de cette science sont incertains, mais de ce qu'ils en

tirent

tirent de mauvaises consequences. Monsieur Descartes n'a donc aucune raison de croire qu'il se peut tromper en cecy, *Je pense, donc je suis*; & l'Auteur en a encore moins d'assurer que ce n'est pas le premier ny le plus assuré fondement de la Philosophie.

(*c*) Mr. Descartes ne tombe dans aucune contradiction quand il dit d'un costé, que lors que la puissance infinie de Dieu se presente à son esprit, il est contraint d'avoüer qu'elle peut faire aisément qu'il se trompe, même dans les choses qui paroissent tres-certaines; & quand il ajoute de l'autre, que toutes les fois qu'il fait attention aux choses qui paroissent évidentes, il se laisse emporter à ces paroles: *Que Dieu me trompe autant qu'il voudra, il ne fera jamais que je me trompe lors que je croiray que je suis quand je pense*. Car cela ne veut pas dire qu'il puisse en même temps se tromper, & ne se pas tromper dans les choses évidentes; mais il signifie seulement que Mr. Descartes a voulu feindre que Dieu le trompoit dans les choses mêmes qui sont les plus évidentes avant qu'il les eût examinées; mais qu'aprés les avoir examinées, il a esté obligé de reconnoistre qu'elles sont vrayes, & que Dieu ne le peut tromper à leur égard.

(d) Il seroit inutile de dire qu'un Philosophe Payen objectera que si Mr. Descartes ne sçait pas s'il se trompe toujours, il ne sçait pas s'il ne se trompe point lors qu'il dit, *Si Dieu m'avoit fait tel que je me trompasse toujours, il seroit trompeur.* Car Mr. Descartes répondra que de ce qu'il a feint ne sçavoir pas s'il se trompoit toujours, il ne s'ensuit pas qu'il ne sçache point qu'il ne se trompe pas lors qu'il dit, *Si Dieu m'avoit fait tel que je me trompasse toujours, il seroit trompeur*: Car il se peut faire que Mr. Descartes feigne ne sçavoir pas s'il se trompe toujours, & qu'il soit neanmoins tres-assuré que si Dieu l'avoit fait tel qu'il se trompast toujours, Dieu seroit trompeur.

(e) Aprés plusieurs autres choses qui paroissent inutiles à la question presente, l'Auteur tâche de prouver que comme Dieu ne peut pas estre appellé trompeur pour nous avoir faits tels que nous nous trompions quelquefois, il ne pourroit pas non plus estre appellé trompeur, pour nous avoir faits tels que nous nous trompassions toujours. A quoy l'on peut répondre, qu'il y a une tres-grande difference entre dire que nous nous trompons quelquefois, & dire que nous nous trompons toûjours; parce que le premier suppose que nous nous trompons nous mêmes en usant mal de la faculté que nous avons de raisonner; au lieu que le second marque que la faculté de raisonner que Dieu nous a donnée, est d'elle-même trompeuse, c'est à dire, telle que quelque bon usage que nous en puissions faire, elle nous trompe toujours : ce qui selon Monsieur Descartes, ne seroit pas tant un défaut en nous qui avons cette faculté, qu'une imperfection en Dieu qui nous l'auroit donnée. Ainsi quoy que Dieu ne puisse pas estre appellé trompeur pour nous avoir faits tels que nous nous trompions quelquefois; il pourroit fort bien estre appellé trompeur pour nous avoir faits tels que nous nous trompassions toujours.

(f) Mr. Descartes ne dit point dans le nomb. 29. de la 1. partie des Principes, ni dans la 4. Meditation qu'on ne puisse feindre que Dieu soit l'auteur de nos erreurs: il dit seulement qu'il n'a aucun sujet de se plaindre de ce que Dieu ne luy a pas donné une intelligence plus ample, ou une lumiere naturelle plus grande que celle qu'il a; puisqu'il est de la nature d'un entendement fini, de ne pas entendre plusieurs choses, & de la nature d'un entendement creé, d'estre fini ; mais qu'il a tout sujet de luy rendre graces de ce que ne luy ayant jamais rien dû, il luy a neanmoins donné tout le peu de perfection qui est en luy ; bien loin de concevoir un sentiment si injuste que de s'imaginer qu'il luy ait osté ou retenu injustement les autres perfections qu'il ne luy a pas données. Mr. Descartes n'avouë point qu'il soit aussi possible que nous nous trompions toujours, qu'il l'est que nous nous trompions quelquefois. Il n'avouë pas non plus que la raison nous trompe souvent : Il dit seulement qu'il y a des hommes qui se méprennent en raisonnant sur les questions même de Mathematique qui sont si évidentes. Ce qui est fort different. Car dire que la raison nous trompe souvent, c'est reconnoître que Dieu nous a fait tels que nous nous trompons souvent, lors même que nous usons bien de la faculté qu'il nous a donnée pour juger : au lieu que dire qu'il y a des hommes qui se sont mépris en raisonnant même sur les Mathematiques, c'est reconnoître seulement qu'il y a des hommes qui ont usé mal de leur raison, c'est à dire, de la faculté que Dieu leur a donnée pour discerner le vray d'avec le faux.

(g) Il est vray que Mr. Descartes a dit d'abord, qu'il ne sçavoit pas si Dieu l'avoit fait tel qu'il se trompât toujours, & qu'il a enseigné bien-tost après qu'il y a plusieurs choses dont il ne peut douter. Mais ce n'est pas là supposer ce qui est en question. Car Mr. Descartes a pû feindre qu'il ne sçavoit pas si Dieu l'avoit fait tel qu'il se trompât toujours, afin d'avoir lieu d'examiner si Dieu est trompeur ; & après l'avoir examiné, il a fort bien pû enseigner qu'il y a plusieurs choses dont il ne peut douter, à cause qu'elles luy paroissent fort évidentes ; & ces choses estant admises pour certaines, il a eu raison de prouver que Dieu est, & qu'il ne l'a pas fait tel qu'il se trompe toujours.

(h) Mr. Descartes n'a jamais douté serieusement si Dieu ne l'avoit pas fait tel qu'il se trompât toujours. S'il en avoit douté ainsi, il eût esté obligé de lever ce doute avant que de passer outre. Mais parce qu'il a seulement feint d'en douter, il a pû admettre plusieurs veritez avant que d'avoir prouvé que Dieu ne l'avoit pas fait tel qu'il se trompât toujours. Ces veritez sont, *Qu'il pense, & qu'il est parce qu'il pense.* Car bien loin que la certitude que nous avons que Dieu ne nous trompe pas, precede la connoissance que nous avons de notre pensée & de nostre existence, comme le pretend M. Huet, elle n'en est qu'une suite & une dependance; estant impossible d'estre asluré que Dieu ne nous trompe pas, sans sçavoir auparavant que nous pensons, & que nous sommes parce que nous pensons.

Le principal défaut de cet article, consiste en ce que l'Auteur prend dans le sens composé ce qui ne doit estre pris que dans le sens divisé; c'est à dire, qu'il ne croit pas que la même personne puisse douter & estre assurée de la même chose; ce qui est vray à l'égard du même temps, & dans le sens composé : mais cela n'est pas vray à l'égard des temps differens, & dans le sens divisé.

Il se trompe encore en ce qu'il croit, que comme Dieu ne peut estre appellé trompeur pour nous avoir faits tels que nous nous trompions quelquefois, il ne peut aussi estre appellé trompeur pour nous avoir faits tels que nous nous trompions toujours.

Enfin il confond le doute hypothetique & de methode, avec le doute veritable; ce qui est une erreur extrême.

Censure. Article XIII.

Quelques Cartesiens modernes ont crû resoudre ces difficultez en disant, que Dieu, quelque trompeur qu'on le suppose, ne peut faire que nous nous trompions dans les choses que nous connoissons par une simple vision, & non pas par le raisonnement, telles que sont ces propositions, *Deux & deux font quatre ; Je suis, parce que je pense.* Mais ils ne rendent aucune raison de cela.... (*a*) Quant à ce qu'ils ajoûtent, qu'on ne peut pas feindre que Dieu ait fait l'homme pour ne connoître aucunement la verité, je l'accorde entant que chretien. Mais comment cela s'accordera-t-il avec ce fameux axiome de la Philosophie de Descartes, Que Dieu peut faire que deux & deux ne fassent pas quatre, & que les propositions contradictoires soient vrayes ensemble ? Feignez donc que Dieu ait fait ce qu'ils disent qu'il peut faire, & que deux & deux ne fassent plus quatre ; pour lors je me tromperay assurement lorsque je connoîtray, soit que je connoisse par une simple vision, soit que je connoisse autrement que deux & deux font quatre. Feignons aussi que Dieu ait fait que celuy qui pense ne soit pas, ou qu'il ne pense pas lorsqu'il pense. Je me tromperay certainement quand je diray, Je pense, donc je suis: Dieu peut donc faire que je me trompe dans les choses que je connois par une simple vision, puis qu'il peut faire que ce que je connois comme veritable par une simple vision, soit faux. (*b*) De plus comment s'accorde tout cela avec cette maxime de Descartes, qui veut que nous tenions pour faux les principes de la Geometrie, & par conséquent celuy cy, *Le tout est plus grand que sa partie.* Car en effet puisque cette proposition Deux & deux font quatre, depend de cette proposition generale, *Le tout est égal à ses parties prises ensemble*: & cette derniere proposition est encore jointe à cette autre: *Le tout est plus grand que sa partie*: comment & pourquoy tiendray-je pour fausse cette derniere proposition: *Le tout est plus grand que sa partie*: & je tiendray la premiere pour si assurée, que Dieu même ne puisse pas faire que je m'y trompe? Voyez donc l'inconstance de cette superbe Philosophie, qui se vante d'avoir decouvert le chemin de la verité.

Réponse a l'Article XIII.

Les Cartesiens soutiennent que Dieu ne sçauroit faire que nous nous trompions dans les choses que nous connoissons par une simple vision: & ils ne le soutiennent pas sans raison. Car ils demontrent que si ce qu'ils conçoivent clairement & par une simple vision estoit faux, le neant auroit la proprieté d'estre la cause exemplaire de leurs idées: ce qu'ils croyent absolument impossible; parce que le neant n'a aucune proprieté ny positive, ny negative, comme il sera prouvé ensuite.

(4) Les Cartesiens disent, qu'on ne peut pas feindre que Dieu ait fait l'hom-

me pour ne connoître aucunement la verité, & M. Huet en convient entant que chretien; mais les Cartesiens veulent qu'il en convienne entant que Philosophe, sans se mettre en peine comment cela s'accordera avec ce pretendu axiome de la Philosophie Cartesienne, *Que Dieu peut faire que deux & deux ne fassent pas quatre.* Je dis *pretendu*; car en effet Mr. Descartes n'a jamais établi une telle maxime.

(*b*) Mr. Descartes a douté des Principes de la Geometrie; mais il ne les a jamais tenu pour faux : nous ne sçavons pas même qu'il ait jamais enseigné qu'il fallût tenir pour faux, *Que le tout est plus grand que sa partie*, lors même qu'on est si assuré que deux & deux font quatre, qu'on ne puisse pas croire que Dieu nous trompe en cela. Ou bien s'il l'a enseigné, ce n'a esté que pour faire remarquer qu'en suivant son doute hypothetique, il a pû de deux choses également évidentes, admettre pour vraye celle qu'il a examinée, & tenir encore pour fausse celle dont il n'a fait aucun examen : Ce qui ne marque aucune inconstance, ny aucune vanité dans la doctrine de Mr. Descartes.

L'Auteur suppose donc dans cet article,

1. Que les Cartesiens ne rendent pas raison pourquoy Dieu ne les peut tromper dans les choses évidentes. Ce qui n'est pas vray. 2. Que Mr. Descartes dit, que Dieu peut faire que deux & deux ne fassent pas quatre, & qu'on doit tenir pour faux que le tout soit plus grand que sa partie: Ce qu'il n'a jamais enseigné.

Censure. Article XIV.

C'est pourquoy quand Descartes écrit dans sa Methode, qu'il n'a pas résolu de douter au commencement de sa Philosophie comme les Sceptiques, qui, selon luy, ne doutoient que pour douter, & qu'il a fixé ses doutes dans cette premiere verité: *Je pense, donc je suis*: lors qu'il a écrit cela, dis-je, il a commencé à se tromper, & il s'est trompé en cela même par quoy il a commencé à differer des Sceptiques. Descartes & les Sceptiques ont crû qu'il falloit douter; mais Descartes a cessé de douter, lors qu'il estoit le plus necessaire de douter, sçavoir dans ce Principe, *Je pense, donc je suis*; qui n'est pas moins incertain que toutes les autres choses qui l'avoient porté à douter. (*a*) Pour les Sceptiques, ils continuënt de douter de ce Principe, & croyent avoir beaucoup de raison d'en douter: ce que Descartes ne leur eût pas reproché s'il avoit sçû leurs raisons, qui sont, que rien ne leur paroist assez clair pour estre admis comme veritable.

RÉPONSE A L'ARTICLE XIV.

Mr. Huet reconnoist enfin que Mr. Descartes n'a pas douté pour douter, mais pour découvrir la verité, & pour s'y arrester lors qu'il l'auroit découverte. Mr. Descartes & les Sceptiques ont crû qu'il falloit douter; mais Mr. Descartes a fini son doute dans ce Principe, *Je pense, donc je suis* : & les Sceptiques ont continué de douter. L'Auteur pretend que Mr. Descartes a cessé de douter lors qu'il estoit le plus necessaire de douter, & que ce Principe, *Je pense, donc je suis*, n'est pas moins incertain que toutes les autres choses qui l'avoient porté à douter. Mais les Cartesiens n'en demeurent pas d'accord, & pretendent avoir prouvé le contraire. Ce sera au Lecteur à juger le different.

(*a*) Voyons cependant si les raisons que les Sceptiques ont de douter de ce Principe, *Je pense; donc je suis*, sont aussi bonnes que dit l'Auteur. Demandons à un Sceptique si ce Principe, *Je pense; donc je suis*, est évident. Il dira qu'il l'est. Et si vous demandez pourquoy il ne l'admet pas pour vray ? Il répondra qu'il se presentera peut-estre un jour quelque raison qui détruira celle qu'on luy propose. Ce qui paroist si peu raisonnable, qu'il y auroit sujet de croire, que ce n'est pas là le vray sentiment des Sceptiques, si nous n'en estions d'ailleurs convaincus par le témoignage de Sextus Empyricus un des plus fameux partisans de cette Secte, qui parle en ces termes : *Lors que quelqu'un nous apporte une raison que nous ne pouvons détruire, nous luy disons : Avant la naissance de la Secte que vous suivez, & qui vous fournit cette raison, cette raison n'a pas paru bonne : cependant elle ne laissoit pas d'estre dans la nature, bien qu'elle ne fût pas connuë. Pourquoy donc ne pourra-t-il pas arriver que la raison qui détruit celle que vous apportez, se trouvera un jour, bien qu'elle ne soit pas encore découverte ? C'est pourquoy il ne faut pas se rendre à la raison qu'on apporte, quelque forte qu'elle paroisse, pour le temps present.* Si ce sentiment est du goût de l'Auteur, nous ne sçaurions qu'y faire : mais il ne sera jamais de celuy de Mr. Descartes, qui enseigne par tout qu'il n'y aura jamais aucune nouvelle raison qui puisse détruire les choses évidentes, ny par consequent qui puisse détruire cette verité, *Je pense, donc je suis* ; qui est de toutes

toutes les veritez la plus évidente.

Censure. Article XV.

Descartes pensant ruiner la doctrine des Stoïciens, la confirme merveilleusement par cet argument, Que nous ne sçavons pas si Dieu nous a faits de telle sorte, que nous nous trompions toujours. Car comme il n'a eu rien à opposer à cet argument, si ce n'est que si nous estions faits de cette sorte, Dieu seroit trompeur; puisque nous avons fait voir que cette exception n'est pas conforme au reste de sa doctrine, il s'ensuit qu'il n'y a rien qui favorise plus le sentiment des Sceptiques, que l'opinion de Descartes. Car il avoüe que si nous ne sommes pas assurez que Dieu ne nous a pas fait tels que nous nous trompions toujours, nous ne pouvons pas sçavoir si les Theorêmes de la Geometrie sont certains, s'il y a quelque matiere, si le monde sensible existe, comme il paroist exister, qui sont toutes propositions Sceptiques: d'où il naist une autre question touchant la regle par laquelle on doit mesurer la verité selon Descartes; laquelle si elle est mesurée elle-même par les regles du jugement, on trouvera qu'elle est fausse, comme nous l'allons faire voir dans le Chapitre qui suit.

Réponse a l'Article XV.

On pourroit reprocher avec raison à Mr. Descartes, que son sentiment favorise celuy des Sceptiques, s'il avoit veritablement douté si Dieu l'avoit fait tel qu'il se trompât toujours. Mais il n'a jamais douté de cela, & il a seulement feint d'en douter: C'est pourquoy il a fort bien pû estre asseuré que Dieu ne l'avoit pas fait tel qu'il se trompât toujours, & feindre neanmoins d'en douter pour découvrir mieux les raisons qu'il auroit d'en estre asseuré. Ce qui ne favorise en rien le sentiment des Sceptiques, qui bien qu'ils cherchent la verité, suspendent toujours leur jugement à l'égard des choses mêmes les plus évidentes, parce qu'ils disent que peut-estre ils trouveront un jour des raisons qui leur seront contraires ; ce qui est le vray sujet de leur incertitude.

Fin du premier Chapitre.

CHAPITRE II.

Où l'on examine la Regle de la verité, que les Latins appellent, Criterium.

Censure. Article I.

DEscartes avant que de dire son sentiment touchant la regle de la verité, que les Latins appellent, *Criterium*, propose certaines choses qui estant admises, nous mettent hors d'estat de recevoir ensuite aucune regle de la verité. Il nous avertit premierement, que nous devons douter de tout, parce que nous avons succé l'erreur avec le lait de la nourrice, parce que nous experimentons tous les jours que les sens & la raison même nous trompent, & parce que nous ne sçavons pas si Dieu ne nous a point fait tels que nous nous trompions même dans les choses évidentes. Et aprés nous avoir mis dans un doute si general, il nous oblige aussi-tost d'admettre plusieurs choses comme tres certaines, & comme exemptes de cette loy generale du doute, telles que sont celles-cy, Que nous pensons, & que de ce que nous pensons il s'ensuit que nous sommes ; Que l'esprit est distingué du corps ; Qu'il y a un Dieu ; Que Dieu nous trompe si nous nous trompons toujours, &c. Et cela posé, il conclut que nous ne pouvons pas estre toujours trompez, & même que nous ne le serions jamais, si nous ne donnions jamais notre consentement qu'à des choses évidentes. (a) Il n'y a rien de si contraire au bon sens que cette maniere de philosopher. Car si tout ce qui tombe sous les sens & sous la raison est suspect d'erreur ou de fausseté, il faut avant que de l'admettre pour vray, avoir levé tout ce soupçon d'erreur ou de fausseté : ce qui ne se peut faire qu'en se servant de la regle de la verité. Ainsi Mr. Descartes a dû chercher cette regle avant que d'admettre rien pour vray. Car comme celuy qui se propose de faire un bâtiment, prepare une regle & un plomb ; Mr. Descartes avant que d'entreprendre l'édifice de la Philosophie, qui consiste à découvrir la verité, doit chercher premierement une regle pour mesurer tout ce qui entrera dans cet édifice. Mais au contraire, aprés que Descartes a dit qu'il faut mesurer tout par cette regle, il differe quelque temps à la chercher ; & cependant il admet sans cette mesure, beaucoup de choses dans lesquelles il espere de la trouver. Ainsi il se sert du bâtiment pour mesurer la regle, & non pas de la regle pour mesurer le bâtiment.

Réponse a l'Article I.

Mr. Descartes avant que de dire son sentiment touchant la regle de la verité, ne propose rien qui estant admis nous mette hors d'estat de recevoir cette regle. Il est vray qu'il nous avertit au commencement, qu'il faut douter de tout ; & qu'aprés nous avoir mis dans un doute si general, il nous oblige bien-toſt d'admettre pluſieurs choſes comme tres-certaines. Mais qu'y a-t-il en cela de contraire au bon ſens? Mr. Deſcartes doute de tout. Cela eſt vray: mais ſon doute n'eſt qu'hypothetique, & il ne peut par conſequent l'empêcher d'admettre pour vrayes, les choſes qui luy auront paru évidentes apres les avoir examinées, telles que ſont celles-cy, *Je penſe, Je ſuis de ce que je penſe.*

(*a*) L'Auteur de la Cenſure répond, que puiſque Mr. Deſcartes avoit compris ſous la loy generale du doute, tout ce qui tombe ſous les ſens & ſous la raiſon, il falloit avant que d'admettre rien pour vray, avoir levé cette raiſon generale de douter; ce qu'il n'a pû faire qu'en ſe ſervant de la regle de la verité, laquelle il differe quelque temps à chercher; & cependant il admet ſans cette regle, pluſieurs choſes dans leſquelles il eſpere trouver la verité. Mr. Deſcartes replique, que la regle de la verité eſt elle-même une verité; & partant qu'il a eſté obligé d'admettre la verité dans laquelle cette regle conſiſte, avant que de ſe ſervir de cette regle. Et pour ſe ſervir de l'exemple même de l'Auteur, Mr. Deſcartes dira, que comme celuy qui ſe propoſe de faire un bâtiment, prepare une regle qui est une quantité connuë par elle-même, qui sert à mesurer toutes les autres quantitez inconnuës ; il a dû aussi, avant que d'entreprendre l'édifice de la Philosophie, qui consiste à découvrir la verité, trouver une verité connuë par elle-même, qui servît de regle pour mesurer toutes les autres veritez inconnuës. Ainsi quand Mr. Descartes se sert de cette verité, *Je pense ; donc je suis*, comme de regle pour mesurer les autres veritez, il ne se sert point du bâtiment pour mesurer la regle ; mais au contraire il se sert fort sagement de la regle pour mesurer le bâtiment.

Ce qui a trompé l'Auteur dans cet Article, est qu'il a crû que la regle de la verité estoit quelque chose de different de la verité même. Cependant cette regle n'est autre chose qu'une verité connuë par elle-même, qui sert à faire connoistre les autres, telle qu'est cette verité, *Je pense, donc je suis*.

Censure. Article II.

Mr Descartes est si peu d'accord avec luy-même, que dans le même livre de ses Principes où il avoit étably cette maniere de philosopher, il prescrit diverses manières de découvrir la verité. (*a*) Il veut premierement que nous estant defaits des prejugez, nous soyons attentifs aux notions naturelles, & que nous n'admettions pour vrayes que celles-là seules qui sont claires : ce qu'ayant fait, il dit que nous connoistrons aussi-tost que nous sommes parce que nous pensons ; Qu'il y a un Dieu ; Que nous dependons de luy, & de cette connoissance de Dieu, nous tirerons la connoissance de toutes les autres choses que Dieu a produites. (*b*) Or voyez, je vous prie, combien cela s'accorde peu avec les loix qu'il a établies auparavant. Il a raisonné ainsi au commencement de son ouvrage : *Je pense, donc je suis : L'idée de Dieu est imprimée dans mon esprit, donc Dieu est : Dieu ne peut me tromper ; donc ce que je conçois clairement est vray.* Maintenant il change de façon de raisonner, & parle ainsi : *Les choses que je conçois clairement & distinctement sont vrayes : Je conçois clairement que je pense, & que celuy qui pense est necessairement : donc je suis : Je conçois clairement que j'ay l'idée de Dieu, donc Dieu est :* De ce qu'une connoissance claire & distincte est vraye, il conclut qu'il est, & que Dieu est : & auparavant de ce qu'il est, & de ce que Dieu est, il avoit inferé que les connoissances claires & distinctes estoient vrayes. En quoy il tombe dans un cercle de Logique.

Réponse a l'Article II.

Il y a une grande difference entre la Methode de découvrir la verité, & la regle de la verité, qu'on appelle, *Criterium*. Il y a diverses Methodes propres à découvrir la verité; & il n'y a qu'une regle de la verité. Les Methodes propres à découvrir la verité sont, l'Analyse & la Synthese; & la seule regle de la verité est l'évidence: ce qui fait que Mr. Descartes a fort bien pû sans se contredire, parler de la regle de la verité au commencement d'un Chapitre, & parler dans les Chapitres suivans des Methodes de découvrir la verité.

(*a*) Mr. Descartes a raison de vouloir que nous estant defaits des préjugez, nous soyons attentifs aux notions naturelles, & que nous n'admettions pour vrayes, que celles-là seules qui sont claires: ce qu'ayant fait nous connoistrons aussi-tost que nous sommes, parce que nous pensons; & que Dieu existe, parce que nous en avons l'idée. Car en effet, si nous cherchons la raison pour laquelle nous assurons avec tant de certitude que nous sommes, nous n'en trouverons point d'autre, si ce n'est que nous connoissons cela si clairement, que nous n'en pouvons douter. Car comme l'enseigne Mr. Descartes dans la premiere partie de ses Principes, *la nature a imprimé dans l'esprit de tous les hommes, que dés que* nous appercevons clairement une chose, nous ne puissions pas douter qu'elle ne soit vraye. D'où il s'ensuit que l'évidence prise abstractivement, n'est autre chose qu'un certain sentiment exterieur que nous avons qu'une chose est vraye, parce que l'idée qui la represente est claire.

(*b*) Il est vray que Mr. Descartes a dit au commencement de ses Ouvrages, *Je pense ; donc je suis : J'ay l'idée de Dieu ; donc Dieu est* : & qu'il dit maintenant : *Ce que je conçois clairement est vray : Je conçois clairement que je pense, & que celuy qui pense est ; donc je suis*. Mais il ne tombe pas pour cela dans un cercle de Logique : il se sert seulement de la Synthese, aprés s'estre servy de l'Analyse. Dans l'Analyse, suivant les regles de cette Methode, il a pris ce qu'il y a de plus particulier & de plus clairement connu dans son existence, qui est *qu'il pense* ; & dans la Synthese, il a pris ce qu'il y a de plus general & de plus connu, qui est *que ce qu'il conçoit clairement, est vray*. Ainsi Mr. Descartes n'a fait que ce que font d'ordinaire les Philosophes quand ils examinent les veritez par ces deux Methodes, tantost par l'une, & tantost par l'autre. Concluons donc que l'Auteur confond icy la regle de la verité avec les Methodes de découvrir la verité, & qu'il condamne sans raison l'usage que Mr. Descartes a fait de ces deux Methodes.

CENSURE. ARTICLE III.

Si aprés avoir découvert les voyes par lesquelles il veut aller à la decouverte de la regle de la verité, nous examinons ce qu'il pense de cette regle, de la connoissance de laquelle depend toute la Philosophie, nous trouverons qu'il en parle d'une maniere incertaine, obscure & confuse, & non pas d'une maniere aussi assurée que le merite du sujet le demandoit. Car pretendant avoir demontré dans ses Principes, que nous ne sommes pas faits de telle sorte que nous nous trompions toujours, il conclut de là, que nous ne nous tromperions jamais, si nous n'admettions pour vrayes que les choses que nous concevons clairement ; & ensuite dans le reste de son ouvrage il admet la perception claire & distincte pour l'unique regle de la verité, par laquelle il mesure la puissance même de Dieu ; bien qu'avant que d'avoir formé cette regle sur la connoissance de Dieu, il eût admis plusieurs choses pour vrayes pour cela seul, qu'elles estoient connuës par la lumiere naturelle. (*a*) Voicy encore d'autres regles de la verité de Descartes, *La lumiere naturelle, l'évidence, & la connoissance de la chose tirée de la chose même*. Il se sert encore de plusieurs autres regles de la verité selon les temps, dont je ne parleray pas maintenant.

RÉPONSE A L'ARTICLE III.

Mr. Descartes n'est point incertain sur la regle de la verité, quoy qu'il ait demontré dans ses Principes, que cette regle consiste dans l'évidence, & qu'il dise dans le reste de son ouvrage, que la perception claire & distincte est cette regle. La raison de cela est que, selon Mr. Descartes, la perception claire & distincte, & l'évidence sont une même chose.

M. Huet reproche sans raison à Mr. Descartes, qu'il admet d'autres regles de la verité, que l'évidence, sçavoir la lumiere naturelle, & la connoissance de la chose tirée de la chose même : car il est certain que la lumiere naturelle, qui est prise pour la regle de la verité, ne differe point ny de l'évidence, ny de la perception claire, ny de la connoissance de la chose tirée de la chose même. C'est pourquoy Mr. Descartes ne tombe point dans un cercle, bien qu'avant que d'avoir établi la regle de la verité dans l'évidence, il admette pour vraye cette proposition, *Je pense, donc je suis*, pour cela seul qu'elle est connuë par la lumiere naturelle ; puisque c'est cette même proposition qui estant considerée d'une veuë generale, doit servir de regle à toutes les autres veritez naturelles.

Censure. Article IV.

Il paroît par là que Descartes a crû, que la perception claire estoit quelque chose de different de la lumiere naturelle, parce qu'il fonde plusieurs veritez sur la lumiere naturelle, avant que d'avoir prouvé qu'il faut tenir pour vray ce que l'on apperçoit clairement ; mais il distingue ouvertement ces deux choses, lors qu'il enseigne que la lumiere naturelle ne regarde aucune chose qui ne soit vraye entant qu'elle la regarde ; d'où il s'ensuit que la lumiere naturelle est ce qui regarde un objet, & la perception claire, & l'action par laquelle la lumiere naturelle le regarde, comme si la lumiere naturelle estoit la regle de la verité *par laquelle*, & que la claire perception fût la regle *selon laquelle*. (*a*) Il y a des Cartesiens, qui, soit qu'ils n'ayent pas penetré le sentiment de Descartes, soit qu'ils ne l'ayent pas approuvé ont abandonné leur Maître, & n'ont pas distingué la claire perception de la lumiere naturelle. (*b*) Quant à Mr. Descartes, il semble proposer l'évidence comme quelque chose de general qui se doit trouver dans les choses, afin qu'elles meritent de passer pour vrayes, soit que nous les connoissions par la lumiere naturelle, soit par une claire perception, soit par le raisonnement, soit par le sens ou par quelque autre maniere, telle qu'on voudra. (*c*) La connoissance des choses tirée des choses mêmes, laquelle Descartes prend pour la regle de la verité, est cette même

même évidence qui reside dans les seules choses que nous connoissons par la lumiere naturelle, entant que nous les connoissons. C'est ainsi que nous croyons devoir interpreter la pensée de Descartes, qui est de soy obscure, & qu'il a mal expliquée, en nous servant de conjectures. (d) Quant à l'attention que les Cartesiens disent estre si necessaire pour découvrir la verité, c'est une disposition d'esprit qui nous attache fortement à considerer les choses que nous voulons connoître, sans faire de reflexion aux autres.

RÉPONSE A L'ARTICLE IV.

Mr. Descartes n'a point crû que la perception claire fût quelque chose de different de la lumiere naturelle: mais comme il n'y a point d'évidence sans perception claire, ny de perception claire sans une faculté qui apperçoit clairement; Mr. Descartes a donné indifferemment le nom *de lumiere naturelle* à ces trois choses, sans toutesfois qu'il faille craindre l'ambiguité de ce mot: parce que quand par la lumiere naturelle, il entend la faculté qui apperçoit clairement, il en parle comme d'une chose qui agit & qui regarde un objet; au lieu que quand il entend la perception claire, il en parle comme de l'action par laquelle la lumiere naturelle regarde cet objet, comme si la lumiere naturelle estoit la regle de la verité *par laquelle*, (pour parler le langage de l'Auteur) ou que la claire perception fût la regle *selon laquelle*. Ce qui fait voir que Mr. Descartes distingue la lumiere naturelle prise pour une simple faculté de connoître, de la perception claire, comme l'on distingue la cause, de l'action de cette cause ; mais il ne distingue point la lumiere naturelle prise pour la regle de la verité, de la perception claire ; parce qu'en effet cette perception claire & la lumiere naturelle ne sont qu'une même chose.

(*a*) Les Cartesiens qui n'ont pas distingué la claire perception de la lumiere naturelle, n'ont point en cela abandonné leur Maître ; ils ont au contraire suivy son sentiment.

(*b*) Mr. Descartes a bien fait de proposer l'évidence comme quelque chose de general, qui se doit trouver dans les choses afin qu'elles meritent de passer pour vrayes ; parce qu'en effet il a consideré l'évidence comme separée de chaque sujet particulier évident ; ce qu'il n'a pû faire que par des abstractions d'esprit, qui rendent generales les choses qui étoient auparavant singulieres.

(*c*) La connoissance des choses tirée

des choses mêmes, laquelle Mr. Descartes prend pour la regle de la verité, n'est point cette évidence qui reside dans les seules choses qui sont connuës par la lumiere naturelle entant que nous les connoissons, mais c'est l'évidence qui se trouve dans tout ce que nous connoissons clairement, soit que nous le connoissions ainsi par la lumiere naturelle, soit par une claire perception, soit par le raisonnement, soit par les sens, ou par quelque autre maniere telle qu'on voudra supposer. Le sentiment de Mr. Descartes est si clair là dessus, que nous n'avons point besoin des conjectures de M. Huet pour l'interpreter.

(*d*) Quant à l'attention que les Cartesiens disent estre si necessaire, M. Huet la definit fort exactement.

Censure. Article V.

Examinons maintenant cecy en détail. Descartes dit que *la lumiere naturelle est une faculté de connoistre que Dieu nous a donnée*; d'où il s'ensuit que nous connoissons par la lumiere naturelle, tout ce que nous connoissons par une faculté de connoistre que Dieu nous a donnée: or nous connoissons tout ce que nous connoissons par une faculté que Dieu nous a donnée; nous connoissons donc par la lumiere naturelle tout ce que nous connoissons. Ce qui est fort abſurde. (*a*) De plus, par quelle marque diſtingueray-je cette lumiere naturelle de la lumiere non naturelle; ou la lumiere directe de la nature, de la lumiere oblique de l'art; ou enfin la lumiere pure de la nature de la lumiere impure de l'erreur? (*b*) Dirons-nous que les hommes connoiſſent par la lumiere naturelle, ce qu'ils apperçoivent d'une premiere vûë, & ce qu'ils avoüent eſtre vray? Comment ſçaurons-nous que les hommes approuvent cela d'une premiere vûë? Comment ſçaurons-nous que tous les hommes le voyent, & qu'ils en tombent tous d'accord? Y a-t-il quelque choſe de ſi univerſellement reçû de tous les hommes, qui ne ſoit rejetté par quelqu'un? Qu'y a-t-il que l'homme connoiſſe mieux que cecy, ſçavoir qu'il eſt, & qu'il eſt un homme? Or Democrite doutoit s'il eſtoit, Socrate doutoit s'il eſtoit un homme. Qu'y a-t-il de plus clair que cecy, Le tout eſt plus grand que ſa partie, & que les autres Principes des Geometres? Neanmoins pluſieurs les revoquent en doute, & Deſcartes méme veut que nous les reputions pour faux. (*c*) Accordons pourtant qu'il ſoit aiſé de diſtinguer une connoiſſance acquiſe par la lumiere naturelle, de toute autre connoiſſance: par quel argument puis-je ſçavoir que ce que je connois par la lumiere naturelle, eſt vray? Dieu, dira Deſcartes, ſeroit un trompeur. Mais alors il perſiſte à ſe défendre par des armes que nous avons ſi ſouvent briſées. (*d*) Deplus, puiſque c'eſt une maxime de Deſcartes, que Dieu peut faire que deux & deux ne faſſent pas quatre; ſi nous ſuppoſons que Dieu ait fait ce qu'il peut faire, la lumiere par laquelle nous connoiſſons que deux & deux ſont quatre ſera trompeuſe. On ne doit donc pas prendre pour une marque assurée de la verité, une regle qui peut être fausse.

RÉPONSE A L'ARTICLE V.

Nous convenons avec l'Auteur, de toutes les propositions de l'argument qu'il fait au commencement de cette article; mais nous disons en même-temps qu'elles ne renferment rien d'absurde. Car quelle absurdité y a-t-il à dire, que nous connoissons tout ce que nous connoissons par la lumiere naturelle, si par cette lumiere nous entendons la faculté de connoître que Dieu nous a donnée ? L'absurdité seroit seulement si par la lumiere naturelle nous entendions la perception claire & distincte, qui est la marque de la verité; parce que tout ce que nous connoissons ne porte pas cette marque. Ainsi l'Auteur abuse manifestement de l'ambiguité du mot de *lumiere naturelle*, en le prenant tantôt pour signifier la faculté de connoître, & tantôt pour signifier la perception claire de cette faculté.

(a). L'Auteur ajoute, qu'il ne sçait pas comment il distinguera la lumiere naturelle de la lumiere non naturelle; la lumiere directe de la nature, de la lumiere indirecte, ou reflechie de l'art; &

la lumiere pure de la nature de la lumiere impure de l'erreur. Je vous avouë, Monsieur, que je ne sçay pas ce que Mr. Huet peut entendre par la lumiere non naturelle, par la lumiere indirecte & reflechie de l'art, ny par la lumiere impure de l'erreur : Ce sont là des termes d'Orateur, qui ne produisent aucune vraye idée dans l'esprit des vrais Philosophes. Mais si par la lumiere non naturelle, par la lumiere reflechie de l'art, & par la lumiere impure de l'erreur il veut entendre (comme il le devroit faire) des idées obscures & confuses ; & s'il veut entendre aussi par la lumiere naturelle, par la lumiere directe, & par la lumiere pure de la nature, des idées claires & distinctes, Mr. Descartes luy apprendra en plusieurs endroits de ses ouvrages, par quelle voye il peut distinguer les idées claires & distinctes, des idées obscures & confuses. Il pourra encore l'apprendre dans le 5. chap. de la 4. part. de la Logique de mon Systême general de Philosophie, où j'ay ramassé les principales manieres dont on peut, selon Mr. Descartes, distinguer les idées claires d'avec les idées obscures.

(*h*) Il constant que les hommes connoissent par la lumiere naturelle, tout ce qu'ils apperçoivent d'une premiere vûë, & nous devons croire qu'ils apperçoivent ainsi les choses quand ils nous l'assûrent, & qu'ils sont sinceres à dire ce qu'ils pensent ; il n'est pas même necessaire que tous les hommes l'avoüent : car il ne faut pas s'imaginer qu'une proposition ne soit claire & certaine que lors que personne ne la contredit, & qu'elle doive passer pour douteuse, ou qu'au moins on soit obligé de la prouver, lors qu'il se trouve quelqu'un qui la nie. Si cela estoit, il n'y auroit rien de certain ny de clair ; puisqu'il s'est trouvé des Philosophes qui ont fait profession de douter generalement de tout.

(c) Il n'est pas mal aisé de s'assûrer que ce qu'on connoît par la lumiere naturelle est vray, si l'on considère que la proprieté qu'ont les idées simples & naturelles de representer une chose plutôt qu'une autre, n'est pas un pur rien, & partant qu'elle suppose une cause exemplaire ; car il s'ensuit delà que cette cause doit contenir formellement toutes les perfections que ces idées representent, parce qu'autrement ces idées tireroient du neant la proprieté qu'elles ont de representer leurs objets : ce qui repugne. C'est là la veritable raison pourquoy nous sçavons que ce que nous connoissons par la lumiere naturelle, est vray; car de dire simplement que si cela n'estoit pas vray, Dieu seroit un trompeur, ce seroit plutôt alleguer une raison de convenance, qu'apporter la veritable cause de la verité de nos idées. Il est vray que Mr. Descartes a apporté cette derniere raison dans l'art. 3. de la quatriéme Meditation; mais il s'est fondé particulierement sur la premiere dans le 17. art. de la troisiéme Meditation, où il parle en ces termes: *Maintenant c'est une chose manifeste qu'il dois y avoir pour le moins autant de realité dans la cause efficiente totale, que dans son effet, &c.*

(d) Ce n'est point une maxime de Mr. Descartes, que Dieu puisse faire que deux & deux ne fassent pas quatre; ou s'il le peut faire, ce n'est que par sa puissance absoluë, de laquelle il ne s'agit pas icy, où il est seulement question de ce qui dépend de la puissance ordinaire de Dieu, dans les bornes de laquelle les Philosophes sont obligez de se renfermer.

Dans cet article l'Auteur abuse de l'ambiguité du mot de *lumiere naturelle*.

CENSURE. ARTICLE VI.

Ayant fait voir que la lumiere naturelle n'est pas la vraye marque de la verité, il est encore aisé de demontrer que la claire perception n'est pas digne de foy : car Descartes veut qu'on se fie à elle à cause de plusieurs propositions qui sont connuës par la lumiere naturelle, & à cause de la lumiere naturelle même. Il dit en effet dans les nomb. 43 & 44. de la 1. part. des Principes, *que la nature a imprimé dans tous les esprits, que dés que nous appercevons clairement une chose, nous y donnons notre consentement, sans pouvoir douter aucunement qu'elle ne soit vraye.* (a) Or comme la lumiere naturelle nous peut tromper, la claire & distincte perception nous peut tromper aussi. Mais examinons de plus prés cette regle de la verité.

REPONSE A L'ARTICLE VI.

Mr. Huet n'a jamais prouvé que la lumiere naturelle ne soit pas la vraye marque de la verité. Il n'a pas prouvé non plus, que la claire perception des choses ne soit pas digne de foy. Si toutesfois il se faut fier à elle (comme il n'en faut pas douter), ce n'est pas parce qu'elle est fondée sur des propositions qui sont connuës par la lumiere naturelle, ou sur la lumiere naturelle même ; mais parce qu'elle ne diffère pas de cette même lumiere naturelle, laquelle Dieu a tellement répanduë dans tous les esprits, selon Mr. Descartes, que nous consentons volontiers à tout ce que nous connoissons clairement, & nous ne pouvons pas douter qu'il ne soit vray.

(*a*) Je ne sçay pas pourquoy l'Auteur de la Censure dit, que la lumiere naturelle nous pouvant tromper, la claire perception nous peut tromper aussi. S'il n'a pas pû prouver que la lumiere naturelle nous puisse tromper, comment peut-il esperer qu'il prouvera que la claire perception nous trompe ; puisque, comme il vient d'estre dit, la lumiere naturelle, & la claire perception sont une même chose ? Nous allons voir ce que Mr. Huet dira contre cette regle de la verité. Il faut cependant remarquer qu'il prend dans cet art. la lumiere naturelle pour quelque chose de different de la perception claire : ce qui n'est pas.

Censure. Article VII.

Descartes veut que nous concevions clairement une chose, lorsque nous en avons une idée claire & distincte ; mais il n'a jamais expliqué ce que signifie proprement le nom d'idée duquel il se sert fort souvent, de sorte qu'il paroist n'avoir jamais eu une idée distincte de l'idée. Les Stoïciens appelloient les idées des perceptions de notre esprit. Le commun des Philosophes ne donne le nom d'idée qu'à la seule perception de l'esprit qu'on appelle *Apprehension*. Descartes se sert quelquefois de cette signification, & veut que l'idée soit une action de l'esprit par laquelle il s'applique aux images des objets, ou une maniere d'appercevoir. Quelquefois il dit que l'idée est l'image de l'objet gravée, non dans la phantaisie, mais dans l'esprit, assurant que le nom d'idée convient proprement à celle-là. (*a*) Il divise ensuite en trois classes toutes les idées. Il veut que les unes viennent de nouveau à l'esprit, telle qu'est l'idée du soleil qui est receuë dans l'esprit lorsque le soleil se leve: les autres sont artificielles, comme celle d'une Syrene, d'un Satyre, &c. Et les autres sont naturelles, ou nées avec l'esprit, telles que sont les idées de Dieu, de l'esprit, de la pensée, &c. En d'autres endroits il appelle *idées*, non seulement les images des choses singulieres, mais encore la comparaison que l'on fait de ces images, qui est la seconde operation de l'esprit, qui s'appelle d'ordinaire, *Jugement*. Quelquefois même il donne ce nom à toutes les choses qui peuvent estre dans l'esprit, & par consequent au *Raisonnement*, qui en est la troisiéme operation. Il appelle idée claire, celle qui est presente & ouverte à un esprit attentif, comme nous disons que nous voyons clairement les choses qui sont presentes à un œil qui les regarde directement, & qui en est violamment frappé. Il appelle *idée distincte*, celle qui represente son objet tellement separé de tous les autres, qu'elle ne represente que ce qui est contenu dans cet objet. (*b*) Puis donc que Descartes entend par le mot *d'idée*, non seulement les images des choses qui sont imprimées dans l'esprit, & la perception de ces images, dont la premiere operation de l'esprit est composée ; mais encore la comparaison de ces images, dans laquelle consiste la seconde ; & aussi la comparaison de ces comparaisons, dans laquelle consiste la troisiéme operation ; son opinion est que la marque de la verité se trouve dans toutes les operations de l'esprit, pourveu qu'elles soient évidentes, & que les idées de toutes les autres choses soient separées de celle qui est dans l'esprit. Et cette regle est si seure, selon luy, que tout ce à quoy elle convient ne peut estre faux.

Réponse a l'Article VII.

Il est vray que Mr. Descartes n'a jamais eu d'idée distincte de l'idée ; parce qu'en effet l'idée n'est pas connuë par une autre idée, mais par elle-même, comme il a esté dit plusieurs fois. Mais c'est sans fondement que Mr. Huet luy reproche, qu'il n'a jamais expliqué ce que signifie le mot d'idée ; car il reconnoist luy-même que par ce mot Mr. Descartes a entendu les perceptions de son esprit. Or qu'est-ce qu'une perception de l'esprit, qu'une certaine maniere de penser ? Qu'est-ce qu'une certaine maniere de penser, qu'une modification de la substance qui pense ? Et enfin qu'est-ce que cette modification de la substance qui pense,

pense, que l'image d'un objet imprimée, non dans la fantaisie, c'est à dire dans le cerveau, mais dans l'esprit même ? Or n'est-ce pas ce à quoy Mr. Descartes dit que le nom d'idée convient proprement ? Et partant luy peut-on objecter avec raison, qu'il n'a pas definy ce que c'est qu'une idée.

(*a*) Mr. Descartes ayant ainsi fixé le nom propre d'*idée*, il luy a esté fort libre de donner ce nom à ce qu'il a voulu, en nous en avertissant ; c'est pourquoy il a pû appeller idée, la *simple perception*, le *jugement*, & le *raisonnement même*, qui sont les trois principales operations de l'esprit ; aprés quoy il a eu droit de diviser toutes les idées en celles qui nous viennent des objets, telles que sont les simples perceptions ; en celles que nous formons nous-mêmes, telles que sont les jugemens & les raisonnemens ; & en celles qui sont nées en nous, telles que sont celles que Dieu a imprimées dans tous les esprits en les formant ; car il n'y a point d'idées qui ne se puissent reduire à une de ces trois especes.

(*b*) Enfin Mr. Descartes a eu raison d'établir pour marque & pour regle de la verité, toutes les operations de l'esprit, pourveu qu'elles soient évidentes : car il

I

est constant que pour acquerir les sciences, nous n'avons, ny nous n'aurons jamais d'autre regle que l'évidence ; & que quelque demonstration que nous pretendions faire, elle ne meritera jamais ce titre, si elle n'est évidente.

Censure. Article VIII.

Si vous demandez par quel argument Descartes prouve cela, vous trouverez que c'est par les mêmes raisons dont il se sert pour prouver que la lumiere naturelle est digne de foy ; sçavoir que Dieu a joint aux idées une evidence & une clarté si grandes, que si elles nous trompoient, Dieu seroit luy même trompeur : ce que nous avons démontré si souvent estre faux, qu'il seroit inutile de le prouver encore. (*a*) Il ajoute à cela, que c'est une loy de la nature, que nous consentions sans repugnance aux choses que nous concevons clairement : ainsi il établit la certitude de la perception claire, sur celle de la lumiere naturelle ; c'est à dire qu'il fonde une chose incertaine sur une chose incertaine. (*b*) De plus, aprés avoir rapporté les degrez par lesquels il est parvenu à la connoissance de cet argument, *Je pense, donc je suis*, il dit dans sa Methode que cet argument ne luy a paru veritable que parce qu'il luy a semblé évident ; d'où il a formé cette regle generale, *Que tout ce qu'il connoist évidemment, est vray* ; au lieu que nous en pouvons former une toute opposée plus certaine, sçavoir, qu'il ne faut pas acquiescer temerairement aux choses qui nous paroissent évidentes ; parce que nous avons prouvé que cet argument, *Je pense, donc je suis*, qui paroist si clair à Descartes, est faux & inutile.

RÉPONSE A L'ARTICLE VIII.

Nous avons déja dit, & nous le repetons encore, que Mr. Descartes fonde principalement la certitude de la lumiere naturelle, sur ce que la proprieté que nos idées ont de representer une chose plûtost qu'une autre, suppose une cause efficiente exemplaire, & que cette cause exemplaire doit contenir formellement toutes les perfections que nos idées representent. Je dis, *principalement*; pour marquer que Mr. Descartes fonde encore la certitude de la lumiere naturelle sur un autre principe, qui n'est pas à la verité si solide, mais qui ne laisse pas d'estre considerable, qui est, que Dieu seroit luy-même trompeur, si l'évidence & la clarté qu'il a joint à nos idées, nous trompoient : car cela est tres-vray, & l'Auteur de la Censure n'a jamais pû prouver le contraire.

(*a*) On ne sçait point ce qu'il veut dire quand il assure, que Mr. Descartes établit la certitude de la perception claire, sur celle de la lumiere naturelle. Car il est constant que Mr. Descartes ne distingue point la lumiere naturelle de la perception claire ; en sorte que si la lumiere naturelle n'est pas incertaine, comme nus l'avons prouvé, la perception claire ne le sera pas non plus, & l'Auteur aura dit sans raison, que Mr. Descartes fonde une chose incertaine, sur une autre chose incertaine.

(*b*) Mr. Descartes a eu droit de dire dans sa Methode, qu'il n'avoit eu d'autre raison d'admettre les choses pour vrayes, que parce qu'elles luy ont paru claires & évidentes ; puisque l'évidence est la vraye regle de la verité : il a eu encore raison de former de là cette regle generale, Que tout ce qu'il conçoit clairement est vray, sans que Mr. Huet en puisse former une toute contraire qui soit plus sûre, sçavoir qu'il ne faut pas consentir temerairement aux choses qui nous paroissent évidentes : car il est bien vray qu'il ne faut pas acquiescer temerairement aux choses qui paroissent évidentes ; d'autant que comme il y a deux évidences, l'une apparente, & l'autre veritable, il faut bien se garder de prendre l'une pour l'autre. Mais il n'est pas vray que Mr. Huet ait prouvé que cet argument, *Je pense, donc je suis*, qui paroist si clair, soit faux & inutile. Nous avons fait voir au contraire que tous les raisonnemens qu'il luy a voulu opposer, estoient des paralogismes.

Censure. Article IX.

Il est maintenant aisé de faire voir, que si l'évidence estoit la regle de la verité, il s'ensuivroit plusieurs absurditez. Car en premier lieu, il est certain que des idées veritables, les unes me paroissent plus claires que les autres; & par consequent qu'il y a des idées qui, quoy qu'elles soient vrayes, ont neanmoins quelque obscurité & quelque confusion. Car il leur manque cette clarté par laquelle leur évidence est surpassée par celle d'autres idées; & là où il manque de la clarté, il y a necessairement de l'obscurité & de la confusion. (*a*) Il est encore certain, qu'il y a des idées fausses qui ont quelque évidence. Il est enfin certain que des idées qui paroissent également évidentes à quelques hommes, il y en a qui ne paroissent pas également claires à certaines personnes, mais aux uns plus & aux autres moins, comme il y en a qui voyent plus clair que d'autres. Descartes ne desavoüera pas cela, puisqu'il enseigne que les axiomes mêmes qu'on appelle de *communes notions*, ne paroissent pas également clairs à tout le monde (*b*) Or puisque l'évidence peut compatir avec la fausseté, & l'obscurité avec la verité, il s'ensuit que l'évidence ne peut estre la regle de la verité. (*c*) Que si Descartes dit, que toute évidence n'est pas la regle de la verité, mais celle-là seule qui brille avec éclat; je demande quel degré d'évidence doit acquerir une idée pour estre admise comme vraye. Car si vous dites un souverain degré, plusieurs idées vrayes ne passeront pas pour vrayes, sçavoir celles dans lesquelles nous avons dit qu'il se trouvoit quelque obscurité & quelque évidence. De plus, comme il n'y a rien de si certain, qu'il soit reçu pour vray par tout le monde ; il n'y a point d'idée si claire dans laquelle il ne paroisse y avoir quelque chose d'obscur ; ainsi nulle idée n'aura le souverain degré d'évidence, & nulle idée ne devra estre admise pour vraye. Que si aucune idée ne peut avoir autant d'évidence qu'elle ne puisse devenir encore plus évidente, par la même raison on ne peut tellement diminuer le doute qu'on a sur quelque chose, qu'il n'en reste quelque partie : car l'évidence s'augmente comme le doute diminuë ; & reciproquement le doute s'augmente, à mesure que l'obscurité s'accroît : car tandis qu'il restera quelque peu de doute, cette verité qui nous est tant promise, restera dans l'incertitude.

RÉPONSE A L'ARTICLE IX.

Quoy que l'évidence soit la regle de la verité, il ne s'ensuit point qu'entre les idées vrayes, les unes soient plus vrayes que les autres. En effet, l'évidence estant la regle de la verité, il y a de la contradiction à dire, qu'une idée vraye est plus évidente qu'une autre idée vraye : car c'est la même chose que dire qu'il y a des idées vrayes qui sont plus vrayes que d'autres idées vrayes; ce qui repugne à l'essence de la verité, dont la nature est indivisible comme celle de toutes les autres choses. Et il n'importe de dire que l'idée du soleil est vraye, mais qu'elle ne represente pas toutes les proprietez du soleil; ce qui fait qu'elle n'est pas si claire que celle d'un triangle ou d'un quarré, qui representent plus distinctement la nature & les proprietez de ces figures : car il ne s'ensuit pas de là que l'idée du soleil ne soit claire à l'égard de tout ce qu'elle represente dans cet astre, puisqu'elle represente distinctement tout ce qu'elle en represente; mais cela veut dire seulement qu'elle n'est pas *complete*, c'est à dire, qu'elle n'est pas ce qu'on appelle en latin, *adæquata*. Toutefois cela ne donne aucune occasion de se méprendre à ceux qui considerent les choses avec attention : car ils sçavent bien que le soleil contient beaucoup de perfections outre celles qu'ils connoissent ; mais ils ne laissent pas de dire qu'ils ont l'idée du soleil; & que cette idée est vraye parce qu'elle est claire, & qu'elle est claire parce que le soleil, qui est sa cause exemplaire, contient formellement tout ce qu'elle represente. C'est donc une chose assurée que l'obscurité & la confusion d'une idée n'est pas dans cette idée même, mais au dehors, entant que cette idée se trouve separée de plusieurs autres idées avec lesquelles elle devroit estre jointe pour representer ensemble toutes les proprietez de l'objet dont elle est l'idée: en quoy l'on peut dire que cette idée ressemble à une petite chandelle qui seroit allumée dans une grande chambre : car si on vouloit appeller cette chandelle obscure, parce qu'elle ne suffiroit pas à éclairer toute cette chambre, il est évident que son obscurité ne seroit pas en elle-même (car elle est aussi claire qu'elle le peut estre;) mais hors d'elle, entant qu'elle ne seroit pas jointe à d'autres chandelles qui seroient necessaires pour éclairer toute la chambre. C'est en ce sens là seulement qu'on doit entendre ce que Mr. Huet dit, sçavoir qu'il y a des idées vrayes qui ont quelque chose d'obscur & de confus.

(*a*) Nous demeurons aussi d'accord avec l'Auteur, qu'il y a des idées fausses qui ont quelque évidence ; mais il ne s'ensuit pas de là que l'évidence ne soit la regle de la verité : car il faut que l'Auteur sçache, qu'il n'y a point d'idée fausse dans laquelle il ne se trouve quelque chose de vray. Par exemple, quand j'assure que l'esprit est un souffle, je forme une idée fausse, en prenant le mot d'idée pour un faux jugement : mais dans cette idée fausse il y a quelque chose de vray ; car il est vray qu'il y a un esprit & un souffle: mais il n'est pas vray que cet esprit & ce souffle soient une même chose, comme je l'assure. Mais pour revenir à l'obscurité des idées, il n'y a pas lieu de s'étonner si entre les idées qui paroissent également claires à certaines personnes, il y en a qui ne paroissent pas également évidentes à d'autres ; parce que tous les hommes n'ont pas également toutes les idées qui sont necessaires pour representer toutes les circonstances particulieres de chaque objet.

(b) Je ne sçay pourquoy Mr. Huet oppose l'évidence à la fausseté, & la verité à l'obscurité ; car il semble au contraire qu'il devoit opposer l'évidence à l'obscurité, & la verité à la fausseté, puisque l'évidence & l'obscurité sont deux proprietez de l'entendement, & que la verité & la fausseté sont deux proprietez de la volonté. Mais quand bien cette opposition seroit juste, & que l'évidence pourroit compatir avec la fausseté, & la verité avec l'obscurité, comment pourroit-il conclure de là que l'évidence n'est pas la regle de la verité ? Car il faut avoüer que ces choses n'ont aucun rapport en‑ tr'elles.

(c) Mr. Descartes ne dira point, que la regle de la verité consiste dans quelque évidence particuliere, qui brille avec éclat : car selon luy, toute évidence est également évidence ; & partant toute évidence est également la regle de la veri‑ té. Ce qui fait voir que tous ces differens degrez d'évidence que l'Auteur suppose de la même idée, sont purement chime‑ riques, au moins si par le mot d'idée, il entend les perceptions de l'esprit, ou, comme dit Mr. Descartes, les images des choses qui sont gravées, non dans la fan‑ taisie, mais dans l'esprit même ; estant impossible que ces images renferment en elles-mêmes aucune obscurité, puisqu'el‑ les supposent necessairement dans leur original, toutes les perfections qu'elles representent ; sans quoy elles tireroient du neant la proprieté qu'elles auroient de les representer. Ce qui a trompé icy l'Auteur, est qu'il a crû qu'une idée estoit obscure, lors qu'elle n'estoit pas entiere, ou ce que les Latins appellent, *adæ‑ quato*. Car il faut sçavoir, Monsieur, que chaque objet composé a plusieurs proprietez qui sont representées chacune par son idée particuliere, & que c'est l'a‑

-mas de ces idées particulieres qui forme l'idée entiere de ce sujet. En sorte que quand nous avons l'idée qui represente une seule de ces proprietez, cette idée est aussi claire qu'elle le peut estre à l'égard de la proprieté qu'elle represente ; & si elle est appellée obscure, ce n'est que parce qu'elle ne suffit pas seule pour representer les autres proprietez de cet objet : & pour lors on la nomme obscure au même sens, qu'on diroit qu'une chandelle est obscure, parce qu'elle ne suffit pas pour éclairer une chambre entiere ; c'est à dire, que comme cette chandelle n'est pas obscure en elle-même, mais entant qu'elle ne suffit pas pour éclairer toute cette chambre, ou qu'elle est separée des autres chandelles qui seroient necessaires pour cela ; de même l'idée qui represente la proprieté particuliere d'un objet, n'est obscure que parce qu'elle est separée des autres idées qui seroient necessaires pour representer l'objet tout entier, & pour former l'idée que les Latins appellent, *adæquatam*. Ce qu'il faut bien remarquer ; parce que c'est sur cet équivoque que roulent les faux raisonnemens que l'Auteur a faits dans cet Article,

Censure. Article X.

De plus, si l'évidence est la regle de la verité, tout ce que Descartes a admis pour vray doit luy avoir paru clair & évident. Or il y a certaines choses qu'il a admises pour vrayes, qu'il a oüé luy-même n'avoir pas connuës assez évidemment: il y en a d'autres qu'il a tenuës ensuite pour fausses; & d'autres qui ont esté rejettées par les disciples mêmes de Descartes, qui mettent l'évidence pour regle de la verité. (a) Les Cartesiens aussi ne sont pas d'accord entr'eux, & se servant de la même regle de la verité, deffendent des opinions contraires: c'est pourquoy, ou ils apperçoivent clairement des choses qui sont fausses, d'où il s'ensuit que l'évidence n'est pas la regle de la verité; ou ils ne se servent pas de cette regle pour mesurer leurs opinions, d'où vient qu'ils ne la tiennent pas pour regle certaine & necessaire de la verité. (b) Ainsi l'on ne doit pas admettre leur doctrine, puisqu'on n'a point de regle juste pour la mesurer: nous ne sçavons pas même s'ils connoissent clairement & distinctement leur propre sentiment touchant la regle de la verité.

Réponse a l'Article X.

Il est vray que Mr. Descartes n'a dû rien admettre pour vray, qui ne luy ait paru clair & évident; mais il ne s'ensuit pas de là que tout ce qui a paru clair & évident

évident à Mr. Descartes, & à ses Disciples, l'ait esté en effet. Mr. Descartes a fort bien pû admettre des choses pour vrayes, parce qu'elles luy ont paru évidentes, & qu'il a reconnu ensuite estre fausses aprés les avoir examinées : car il faut remarquer qu'il y a une veritable évidence, & une évidence qui n'est qu'apparente ; & que ce n'est pas dans l'évidence apparente que consiste la regle de la verité, mais dans l'évidence veritable.

(*a*) Il n'y a aucun lieu de s'étonner, que les Cartesiens mêmes qui admettent l'évidence pour la regle de la verité, deffendent des opinions contraires : car il se peut aisément faire que les uns ayent une évidence veritable, lors que les autres n'ont qu'une évidence apparente ; ce qui les entraîne dans des sentimens contraires.

Cela n'empêche pas pourtant qu'on ne puisse, & qu'on ne doive recevoir leur doctrine ; puisqu'ils nous donnent eux-mêmes une regle de la verité qui est infaillible, quoy qu'il arrive souvent que l'application qu'ils en font ne soit pas exacte.

CENSURE. ARTICLE XI.

Descartes enseigne encore dans la Metaphytique, que la nature l'a fait de telle sorte qu'il ne peut s'empêcher de croire que ce qu'il conçoit clairement ne soit vray ; & il ajoute immediatement aprés, qu'il peut croire que la nature l'a fait tel qu'il se trompe quelquefois dans les choses même qu'il apperçoit clairement : mais cela se contredit manifestement. Car si la nature l'a fait tel qu'il ne peut s'empêcher de consentir aux choses qu'il conçoit clairement ; comment peut-il croire que la nature peut l'avoir fait de telle sorte, qu'il se trompe quelquefois dans les choses qu'il conçoit clairement ? Car s'il croit cela, il aura raison de douter des choses qu'il conçoit clairement ; & s'il en doute, il cessera d'y donner son consentement. Que s'il ne peut cesser d'y consentir, la nature ne l'a pas fait de telle sorte qu'il puisse n'y consentir pas. (*a*) Il faut ajouter, que si la nature l'a fait de telle sorte que quand il apperçoit clairement quelque chose, il ne peut pas croire que cette chose ne soit vraye ; lors qu'au commencement de sa Philosophie il s'est proposé de tenir pour faux tout ce qui luy paroissoit de plus vray, il a entrepris une chose qui estoit au dessus de ses forces naturelles : car il appercevoit clairement ce qui luy paroissoit vray, parce que la perception claire des choses est la regle de la verité. Mais comment a-t-il pû tenir pour faux, ce qu'il n'a pû s'empêcher de recevoir pour vray ?

Réponse a l'Article XI.

Mr. Descartes enseigne dans le digiéme nomb. de sa premiere Meditation, que la nature l'a fait de telle sorte, qu'il peut croire qu'il se trompe quelquefois dans les choses même évidentes ; & il dit dans le nomb. 2. de la 3. Med. que la nature l'a fait de telle sorte, qu'il ne peut s'empêcher de croire que ce qu'il conçoit clairement, ne soit vray : ce qui ne renferme aucune contradiction. Car il se peut aisément faire que Mr. Descartes avant que d'avoir rien examiné, feigne que la nature l'a fait de telle sorte, qu'il se trompe quelquefois dans les choses même évidentes ; & qu'aprés avoir tout examiné, il ne puisse s'empêcher de croire que ce qu'il conçoit clairement ne soit vray. Que fera donc l'Auteur de la Censure pour faire croire que Mr. Descartes tombe en contradiction ? Il renversera l'ordre de ces deux propositions, & luy fera dire dans la premiere Meditation, ce qu'il n'a dit que dans la troisiéme ; afin qu'il paroisse par cette transposition, que Mr. Desc. ait dit que la nature l'a fait tel, qu'il ne peut s'empêcher de croire que ce qu'il conçoit clairement est vray, & qu'il peut croire qu'il se trompe quelquefois dans les choses mêmes qui sont évidentes. Ce qui repugne absolument.

(*a*) L'Auteur ajoute, que si la nature a fait Mr. Descartes de telle sorte, que quand il apperçoit clairement quelque chose, il ne peut pas croire que cette chose ne soit vraye; lors qu'au commencement de sa Philosophie il s'est proposé de tenir pour faux tout ce qui luy paroissoit de plus vray, il a entrepris une chose qui estoit au dessus de ses forces naturelles; n'estant pas possible qu'il ait tenu pour faux ce qu'il n'a pû s'empêcher de tenir pour vray. Nous répondons à cela, que Mr. Descartes ne s'est jamais proposé au commencement de sa Philosophie de tenir pour faux tout ce qui luy paroissoit de plus vray; & que quand il se le seroit proposé, il n'auroit entrepris rien qui fust au dessus de ses forces naturelles, luy estant permis alors de supposer tout ce qu'il vouloit; parce qu'il ne sçavoit pas encore si la nature l'avoit fait de telle sorte, que quand il appercevoit clairement une chose, il ne peût s'empêcher de croire qu'elle fût vraye. Ainsi Mr. Descartes a fort bien pû sans se contredire, tenir pour faux dans sa premiere Meditation, ce qu'il n'a pû s'empêcher de recevoir pour vray dans la troisiéme; dont la raison est, que dans la 1. Meditation il n'avoit encore rien examiné, & que dans la 3. il a eu le loisir de penetrer les raisons des choses les plus cachées. Ce qu'il faut bien remarquer, Monsieur, pour découvrir les paralogismes de l'Auteur, qui consistent en ce qu'il renverse l'ordre des temps & des propositions de Mr. Descartes.

CENSURE. ARTICLE XII.

Cecy est encore confirmé par un argument dont nous nous sommes servis, qui est, que puisque Descartes & ses Disciples assurent que Dieu peut faire que les choses qui nous paroissent les plus évidemment fausses, soient vrayes ; par exemple, qu'une même chose soit & ne soit pas en même temps ; que deux ajoutez à deux ne fassent pas quatre ; que le tout ne soit pas plus grand que sa partie, nous pourons bien assurer aussi que Dieu peut faire que la claire & distincte perception ne soit pas la regle de la verité : car on ne doit point prendre pour regle de la verité, ce qui peut n'estre pas la regle de la verité. Donc la perception claire & distincte ne doit point estre prise pour la regle de la verité.

RÉPONSE A L'ARTICLE XII.

Mr. Descartes n'a jamais assuré que Dieu puisse faire que les choses qui sont évidemment fausses, soient vrayes ; il n'a jamais dit, par exemple, que Dieu puisse faire que deux ajoutez à deux ne fassent pas quatre ; que le tout ne soit pas plus grand que sa partie, &c. Il faut avouer que quand il l'auroit dit, cela ne devroit estre entendu que de la puissance de Dieu extraordinaire, par laquelle nous sçavons qu'il peut faire des choses que nous ne sçaurions concevoir: ce qui n'a aucun rapport à la question presente, qui regarde seulement la puissance ordinaire de Dieu, par laquelle si Dieu ne peut pas faire que deux & deux ne fassent pas quatre, il ne peut pas faire aussi que les choses évidentes ne soient pas vrayes. C'est pourquoy la puissance de Dieu n'empêche point que l'évidence ne soit prise pour la veritable regle des veritez naturelles. Je dis des veritez *naturelles*, pour marquer que je n'entens pas parler icy des veritez surnaturelles, lesquelles n'ont pas pour regle l'évidence, mais la seule revelation divine, comme tout le monde en tombe d'accord.

Vous jugez bien aprés cela, Monsieur, que le défaut principal de cet article est, que l'Auteur fait dire à Mr. Descartes ce qu'il n'a jamais dit, sçavoir que Dieu peut faire que les choses évidentes soient faussses. Outre que quand Mr. Descartes l'auroit enseigné quelque part, cela ne devroit estre entendu que de la puissance de Dieu extraordinaire, laquelle n'empêcheroit pas que l'évidence ne fût prise pour la regle des veritez naturelles; parce que quand il s'agit de ces veritez, nous ne regardons jamais que la puissance de Dieu ordinaire, sans quoy nous ne pourrions pas prendre le cours ordinaire du Soleil pour la regle & la mesure infaillible de la durée des choses, parce que Dieu par sa puissance extraordinaire le peut interrompre, & qu'il l'interrompit autrefois par les ordres de Josué : ce qui seroit absurde.

Censure. Article XIII.

De plus, si je demande à Descartes, d'où il sçait assurément que deux & deux font quatre? il répondra qu'il le sçait, parce qu'il le conçoit clairement. Mais si je luy demande d'où il sçait que ce qu'il conçoit clairement est vrai? il sera encore obligé de répondre, qu'il sçait certainement que ce qu'il conçoit clairement est vray, parce qu'il le conçoit clairement. Mais je demanderay derechef comment il sçait certainement que ce qu'il conçoit clairement est vray par cette seule raison qu'il conçoit clairement que ce qu'il conçoit clairement est vray? Et il ne pourra répondre autre chose, si ce n'est qu'il l'apperçoit clairement & distinctement. (*) Il faut donc, ou que la perception claire & distincte soit connuë par elle-même, & ainsi on tombe dans un cercle; ou la claire perception aura besoin d'une autre perception pour estre connuë.

Repons a l'Article XIII.

Lors que Mr. Huet demande à Mr. Descartes, d'où il sçait assurement que deux & deux font quatre ? il répond qu'il le sçait, parce qu'il le conçoit clairement. Et quand il luy demande derechef comment il sçait que ce qu'il conçoit clairement est vray ? il répond encore qu'il le sçait parce qu'il le conçoit clairement : en quoy il n'y a point de cercle, parce que la perception claire & distincte est connuë par elle-même ; & on ne peut pas dire qu'une chose qui est connuë par elle-même, soit connuë autrement que par elle-même ; par exemple, je ne puis pas dire que la lumiere soit vuë autrement que par la lumiere même.

(*a*) Ainsi Monsieur Descartes ne tombe point dans un cercle de Logique, ni dans un progrés à l'infini. Il ne tombe point dans le premier ; parce que tomber dans un cercle de Logique, c'est prouver par elle-même une chose qui a besoin d'estre prouvée par une autre chose plus évidente ; mais ce n'est pas prouver une chose par elle-même, lors qu'elle ne peut estre prouvée par une autre plus évidente, comme il arrive à l'égard de la perception claire. Il ne tombe pas dans le second; parce que la perception claire d'une chose n'a pas besoin d'une autre claire perception pour se faire connoître ; car elle se manifeste elle-même par elle-même, comme il a esté remarqué.

Censure. Article XIV.

Que si ny la lumiere naturelle, ny la claire perception ne sont pas les regles de la verité, il n'est pas vray aussi que l'évidence prise d'une maniere generale, soit cette regle. (*a*) Car si les sens, & l'esprit, & les operations de l'esprit, & les perceptions claires & distinctes, & la lumiere naturelle même sont des instrumens qui nous trompent dans la découverte de la verité ; quelque évidence que nous leur attribuions, ils ne seront jamais certains. (*b*) Quant à la connoissance des choses tirée des choses mêmes, comme elle n'est qu'une espece d'évidence, elle ne peut estre aussi plus assurée que l'évidence même ; sur tout puisque Descartes nous a avertis au commencement de sa Philosophie, de regarder l'évidence & cette connoissance tirée des choses mêmes, comme des marques peu sûres de la verité.

Réponse a l'Article XIV.

Si la lumiere naturelle & la claire perception n'estoient pas les vrayes marques de la verité (comme le pretend l'Auteur) l'évidence prise en general ne le pourroit estre aussi ; parce que l'évidence en general ne diffère pas plus de la lumiere naturelle & de la perception claire, que l'espece différe de ses individus; c'est à dire, qu'entre la lumiere naturelle, la perception claire, & l'évidence en general, il n'y a qu'une distinction de raison. Mais comme l'Auteur n'a pû prouver encore que la lumiere naturelle & la perception claire ne soient pas les vrayes marques de la verité; il n'a pas prouvé aussi que l'évidence prise en general ne le soit pas.

(*a*) Il est vray que si les sens, l'esprit, les operations de l'esprit, les claires perceptions, & la lumiere naturelle sont des instrumens qui nous trompent dans la découverte de la verité; quelque évidence que nous y puissions supposer, leur témoignage ne sera jamais assuré. Mais, comme nous avons déja prouvé que les perceptions claires & la lumiere naturelle, que nous ne distinguons que par la pensée, ne nous peuvent tromper, & qu'il est d'ailleurs demontré dans la Metaphysique, que l'esprit ny les sens ne nous trompent jamais à l'égard de leur propre objet, c'est à dire à l'égard de ce qu'ils representent clairement; nous pouvons conclure très-certainement, que toutes les fonctions des sens & de la raison sont de vrayes marques de la verité, quand elles sont évidentes.

(*b*) Et quant à la connoissance des choses tirée des choses mêmes, puisque selon l'Auteur, elle n'est qu'une espece d'évidence, il est aisé d'inferer qu'elle est aussi une marque assurée de la verité ; en telle sorte que dire qu'on connoist une chose par la lumiere naturelle, par une perception claire, & par une connoissance tirée de la chose même, c'est dire proprement qu'on est assuré de la verité de cette chose. Et en effet, si l'on n'en estoit pas assuré par là, comment le pourroit-on estre ?

L'Auteur suppose dans cet Article, que les sens & la raison nous peuvent tromper, quelque évidence que nous y supposions ; & c'est ce qu'il falloit prouver.

Censure. Article XV.

Maintenant si nous examinons les preceptes que Descartes a donnez dans sa Methode pour découvrir la verité, ils paroistront fort incertains, quoy qu'il se vante qu'ils ne cedent pas à la certitude de la Geometrie. (*a*) Le premier est, qu'il ne faut rien admettre pour vray que ce que l'on conçoit clairement & distinctement estre tel ; en quoy il y a une manifeste petition de principe : car c'est la même chose que si l'on disoit, que pour connoistre la verité il faut connoistre la verité. (*b*) De plus, comment pourray-je estre assuré que je conçois clairement & distinctement une chose ? Car Descartes ne desavouë pas que cela ne soit difficile. De plus, sçait-il que ce qui luy paroist certainement & évidemment vray, soit tel en effet ? Car il y a plusieurs endroits de sa doctrine qui luy paroissent évidens, qui me paroissent faux; car quelle de ces deux perceptions sera la vraye marque de la verité. (*c*) Le second precepte enseigne, qu'il faut diviser le sujet de la question en autant de parties qu'il est necessaire pour le mieux concevoir : en quoy il y a encore une petition de principe. Car afin de sçavoir comment la question doit estre divisée, cela suppose qu'on connoist la question qui est à diviser. Ainsi pour connoistre la chose qu'on examine, il se faut preparer à la diviser en ses parties ; & pour se preparer à cette division, il faut connoistre la chose qui est en question. (*d*) Le troisiéme precepte n'est pas plus utile que le second. Il ordonne par ce precepte de monter comme par degrez des choses les plus simples & les plus faciles, aux choses les plus composées & les plus difficiles. Cependant il n'y a aucun objet pour simple qu'il soit, dont la connoissance ne depende d'une infinité de choses ; & il n'y a point de chose si aisée à connoistre, qu'on soit assuré de la connoistre certainement. (*e*) Le quatriéme precepte ordonne de faire un dénombrement si exact de toutes les parties de la question, que l'on soit assuré de n'avoir rien omis. Or il faut que je connoisse le tout, pour estre assuré de n'avoir rien omis dans le dénombrement des parties ; & d'ailleurs, pour connoistre le tout, je dois connoistre les parties:

parties: Ainsi nous tombons dans un cercle qui est inutile pour découvrir la verité. (ƒ) Je ne veux pas desavoüer neanmoins que ces regles n'apportent quelque utilité pour l'usage de la vie & des études ; car qui ne s'en sert pas en traitant des doctrines vulgaires, ou des doctrines les plus cachées, telles que sont la Geometrie & l'Arithmetique ? Qui est celuy qui dans la vie commune (s'il n'est un parfait étourdy) admet pour vray ce qu'il ne connoist pas ? Quel est le juge de village qui dans une question difficile, veüille resoudre toutes les difficultez à la fois, & non pas l'une après l'autre ? Quel est le maître d'école qui enseigne à son écolier de lire les mots entiers, avant que de luy avoir enseigné à connoistre les simples lettres ? Cette voye est commune : mais nous nions qu'elle nous conduise à une connoissance certaine de la verité.

Réponse a l'Article XV.

Ce n'estoit pas assez pour l'Auteur d'avoir voulu demontrer que l'évidence n'est pas la marque certaine de la verité ; il a fallu encore qu'il ait attaqué les quatre preceptes que Mr. Descartes a donnez dans sa Methode pour acquerir cette évidence.

(a) Il dit d'abord que ce premier precepte, *Il ne faut rien admettre pour vray que ce que l'on conçoit clairement estre tel*, est une petition de principe ;

L

parce que c'est la même chose que si l'on disoit, que pour connoistre la verité il faut connoistre la verité. Mr. Descartes répond, qu'il y a une grande différence entre dire, que pour connoistre la verité il faut connoistre la verité, & dire qu'il ne faut admettre pour vray que ce qui est évident. Dans le premier cas on cherche à connoistre la verité par la verité même; & dans le second on cherche à découvrir la verité non par elle-même, mais par l'évidence qui en est la marque assurée. Ce qui n'est nullement une petition de principe.

(*b*) Mr. Descartes enseigne en plusieurs endroits, comment on peut s'assurer qu'on conçoit clairement & distinctement ce qu'on croit concevoir ainsi. Je l'enseigne aussi dans la Logique de mon Systême general de Philosophie. Et il ne sert de rien de dire, qu'il y a plusieurs choses qui paroissent vrayes à Mr. Descartes, & qui paroissent fausses à Mr. Huet: car cela signifie seulement, que l'évidence de Mr. Huet, ou celle de Mr. Descartes n'est pas veritable, mais seulement apparente. Mais cela n'empêche pas que celle qui est veritable, ne soit la vraye marque de la verité.

(*c*) Selon Mr. Huet, le second precepte est encore une petition de principe; parce que pour sçavoir en combien de parties il faut diviser une question, il faut connoistre la question ; & ainsi pour connoistre la question, il la faut diviser en ses parties ; & pour la diviser en ses parties, il la faut connoistre : ce qui est proprement apporter pour preuve ce qui est en question. Nous répondons qu'il n'y a en cela aucune petition de principe ; & que quand l'Auteur dit que pour connoistre la question il la faut diviser en ses parties, & que pour la diviser en ses parties il la faut connoistre, ce mot de *connoistre* se prend diversement dans la premiere & dans la seconde proposition. Dans la premiere, il se prend pour une connoissance claire & distincte, non seulement de toutes les parties de la question, mais encore de toutes leurs circonstances & dependances, c'est à dire de tous les rapports qu'elles peuvent avoir entr'elles, ou avec les autres choses. Et dans la seconde il se prend pour une connoissance grossiere & imparfaite de ses parties. Ainsi, par exemple, quand pour connoistre une montre je la divise en ses parties, je ne tombe point dans une petition de principe ; parce que je ne la divise pas en ses parties pour connoistre les parties ausquelles je la divise, qui me sont déja connuës, mais pour connoistre les rapports qu'elles ont les unes avec les autres, lesquels je ne connois pas encore : ce qui suffit pour rendre ce precepte utile.

(*d*) Mr. Descartes enseigne par son troisiéme precepte, qu'il faut commencer l'examen des choses par ce qu'elles ont de plus simple & de plus connu ; & l'Auteur oppose que ce precepte est inutile, parce qu'il n'y a point de chose, pour simple qu'elle soit, qui ne depende d'une infinité d'autres choses. Mr. Descartes en convient. Mais il soutient que cela n'empêche pas qu'il ne faille commencer d'examiner les questions, par ce qu'elles ont de plus simple & de plus connu ; dont la raison est que les questions ayant toujours quelque chose de connu, & quelque chose d'inconnu, nous sommes obligez d'aller à ce que nous ne connoissons pas, par ce que nous connoissons. D'où il s'ensuit que le precepte de Mr. Descartes est tres-utile, & même necessaire pour découvrir la verité.

(*e*) Selon l'Auteur, le quatriéme precepte de M. Descartes est encore une petition de principe ; parce que pour sçavoir qu'on n'a rien omis dans la division des parties, il faut connoistre le tout ; &

pour connoistre le tout il faut connoistre les parties. Nous répondons icy à peu prés comme nous avons répondu à l'égard du second precepte ; sçavoir, que le mot de *connoistre* est équivoque ; parce que pour sçavoir qu'on n'a rien omis dans le dénombrement des parties, il ne faut connoistre le tout que grossierement ; au lieu que pour découvrir la verité qu'on cherche par le dénombrement des parties, il faut connoistre le tout exactement, c'est à dire, le connoistre avec toutes ses circonstances & ses dependances. Ce qui est fort different.

(*f*) Mr. Huet revient enfin à luy-même, & il avouë de bonne foy que ces regles ont quelque chose de bon non seulement pour l'usage de la vie commune, mais encore pour la découverte des doctrines les plus cachées. Il dit que cette voye est bonne : mais il ne veut pas qu'elle nous conduise à une connoissance certaine de la verité, quoy qu'elle nous conduise à l'évidence. Ce qu'il n'a sçû prouver encore.

CENSURE. ARTICLE XVI.

Il ne faut pas passer sous silence la coutume que les Cartesiens ont de dire, que pour connoistre la verité, il faut non seulement se dépouiller des préjugez, mais encore se separer du commerce des sens, & s'attacher uniquement à considerer les choses qu'on veut connoistre. Ils assurent que si nous en usons ainsi, nous aurons des idées claires & distinctes, & qu'il n'y aura que ceux qui manqueront d'attention qui pourront se contredire. (*a*) Ils font tant de cas de cette maxime, qu'il arrive souvent que ce n'est que par elle qu'ils combattent leurs ennemis & deffendent leurs opinions: de sorte qu'ils nous donnent l'attention comme une regle certaine de la verité. (*b*) Car ils disent que l'évidence est la regle de la verité, & que l'attention est la regle de l'évidence ; que tous ceux qui seront attentifs, connoistront clairement les choses ; & que tous ceux qui connoistront clairement les choses seront assurez de la verité. (*c*) Les Philosophes n'ont jamais ignoré qu'il faut de l'attention pour connoistre clairement les choses. Nous en avons aussi, & nous examinons la Philosophie de Descartes avec beaucoup d'application & de rigueur ; nous recevons même ce fruit de notre attention, que nous jugeons qu'elle merite d'estre traitée de ridicule........

Réponse a l'Article XVI.

Les Cartesiens ont raison de dire, que pour connoistre la verité, il faut non seulement se défaire des préjugez, mais encore se separer du commerce des sens, pour s'attacher uniquement à considerer par la raison, les choses qu'on veut connoistre. Ce sont en effet les préjugez des sens, & sur tout la precipitation & la prevention qui nous jettent dans les plus grandes erreurs où nous tombons, & desquelles nous ne nous pouvons retirer que par le moyen de la raison, lors que nous en faisons un bon usage, c'est à dire, que nous comparons exactement les choses qui sont l'objet de nos raisonnemens. C'est pourquoy, puis qu'on ne sçauroit comparer exactement plusieurs choses sans attention, les Cartésiens ont raison de dire, qu'il n'y aura que ceux qui manqueront d'attention qui pourront se contredire.

(*a*) Il est vray que les Cartésiens font grand cas de cette regle, & ils s'en servent souvent pour deffendre leurs opinions : mais il n'arrive jamais que ce ne soit que par elle qu'ils combattent leurs ennemis. Ils disent bien que l'attention est necessaire à ceux qui veulent découvrir la verité ; mais ils n'enseignent point qu'elle soit une regle certaine de la verité : ils veulent seulement qu'elle soit un moyen necessaire pour acquerir les perceptions claires dans lesquelles consiste cette regle.

(*b*) Les Cartesiens n'enseignent pas

non plus, que tous ceux qui seront attentifs connoistront la verité : ils disent seulement que sans attention on ne peut découvrir les veritez composées, telles que sont les veritez qui consistent dans des comparaisons de comparaisons, c'est à dire qui dependent du raisonnement.

(c) L'Auteur assure que les Philosophes n'ont jamais ignoré qu'il ne fallût de l'attention pour connoistre clairement les choses; Qu'il en a eu beaucoup en examinant la Philosophie de Mr. Descartes, & même qu'il a reçû ce fruit de son attention, qu'il juge qu'elle merite d'estre traitée de ridicule. Les Cartesiens ne doutent point que l'Auteur n'ait examiné la Philosophie de Descartes avec beaucoup d'attention : mais ils disent que l'attention seule ne suffit pas toujours pour découvrir la verité : Qu'il faut de plus une certaine mesure d'intelligence, dont l'Auteur a peut-estre manqué : Que cette mesure d'intelligence se trouve rarement dans les personnes qui sont fort préoccupées; & que Mr. Huet a paru l'estre beaucoup par le jugement peu équitable qu'il a fait de la Philosophie de Mr. Descartes, en la traitant de ridicule, pendant que tant d'honnestes gens la regardent comme fort raisonnable.

Vous voyez bien, Monsieur, que dans cet Article, l'Auteur confond l'attention avec l'évidence, quoy que dans le fond la premiere ne soit qu'un moyen pour parvenir à la seconde.

CENSURE. ARTICLE XVII.

C'est certes une chose merveilleuse, qu'il se soit trouvé un Philosophe comme Descartes, qui ayant douté au commencement s'il estoit, propose dans la suite avec assurance des opinions toutes contraires au sentiment des hommes, sans les prouver par aucun autre argument que par son authorité. (*a*) A-t-on jamais veu un homme plus inconstant & plus leger ? Il doutoit des veritez Mathematiques, & il admet pour vrayes des choses qui sont seulement probables ; car il enseigne que plusieurs argumens probables ont la force d'un argument asseuré ; ce qui peut bien estre reçu dans le commun usage de la vie, mais non pas dans la Philosophie, dans laquelle ce seroit une source inepuisable d'erreurs. Car si tout ce qui est probable renferme de l'incertitude ; dans plusieurs argumens probables, il y aura beaucoup d'incertitude. Or un argument dans lequel il y a de l'incertitude, ne sçauroit estre vray. (*b*) Descartes en est venu jusques-là, qu'il a dit qu'il falloit ajouter foy non seulement aux perceptions claires, mais encore au souvenir de ces perceptions, fondé sur cet argument que nous avons si souvent rejetté, *que Dieu seroit trompeur si en cela nous estions sujets à l'erreur*....Cependant qu'y a-t-il de plus trompeur que la memoire ? (*c*)

De plus en suivant cet argument, il assure que tout ce qui paroît clair à notre esprit dans les songes, est vray : or est il que durant une nuit d'hyver pendant que je dors, il me paroît clairement que je cueillis des roses dans un jardin ; donc je cueillis effectivement des roses......
Bien que les choses soient ainsi, Descartes ne laisse pas de se fier tant à ses opinions, qu'il se vante de n'avoir rien admis pour vray qui ne soit plus évident que les demonstrations de la Geometrie : (d) de sorte qu'on ne disputera plus ensuite touchant ses opinions, pourveu qu'on les entende bien ; & on ne croira point que les choses naturelles puissent avoir d'autres causes que celles qu'il propose, quoy qu'il n'avance ce dernier qu'en chancellant.

Réponse a l'Article XVII.

Nous reconnoissons bien que Mr. Descartes a douté, ou pour mieux dire, qu'il a feint de douter s'il estoit : mais nous ne sçavons pas qu'il ait jamais pretendu qu'on reçût ses opinions sur sa parole. Comme il a fait profession de ne reconnoître que l'évidence pour regle de la verité, nous avons raison de croire qu'il n'a pas voulu nous renvoyer à l'autorité.

(a) Mr. Descartes seroit effectivement leger & inconstant, s'il avoit véritablement douté des veritez Mathematiques, & qu'il eût admis pour vrayes des choses qui sont seulement probables. Mais outre qu'il n'a jamais admis de telles choses, il n'a aussi jamais douté veritablement des veritez mathematiques, mais il a seulement feint d'en douter : ce qu'il a pû faire sans donner aucune marque certaine d'inconstance ny de legereté. Nous ne sçavons pas aussi qu'il ait jamais enseigné, que plusieurs argumens probables ayent la force d'un argument asseuré. Et en effet pourquoy l'auroit-il enseigné, luy qui ne reconnoit que l'évidence pour regle de la verité, & qui ne s'est proposé au commencement de sa Philosophie de douter de toutes les choses probables, que pour avoir lieu de les examiner afin de les rendre évidentes ; sçachant bien qu'un argument dans lequel il y a de l'incertitude, ne sçauroit jamais estre reçû pour absolument vray ?

(*b*) Il est vray que Mr. Descartes en est venu là, qu'il a dit qu'il falloit ajoûter foy non seulement aux perceptions claires, mais encore au souvenir de ces perceptions ; fondé sur cet argument, que Dieu seroit trompeur si en cela nous étions sujets à l'erreur. Mais quel crime y a-t-il en cela ? C'est, dit l'Auteur, que la memoire nous peut tromper. Et bien nous l'accordons. Mais quelque trompeuse que soit la memoire, nous soutenons qu'elle ne sçauroit faire que si la perception claire que nous avons d'une chose est vraye, le souvenir que nous avons de cette perception ne le soit pas. Sans quoy Dieu seroit l'Auteur de notre erreur, par les raisons qui ont esté deduites cy-devant dans le 2. art. du chapitre 1.

(*c*) Mr. Descartes dit, que tout ce qui paroist clair même dans les songes, est vray : Or, dit l'Auteur, il me paroist clair en songeant qu'en hyver je cueillis des roses dans un jardin ; donc il est vray que je cueillis des roses. Nous répondons avec Mr. Descartes, que tout ce qui paroist clair dans les songes, est vray ; mais nous nions qu'il nous paroisse clair en songeant que dans l'hyver nous cueillions effectivement des roses. Il nous paroist seulement clair que nous croyons d'en cueillir. En quoy certes nous ne nous trompons point, & à cet égard Mr. Descartes peut se vanter de n'avoir rien admis pour vray qui ne soit aussi évident que les demonstrations de la Geometrie.

(*d*) Mr. Descartes ne pretend point que ses opinions touchant les causes naturelles, quelque bien qu'on les entende, puissent lever toutes les occasions de dispute

pute : il sçait trop bien que les causes naturelles agissant par des voyes insensibles, on n'en peut expliquer les effets que par des manieres problematiques ; en sorte que s'il dit quelquefois, que ce qu'il propose est plus évident que les propositions de la Geometrie, il ne parle alors que des premieres veritez, c'est à dire, des veritez qui sont connuës par elles-mêmes, telles que sont celles-cy ; *Tout corps qui commence à se mouvoir, est meu par un autre* ; *Tout corps qui en meut un autre, luy communique de son mouvement*, &c.

Censure. Article XVIII.

Cette confiance de Descartes a jetté les Cartesiens dans une si grande presomption, qu'il y en a qui osent dire que tout ce qu'ils connoissent clairement & distinctement, est vray ; & que tout ce qui est dans leur entendement, existe hors de leur entendement. (*a*) Ce qui a échapé aussi à Descartes même quelque part. Ce qui est si ridicule, que je ne sçay ce que c'est qu'estre fou, si ce n'est pas l'estre. Mais ce seroit peu de chose s'ils s'estoient contenus dans les bornes de cette folie ; car nous ferons voir ensuite qu'ils ont souvent violé non seulement les loix de la raison, mais encore celles de la foy.

Réponse a l'Article XVIII.

Il suffit aux Cartesiens d'avoir pris l'évidence pour regle de la verité, pour estre assurez que tout ce qu'ils conçoivent clairement, est vray, & que tout ce qui est dans leur entendement par des idées simples, existe veritablement hors de leur entendement ; dont la raison est, que les idées simples sont des estres representatifs, & que tout estre representatif suppose necessairement un objet representé. J'ay dit, *par des idées simples* : pour donner à entendre qu'il y a cette difference entre les idées simples & les idées composées, que l'objet des idées simples est absolument tel qu'elles le representent ; au lieu que l'objet des idées composées n'est ordinairement tel qu'à quelque égard ; comme nous le ferons voir dans le quatriéme chapitre.

(*a*) Ce n'est point par hazard qu'il a échapé à Mr. Descartes de dire, que tout ce qu'il conçoit clairement est tel qu'il le conçoit clairement : Car c'est là le fond de sa doctrine, & le vray fondement de toute la certitude humaine ; qui consiste en ce que nos idées ont un tel rapport avec leurs objets, qu'il est impossible qu'elles representent plus de perfections qu'ils n'en contiennent formellement. L'Auteur prendra cette opinion pour une folie autant qu'il voudra; les Cartesiens ne laisseront pas de la défendre, & de prendre pour de vrais Sceptiques tous ceux qui auront un sentiment contraire. En effet, Monsieur, en quoy consisteroit la certitude humaine, si elle ne dépendoit du rapport qui est entre nos idées & leurs objets, puisque nous sçavons par l'experience & par la raison que nous ne connoissons rien de ce qui est hors de nous, que par les idées qui sont en nous? C'est donc une chose constante, que l'évidence est la regle de la verité; & que si elle ne l'estoit pas, comme l'Auteur le pretend, il seroit obligé de nous en donner une autre, où de reconnoître luy-même que les demonstrations des Geometres, & sa Demonstration même Evangelique, seroient pleines d'incertitude; puis qu'elles n'ont le titre de demonstrations qu'entant qu'elles sont évidentes, & que selon luy l'évidence n'est pas la regle de la verité. Ce qui est une opinion purement Sceptique.

Fin du Chapitre second.

CHAPITRE III.

Où on examine les sentimens de Descartes touchant l'Esprit de l'homme.

Censure. Article I.

BIEN que ce que nous venons de dire soit suffisant pour renverser la Philosophie de Descartes, il est pourtant juste d'examiner plusieurs autres choses qui y ont rapport; afin de faire paroître à tout le monde que toute sa doctrine est également defectueuse. Nous ne parlerons pas de toutes les matieres qu'il traite; mais seulement de celles qui ont fait plus d'honneur à sa secte, qui sont les questions qui regardent l'Esprit humain, & l'existence de Dieu: en quoy Descartes pretend avoir si bien réussi, qu'il se vante que les demonstrations qu'il a inventées sur ces sujets, sont plus certaines que celles des Geometres..... Cependant il n'y a rien de plus frivole, ni de plus incertain: de sorte que si la connoissance de ces dogmes n'étoit pas aussi grande qu'elle est, il seroit à craindre que le vulgaire meu par de si méchantes raisons, ne revoquât en doute ce que nous sçavons par de meilleurs argumens & par la foy estre tres-certain.

Réponse a l'Article I.

Mr. Huet se propose dans ce Chapitre

d'examiner les deux questions qui font plus d'honneur à Mr. Descartes, qui sont celles qui regardent l'Esprit humain, & l'existence de Dieu; & son but est, de faire voir qu'il n'y a rien de si mal fondé que les demonstrations qu'il a inventées sur ces deux veritez, quoy qu'il les croye plus certaines que celles des Geometres.

CENSURE. ARTICLE II.

Neanmoins quoy que Descartes se trompe manifestement, il ne laisse pas de meriter quelque louange, pour avoir travaillé soigneusement à prouver des dogmes qui estoient d'ailleurs tres-certains, & pour avoir accommodé en quelque façon dans ces argumens, ses raisons avec les veritez de la Religion Chretienne. Pleust à Dieu qu'il eût fait la même chose dans tout le reste de son ouvrage. Examinons donc toutes ces choses, & commençons par l'Esprit humain.

RÉPONSE A L'ARTICLE II.

Quoy que Mr. Descartes se trompe manifestement, il ne laisse pas, dit Mr. Huet, de meriter quelque louange, pour avoir accommodé ses raisonnemens, sur tout ceux qu'il a faits pour prouver l'existence de l'Esprit & de Dieu, aux preceptes de la Religion Chretienne : Mais il assure d'ailleurs qu'en plusieurs autres occasions il a enseigné des choses qui sont contraires à la foy Catholique. Ce qu'il se propose d'examiner dans la suite ; & cependant il va commencer par l'Esprit humain, dont il doit parler dans ce Chapitre.

Censure. Article III.

Aprés que Descartes a eu inventé cette sorte d'argument, *Je pense ; donc je suis*,..... il a crû qu'il pourroit inferer de là, ce que c'est que l'esprit humain, & en quoy il differe du corps. Car ayant feint d'abord que tout ce qu'il avoit tenu auparavant pour vray, estoit faux, & ayant pris garde ensuite qu'il pensoit, & partant qu'il estoit ; il a poussé plus loin son raisonnement : & sçachant qu'il est, il a voulu sçavoir ce qu'il est. (*a*) Ce que cherchant, il a toujours persisté dans la resolution de tenir tout pour faux. Il a donc continué de feindre qu'il n'y avoit aucun corps, qu'il n'y avoit aucun mouvement, aucune figure, aucune situation des parties, ny aucune autre propriété qui appartienne au corps :...... mais en feignant tout cela, il s'est apperçû qu'il ne pouvoit pas n'estre point, quoy que toutes les autres choses ne fussent pas ; parce qu'en feignant qu'elles n'estoient pas, il pensoit ; & qu'en pensant, il estoit : Au lieu que feignant que tout ce qu'il avoit tenu pour faux estoit vray, par exemple, qu'il avoit un corps, qu'il y avoit un univers, &c. s'il venoit à cesser de penser, il n'auroit aucune raison de croire qu'il estoit : ce qu'ayant apperçû, il a conclu enfin que luy, c'est à dire que son esprit, & la nature de son esprit ne dependoit point des choses corporelles & exterieures, & qu'elle n'avoit aucune affinité avec elles, puis qu'elle pouvoit estre sans elles ; & par consequent qu'il estoit une chose pensante, & que sa nature consistoit dans la seule pensée, qui n'a besoin pour penser, ny du corps, ny du lieu, ny du mouvement, ny de l'extension, pour parler avec Descartes..... (*b*) Par là il a compris aussi qu'il connoissoit plûtost, plus certainement & plus facilement la nature de son esprit que celle du corps ; qu'il n'estoit assuré de rien de ce qui regarde le corps ; & qu'il connoissoit tres-certainement son esprit. Il a compris encore que la connoissance qu'il avoit de son esprit, estoit non seulement la premiere & la plus certaine, mais encore la plus claire ; parce que le neant n'ayant aucune proprieté, par tout où l'on trouve des proprietez, il est necessaire qu'il y ait quelque substance, laquelle est connuë d'autant plus clairement, qu'on découvre en elle plus de proprietez ; & qu'il découvre dans son esprit plus de proprietez qu'il n'en découvre en aucune autre chose ; parce qu'on déduit la connoissance de l'esprit, de la connoissance de toutes les autres choses ; & que bien qu'il n'y eût aucune autre chose, il pourroit connoistre son esprit ; à cause que les autres choses ne peuvent estre connuës sans l'esprit ; & que l'esprit peut estre connu sans elles.

RÉPONSE A L'ARTICLE III.

On ne peut pas rapporter plus exactement ny plus fidellement la maniere dont Mr. Descartes a conduit sa raison pour parvenir à la connoissance de son existence & de sa nature, que l'Auteur la rapporte. Nous verrons dans l'Article suivant ce qu'il dira contre cette conduite.

(*a*) Mais il faut auparavant lever quelques difficultez qui se trouvent dans la definition que Mr. Descartes donne de son esprit, lors qu'il conclut qu'il est une chose pensante, & que sa nature consiste dans la pensée : car il faut avoüer que ces 2. definitions sont équivoques. En effet, s'il entend par le mot de *chose*, une substance prise en general, cette chose ne peut point estre pensante ; parce que tout ce qui pense existe actuellement, & que la substance en general ne peut exister que dans l'entendement. Il faut donc ajouter à ce terme de *chose*, ou de *substance en general*, quelque attribut essentiel qui le determine à exister actuellement, & qui le rende capable de penser. Ce que Mr. Descartes n'a pas fait dans cette definition. De plus, quand il dit que sa nature consiste dans la pensée, ce mot de *pensée* est encore fort équivoque. Car on peut entendre par la pensée, ou la pensée en general, qui comprend sous soy toutes les pensées particulieres, comme l'espece comprend ses individus; ou bien la pensée qui existe en elle-même, & qui est le sujet dans lequel resident toutes les autres pensées, comme les figures resident dans l'étenduë : ce qu'il n'a pas non plus expliqué. Où trouverons-nous donc la veritable definition de l'esprit de Mr. Desc. C'est dans le nomb. 52. de la premiere partie de ses Principes, où il parle en ces termes : *La notion que nous avons ainsi de la substance creée, se rapporte en même façon à toutes ; c'est à dire à celles qui sont immaterielles, comme à celles qui sont materielles : car il faut seulement pour entendre que ce sont des substances, que nous appercevions qu'elles peuvent exister sans l'aide d'aucune chose creée. Mais lors qu'il est question de sçavoir si quelqu'une de ces substances existe veritablement, c'est à dire, si elle est à present dans le monde ; ce n'est pas assez qu'elle existe en cette façon, pour faire que nous l'appercevions : car cela seul ne nous découvre rien qui excite quelque connoissance particuliere en notre pensée : il faut outre cela qu'elle ait quelque attribut que nous puissions remarquer : & il n'y en a aucun qui ne suffise à cet effet, à cause que l'une de nos notions communes est, que le neant ne peut avoir aucuns attributs.* C'est pourquoy, lors qu'on en rencontre quelqu'un, on a raison de conclure qu'il est l'attribut de quelque substance, & que cette substance existe. Mais encore que chaque attribut soit suffisant pour faire connoistre la substance, il y en a toutefois un en chacune qui constituë sa nature & son essence, & de qui tous les autres dependent ; à sçavoir l'étenduë en longueur, largeur & profondeur constituë la nature de la substance corporelle ; & la pensée constituë la nature de la substance spirituelle. Car tout ce que d'ailleurs on peut attribuer au corps, présuppose l'étenduë, & n'est qu'une dependance de l'étenduë. De même toutes les proprietez que nous trouvons dans l'esprit, ne sont que des façons differentes de pensées. Nous pouvons donc avoir deux notions claires & distinctes : l'une de l'esprit, & l'autre du corps, pourveu que nous separions soigneusement tous les attributs de la pensée, d'avec les attributs de l'étenduë. Or il est aisé d'inferer de là, que quand Mr. Descartes dit que son esprit est une chose pensante, cela signifie qu'il est une pensée qui subsiste en elle-même, & qui est le sujet de plusieurs façons de parler. C'est pourquoy, pour donner des definitions exactes du corps

& de l'esprit, nous pourrons dire : *Que le corps est une étenduë qui existe en elle-même ; & que l'esprit est une pensée qui existe en elle-même.* Par ce moyen nous éviterons tous les équivoques, & nous formerons des definitions du corps & de l'esprit, qui renfermeront un même genre, mais deux differences totalement differentes.

(*b*) Nous ferons voir dans la suite, que Monsieur Descartes connoist plûtôt, plus certainement, & plus facilement son esprit, qu'il ne connoist son corps.

Censure. Article IV.

Representez-vous maintenant un Epicurien, ou un de ces anciens Philosophes qui ont crû faussement, que les esprits estoient des corps, & qu'ils mouroient avec les corps. Voicy comment il raisonnera contre Descartes. Il demandera ce que c'est qui pense tandis qu'il pense, & qu'est ce par quoy il pense, & enfin ce que c'est que la pensée même ; & il trouvera que ce qui pense est un homme, & que l'homme est un corps animé qui sent, qui raisonne ; que l'homme est par tout où est ce corps, & que l'homme n'est pas où ce corps ne se rencontre point : Que l'homme vit tandis que ce corps vit & se meut de son propre mouvement, & que dés que ce corps ne vit plus, l'homme meurt. (*a*) Voyant encore que l'homme se sert du corps pour toutes les fonctions de la vie, que c'est par le corps qu'il est debout, qu'il est assis, qu'il se promene, &c. il conclut de là en general, que l'homme se sert du corps pour penser, & que la pensée est une effection du corps ou produite par le corps, veu principalement que le corps estant blessé, il a souvent experimenté que l'usage de la raison s'affoiblit, & que le corps estant sain la raison est vigoureuse. (*b*) Et il ne s'agit pas maintenant de sçavoir quel est le principe de ces effections, ou quelle est leur origine: si c'est quelque vertu interieure distincte du corps, ou le temperament même du corps qui resulte d'une pure convenance des parties dont il est composé: car nous cherchons à present les actions ou effections du corps, & non pas les causes de ces actions ou effections. (*c*) Descartes répond à cela, qu'il a feint avant toutes choses, que ce qu'il tenoit auparavant pour vray, est faux; qu'il n'y a aucun corps ny aucun monde; qu'il ne faut par consequent avoir aucun égard au corps; que quoy que nous ostions le corps à l'homme, nous ne pouvons pas pour cela luy oster l'esprit; ce qui fait qu'on ne sçauroit dire que l'homme ne soit une chose qui pense, bien qu'il puisse n'estre pas une chose corporelle. (*d*) L'Epicurien replique, qu'il accepte le party, & qu'il feint avec Descartes qu'il n'y a aucun corps: mais s'il n'y a aucun corps, il n'y aura aucune pensée, ny aucune chose qui pense. Mais, dira Descartes, celuy qui feint qu'il n'y a aucun corps, pense. Il est vray qu'il pense, répondra l'Epicurien, parce que bien qu'il feigne qu'il n'y a aucun corps, il y a pourtant quelques corps, car sans corps il ne sçauroit penser. Or, dit l'Epicurien, nous ne demandons pas ce que c'est, mais ce qui s'ensuit de cette fiction qu'il n'y a aucun corps:

car

car si l'antecedent qu'on pose est faux, il faut que le consequent le soit aussi. Si vous feignez donc qu'il n'y a aucun corps, il s'ensuivra qu'il n'y aura rien qui pense, & Descartes même ne pensera pas s'il n'a point de corps. Que s'il est vray qu'il y ait quelque chose qui pense, il est necessaire aussi qu'il y ait quelque corps. (e) Descartes feint donc des choses qui repugnent, lors qu'il feint qu'il n'y a aucun corps : car il feint par le corps, & il ne peut rien feindre sans le corps. Il fait la même faute que s'il disoit, qu'il connoist par la raison que l'homme n'a point de raison : car celuy qui connoist une chose par la raison a la raison ; c'est pourquoy, si l'homme ne peut avoir aucune pensée sans le corps, il ne peut pas feindre sans corps qu'il n'a point de corps.

RÉPONSE A L'ARTICLE IV.

Voicy un Philosophe Epicurien qui prend la place de l'Auteur, & qui aprés avoir demandé à Mr. Descartes, qu'est ce qui pense, répond luy-même que ce qui pense est un homme, & qu'un homme est un corps animé, qui sent & qui raisonne ; d'où il conclut que l'esprit est un corps, & qu'il meurt avec le corps. Mr. Descartes nie cette consequence, & soutient que l'argument de l'Epicurien ressemble au Sophisme des Stoïciens, qui concluoient que le monde estoit un animal doué de raison, parce que ce qui a l'ufage de la raifon, eſt meilleur que ce qui ne l'a pas, & qu'il n'y a rien qui ſoit meilleur que le monde. Mr. Deſcartes répond que la mineure de cet argument eſt fauſſe; parce que les Stoïciens attribuoient au monde ce qui n'appartient qu'à Dieu, qui eſt d'eſtre tel qu'on ne conçoive rien de meilleur & de plus parfait: mais en ſe bornant dans les creatures, bien qu'on puiſſe dire qu'il n'y a rien de meilleur que le monde, en le prenant collectivement pour l'univerſalité de tous les eſtres que Dieu a créez, tout ce qu'on en peut conclure au plus eſt, que le monde a l'uſage de la raiſon ſelon quelques-unes de ſes parties, telles que ſont les Anges & les hommes; & non pas que le tout enſemble ſoit un animal qui ait l'uſage de la raiſon. On peut aſſurer de même que pour attribuer la penſée à l'homme entier, il ſuffit qu'il penſe ſelon une de ſes parties, ſans qu'il ſoit neceſſaire qu'il penſe ſelon l'autre.

(4) Cela ſuppoſé, il eſt évident que l'homme, c'eſt à dire le compoſé de corps & d'eſprit, ſe peut ſervir du corps pour toutes les fonctions de la vie; que c'eſt par le corps qu'il eſt debout, qu'il eſt aſſis, &c. ſans toutefois que l'Auteur ſe puiſſe conclure avec raiſon que l'homme en ſert

du corps pour penser absolument. Je dis *pour penser absolument* : car Mr. Descartes ne nie pas que l'esprit ne se serve du corps pour penser en quelque maniere, c'est à dire pour penser au corps, & aux choses qui se rapportent au corps ; mais il soutient que l'esprit n'a pas besoin du corps pour penser à luy-même : parce qu'il pense à luy-même par luy-même, c'est à dire par sa propre nature. De plus, il n'en peut pas conclure que la pensée soit une effection du corps, ou produite par le corps: car outre que ce mot d'*effection* dont l'Auteur se sert, est fort équivoque, nous venons de demontrer que la pensée prise absolument, n'appartient point au corps, mais à l'esprit seul. Ce qui trompe en cecy l'Auteur, c'est, Monsieur, qu'il ne distingue pas assez l'esprit d'avec l'ame, & qu'il ne considere pas que l'esprit n'est autre chose qu'une pensée qui existe en elle-même, & qui se connoist elle-même par elle-même ; au lieu que l'ame est une pensée qui existe en elle-même, & qui est jointe à un corps par le moyen duquel elle pense à ce corps, & à toutes les choses qui s'y rapportent ; ce qui fait que l'Auteur a raison de dire, que l'ame se sert du corps pour toutes les fonctions de la vie ; que le corps estant blessé, l'usage de la raison s'affoiblit ; & que le corps estant sain, la raison est vigoureuse ; parce que dans le fond l'ame a besoin du corps pour faire toutes ces fonctions ; au lieu que l'esprit n'a besoin que de soy, pour penser à Dieu & à luy-même. Ce qu'il faut bien remarquer, pour éviter l'erreur où tombe l'Auteur, en disant que la pensée prise en general est une effection du corps, ou une effection produite par le corps. Ce qui est absurde.

(*b*) L'Epicurien dit inutilement, qu'il ne s'agit pas à present de sçavoir quel est le principe de ces effections, c'est à dire, quel est le principe de la pensée, du sentiment, de la raison, &c. car il est impossible de connoistre ces effections sans en connoistre le principe. Car on demandera à l'Auteur, de quels principes il entend parler ? Si c'est de la cause efficiente, ou de la cause materielle ou subjective de ces effections ? Si c'est de la cause efficiente, les Cartesiens diront qu'il est impossible de connoistre des effections telles que la pensée, sans connoistre en general le rapport qu'elles ont à la cause qui les produit ; y ayant une relation necessaire & absoluë entre l'effection, & la cause qui produit cette effection. Et si c'est de la cause materielle, ou subjective, on ne peut encore separer la connoissance de ces effections de celle de la cause qui les reçoit ; dont la raison est, que les effections de la cause materielle ne sont autre chose que des modifications de cette cause ; & il est impossible de connoistre des modifications sans connoistre la chose qui est modifiée. Ainsi c'est à l'Epicurien à faire voir quelles sont les causes efficientes & materielles de la pensée, du sentiment, & de la raison ; & on le défie de demontrer que le corps soit l'une ny l'autre de ces causes : car il est impossible de concevoir que la pensée, le sentiment & la raison soient des modifications de l'étenduë, ny qu'elles dependent de l'étenduë comme de leur cause efficiente principale. Ce qui seroit pourtant necessaire.

(c) Mr. Descartes auroit tort s'il avoit voulu prouver à l'Epicurien, que l'esprit n'est pas un corps, par cette seule raison qu'il a feint au commencement qu'il n'y a aucun corps ; car l'Epicurien auroit raison de dire, que bien qu'il suppose qu'il n'y a aucun corps, il ne laisse pas d'y avoir des corps. Mais la vraye raison de Mr. Descartes est, qu'il peut avoir une idée entiere & parfaite de l'esprit, sans en avoir aucune du corps : d'où il conclut tres-certainement, que l'esprit n'est pas une modification du corps ; parce que s'il l'estoit, l'idée de l'esprit renfermeroit aussi essentiellement l'idée du corps, que l'idée de la figure renferme celle du corps figuré. Ce que ne faisant pas, il s'ensuit que l'esprit est totalement different du corps, & que tous les argumens que l'Epicurien propose contre Mr. Descartes, qui supposent seulement que Mr. Descartes a feint qu'il n'y avoit pas des corps, sont inutiles : parce que la vraye raison pour prouver que l'esprit n'est pas un corps, ne consiste pas à feindre qu'il n'y a point de corps ; mais à faire voir qu'on peut concevoir l'esprit sans le corps, & le corps sans l'esprit : ce qui est la vraye marque de la distinction réelle des choses, laquelle l'Epicurien ne sçauroit détruire.

(d) C'est encore en vain que l'Epicurien accepte le parti, & qu'il feint avec Mr. Descartes, qu'il n'y a aucun corps, pretendant que s'il n'y a aucun corps, il n'y a aucune pensée, c'est à dire, aucun esprit ny aucune proprieté de l'esprit. Car quand bien l'esprit ne sçauroit penser sans le corps (ce qui n'est pas, puisqu'il pense à soy-même, & à Dieu par soy-même ;) il ne s'ensuivroit pas que l'esprit fût essentiellement dependant du corps : il s'enfuivroit feulement qu'il ne pourroit agir fans le corps ; parce que le corps feroit un inftrument dont l'efprit auroit befoin pour penfer, comme la langue eft un inftrument dont l'homme a befoin pour parler. Or il faut remarquer, Monfieur, que le corps n'eft point un inftrument de l'efprit confideré en luy-mê-me, mais un inftrument de l'ame, c'eft à dire, un inftrument de l'efprit confideré entant qu'uny avec le corps : ce qui fait que l'efprit n'a jamais befoin du corps pour penfer, & que l'ame ne penfe jamais fans le corps. Ce qu'il faut bien remarquer.

(*e*) Il eft vray que Mr. Defcartes feint des chofes impoffibles, lors qu'il feint qu'il n'y a aucun corps ; car par la fuppofition il feint par le moyen du corps, à caufe qu'il feint par l'ame, laquelle ne peut rien feindre fans le corps. Mais ce n'eft pas cela dont il s'agit. On demeure d'accord que la fiction, qui eft une action, ou pour mieux dire, une paffion de l'ame, ne peut eftre fans le corps ; mais on foutient que l'ame qui produit cette action, ne depend point effentiellement du corps pour penfer entant qu'elle eft un efprit : d'où il s'enfuit que l'Epicurien n'a aucune raifon de dire que l'efprit foit un corps, ny qu'il meurt avec le corps : il peut dire seulement que l'ame meurt avec le corps, entant que la forme de l'ame consiste dans l'union de l'esprit avec le corps, & que cette union est détruite par la mort.

Le premier paralogisme que l'Auteur commet dans cet Article, est qu'il attribuë à tout l'homme ce qui ne luy appartient qu'à raison d'une partie seulement, c'est à dire, qu'il attribuë au corps les pensées, qui n'appartiennent qu'à l'esprit; & le second, qu'il confond l'ame avec l'esprit, quoy que ce soient deux choses differentes, dont l'une pense par elle-même, & l'autre ne peut penser sans le corps, à cause que ces pensées dependent de quelques mouvemens du corps.

Censure. Article V.

Descartes dit à l'Epicurien, qu'il ne s'agit pas icy de sçavoir s'il est quelque autre chose qu'une pensée, s'il est, par exemple, un corps; & qu'il luy suffit de sçavoir pour le present, qu'il est une substance qui pense; que s'il est d'ailleurs une chose corporelle, que sa pensée & cette chose corporelle sont deux Estres tout-à-fait differens; parce que les idées qu'il en a sont totalement distinctes, & que deux choses sont toujours distinctes réellement, lors qu'on en a des idées diverses. Mais notre Epicurien niera cela, & se servira de cet exemple-cy. Si j'entends, dit-il, quelqu'un qui parle, je pourray justement conclure que ce que j'entends est une chose qui parle, sans avoir cependant aucun égard aux autres choses qui appartiennent à un sujet qui parle, & qui sont necessaires pour parler, telles que sont la bouche, les dents, la langue, &c. Et bien que je puisse avoir des idées distinctes, & de la chose qui parle entant qu'elle parle, & du corps par lequel elle parle, entant que corps; il ne s'ensuit pas pour cela que la chose qui parle soit autre chose qu'un corps. (*a*) Voicy encore comment Descartes raisonne. Dieu peut faire les choses telles que je les conçois; Dieu donc peut distinguer les choses que je separe & distingue par mon esprit; car toutes les choses qui peuvent estre divisées, par quelque force divine ou humaine qu'on les divise, elles sont de differente nature: d'où il s'ensuit que l'esprit, qui est une chose qui pense, est different du corps, qui est une chose étenduë. Mais la réponse est toute preste; car il ne s'agit pas de ce qui se peut faire, mais de ce qui est fait, sçavoir si Descartes pensant, ou ce qui pense en Descartes est autre chose que le corps même de Descartes. (*b*) Quant à l'Epicurien, il dit que ce qui pense dans Descartes, est le corps même de Descartes, & que la pensée de Descartes, est l'action du corps de Descartes; & que ces deux choses repugnent, que l'action du corps de Descartes soit sans le corps de Descartes; parce que si elle estoit sans le corps de Descartes, elle ne seroit pas l'action de son corps, & que les choses qui repugnent ne peuvent estre ensemble.

RÉPONSE A L'ARTICLE V.

Mr. Descartes dit, que l'esprit & le corps sont deux choses totalement distinctes, parce que les idées par lesquelles il les conçoit sont totalement différentes, & que les idées différentes sont les marques de la distinction réelle. L'Epicurien répond, qu'il conçoit par deux idées différentes un homme qui parle, & le corps par lequel il parle, bien que l'homme qui parle, & le corps ne soient pas deux choses différentes. Mr. Descartes replique, & demande à l'Epicurien ce qu'il entend par parler? S'il entend seulement un certain mouvement imprimé en l'air par le moyen de la bouche, des dents, de la langue, &c. ou s'il entend avec ce mouvement les pensées de l'ame qui l'accompagnent? Si c'est le premier, Mr. Descartes dit qu'un homme qui parle consideré entant qu'il parle, n'est point different du corps; parce qu'en effet l'homme ne parle de cette sorte que par le corps : mais il assure aussi, qu'alors l'homme qui parle & le corps ne sont pas conçus par des idées différentes, mais par une même idée. Si c'est le second, Mr. Descartes enseigne que l'homme qui parle & le corps ne sont pas une même chose ; parce que l'homme ne pense pas par le corps, mais par l'ame dependemment du corps : ce qui fait que l'Epicurien ne peut connoître l'homme qui parle, & le corps par une même idée.

(*a*) Mr. Descartes a raison de dire que Dieu peut faire que les choses soient telles qu'il les conçoit, & partant que Dieu peut faire que les choses qu'il conçoit comme divisibles, soient actuellement divisées. Et en effet, pourquoy ne le diroit-il pas, puisqu'il enseigne expressement que nos idées claires supposent necessairement dans leurs objets tout ce qu'elles y representent ? Et si cela est, ne s'ensuit-il pas que l'esprit, qui est conçû comme une chose qui pense, est different du corps qui est conçû comme une chose étenduë ? Et c'est inutilement que l'Epicurien répond, qu'il ne s'agit pas de sçavoir ce qui se peut faire, mais ce qui est fait : car il est certain, que comme il ne se fait rien que ce qui se peut faire, nous pouvons assurer tres-positivement qu'une chose n'est pas faite, quand nous concevons clairement qu'elle ne peut estre faite : & partant nous devons estre tres-persuadez que l'esprit n'est pas un corps ; parce que nous concevons tres-clairement que l'esprit est different du corps, *(b)* Notre Epicurien finit cet article en disant, que ce qui pense dans Descartes est le corps même de Descartes, & que la pensée de Descartes est l'action du corps de Descartes. Mais nous avons fait voir au contraire, que les pensées de Descartes ne sont point des actions, mais des passions; & même que ces passions sont réellement distinctes du corps de Mr. Descartes, parce que nous les concevons par des idées totalement differentes. Et il n'importe de dire que les pensées de Mr. Descartes ne seroient pas sans le corps de Mr. Descartes, car nous en demeurons d'accord; mais cela ne veut pas dire qu'elles soient des actions de ce corps, ny qu'elles ne soient pas réellement distinctes de ce corps. Cela signifie seulement que les pensées de Mr. Descartes dependent pour estre produites dans l'esprit, de quelques mouvemens du corps de Mr. Descartes, comme de leur cause efficiente conditionnelle, de laquelle rien n'empêche qu'elles ne soient réellement distinctes, n'y ayant que la cause materielle delaquelle les passions ne sont pas réellement distinguées. J'ay dit *comme de leur cause efficiente conditionnelle*, pour faire entendre que les pensées de l'ame dependent de quelques mouvemens

du

du corps, comme de certaines conditions sans lesquelles suivant le decret immuable de l'union de l'esprit & du corps, les pensées ne seroient pas produites dans l'ame.

Vous voyez bien, Monsieur, que la méprise de l'Auteur dans cet article, vient de ce qu'il croit que l'homme ne parle que par le corps seul, & qu'il prend les pensées de l'ame pour des actions du corps auquel elle est unie, quoique ces pensées ne dépendent des mouvemens de ce corps que comme de conditions sans lesquelles elles ne seroient pas produites dans l'ame.

Censure. Article VI.

Il est aisé de connoistre parlà si Descartes a eu raison de dire cy devant, qu'il connoissoit son esprit plutost, plus clairement, & plus certainement que son corps : car estant parvenu à cette connoissance par la pensée, & la pensée estant une action de l'esprit produite par le corps, le corps par lequel cette action est produite, doit estre connu plutost, plus certainement & plus clairement que l'esprit qui la produit ; tout de même que si quelqu'un est frappé d'une pierre, il connoist plutost & plus clairement la pierre par laquelle il est frappé, qu'il ne connoist la fronde ou la main qui a jetté cette pierre. (*a*) Certes nous souffririons avec plus de patience qu'il dist que nous connoissons plutost & plus clairement la pensée que le corps : car comme la pensée est une action de l'esprit produite par le corps, nous appercevons plutoſt cette action qui eſt produite en nous, que ce parquoy elle eſt produite; comme l'action de la pierre, ou le coup eſt plutoſt connu que la pierre, & la pierre eſt plutoſt connuë que le bras qui la jette. C'eſt pourquoy bien que nous appercevions plutoſt & plus clairement la penſée que le corps, il ne s'enſuit pas que nous appercevions plutoſt & plus clairement la choſe qui penſe que le corps, d'autant que la choſe qui penſe n'eſt connuë de nous que par la penſée qui eſt produite en nous par le corps. (*b*) C'eſt une erreur de croire que l'inſtrument par lequel on fait quelque choſe, eſt plutoſt connu que la choſe même qui eſt faite; par exemple, qu'on connoiſt plutoſt la plume que l'écriture, le ciſeau que la ſtatuë; & partant que l'eſprit par lequel on connoiſt le corps eſt plutoſt connu que le corps. Il eſt vray qu'il faut que le Sculpteur ait un ciſeau avant que de faire une ſtatuë; neanmoins il connoiſt plus clairement & plus certainement ce que c'eſt qu'une ſtatuë, qu'il ne connoiſt ce que c'eſt qu'un ciſeau; puiſqu'il a eu premierement la ſtatuë dans la teſte, & qu'il n'a ſongé qu'enſuite à preparer un ciſeau . . . . . . Ce ciſeau eſt donc plutoſt que la ſtatuë; mais la ſtatuë eſt plutoſt connuë, bien qu'elle ne ſoit pas auſſi-toſt faite que le ciſeau. (*c*) Tout de même afin qu'un homme applique ſon eſprit à la connoiſſance du corps, il eſt neceſſaire qu'il ait un eſprit avant que d'avoir la connoiſſance du corps: mais il n'eſt pas neceſſaire qu'il ait plutoſt la connoiſſance de l'eſprit que celle du corps. Il peut même ne ſçavoir pas ce que c'eſt que l'eſprit, & ſçavoir certainement ce que c'eſt que le corps; comme un Sculpteur, tandis qu'il fait une ſtatuë peut avoir une connoissance claire de cette statuë, sçavoir de la matiere dont elle est faite, de toutes ses dimensions ; & cependant ignorer ce que c'est que l'esprit qui a l'idée de cette statuë . . . . . (*d*) Maintenant si nous nous servons de cet argument contre Descartes, il paroistra clairement combien il est foible. Car si de ce que le corps est connu par l'esprit, il s'ensuit que l'esprit est connu plutost & plus certainement que le corps, je demande à Descartes, par quel instrument il connoist l'esprit ? Il répondra sans doute qu'il le connoist par l'esprit ; car il ne se contredira pas si manifestement que d'asseurer qu'il le connoist par le corps. Que si ce par quoy on connoist une chose, est plutost & plus certainement connu que cette chose, il s'ensuit que l'esprit est connu plutost & plus certainement que l'esprit : ce qui est absurde. (*e*) D'où on peut former un argument auquel Descartes ne sçauroit répondre. Car si dans ses Meditations il a establi une voye sure pour connoistre l'esprit, & s'il a veritablement connu l'esprit ; il ne peut l'avoir connu que par l'esprit. Or avant qu'il soit assuré d'avoir connu certainement l'esprit, il doit estre assuré qu'il a connu certainement ce qu'il a connu par l'esprit ; mais avant que d'être assuré qu'il a connu certainement ce qu'il a connu par l'esprit, il doit sçavoir que l'esprit est un instrument propre à connoistre certainement la verité. Or avant qu'il sçache cela, il doit connoistre la nature de l'esprit ; donc pour connoistre la nature de l'esprit, il faut connoistre la nature de l'esprit : ce qui est une pure petition de principe. Il paroist donc combien est vaine l'opinion de Descartes.

RÉPONSE A L'ARTICLE VI.

L'Auteur dit, que Mr. Descartes a eu tort d'assurer qu'il connoissoit son esprit plutôt, plus clairement & plus certainement que son corps; & voicy comment il le prouve. *Descartes, dit-il, est parvenu à la connoissance de son esprit par la pensée; la pensée est une action de l'esprit produite par le corps; donc le corps par lequel l'action de l'esprit est produite, est plutôt, plus clairement, & plus certainement connu que l'esprit qui produit cette action.* Les Cartesiens distinguent la premiere proposition de cet argument. Ils accordent que Descartes est parvenu à la connoissance de son esprit par la pensée, si la pensée est prise pour une chose subsistante en elle-même, telle qu'est la pensée que nous avons dit cy-devant dans le 3. art. qui constituë la nature de l'esprit; & ils nient que Mr. Descartes soit parvenu à la connoissance de son esprit par la pensée, si la pensée est prise pour une action de l'esprit: parce que cette derniere pensée n'est qu'une modification de la premiere; & tout le monde sçait que les modifications ne sont connuës que par l'idée même des choses qu'elles modifient. Quant à la seconde proposition, les Cartesiens la nieront absolument; & ils la nieront, non seulement parce que la pensée n'est pas une action de l'esprit mais une passion, mais encore parce que quand elle seroit une action de l'esprit, il y auroit de la repugnance à dire que cette action fût produite par le corps; puis que l'action n'est autre chose que la chose même qui agit, considerée entant qu'elle agit. Les deux premieres propositions de cet argument estant ainsi renversées, il est aisé de voir que la conclusion ne peut subsister; & partant qu'il n'est pas vray que le corps par lequel l'action de l'esprit est produite, soit plutôt, plus clairement & plus certainement connuë que l'esprit.

(*a*) L'Auteur souffriroit avec plus de patience, que Mr. Descartes dist que nous connoissons plutôt, plus clairement, & plus certainement la pensée que le corps: car comme la pensée est une action de l'esprit produite par le corps, nous appercevons plutôt cette action, qui est produite en nous, que ce par quoy elle est produite, comme l'action d'une pierre, ou le coup est plutôt connu que la pierre, & la pierre est plutôt connuë que le bras qui la jette. Les Cartesiens répondent, que la pensée n'est point une action de l'esprit, mais une passion, & qu'elle n'est point produite par le corps; en telle sorte que si elle est plutôt connuë que le corps, comme ils en demeurent d'accord, ce n'est pas parce qu'elle est une action de l'esprit, ny parce qu'elle est produite par le corps; mais parce qu'elle est une passion de l'esprit de telle nature qu'elle se manifeste par elle-même, & que le corps n'est connu que par elle. Cela est confirmé par l'exemple même du coup de pierre dont l'Auteur se sert. En effet, le coup de pierre represente la pensée; la personne qui reçoit ce coup, represente l'esprit qui reçoit la pensée; & la pierre qui produit ce coup, represente le corps qui produit la pensée. C'est pourquoy puis que la personne qui reçoit le coup de pierre, est plutôt connuë que le coup même, & que ce coup est plutôt connu que la pierre qui le cause; ainsi l'esprit qui reçoit la pensée doit estre plutôt connu que la pensée, & la pensée doit estre plutôt connuë que le corps qui la produit. Ce qui renverse entierement la doctrine de l'Auteur.

(*b*) C'est une erreur, dit l'Auteur, de croire que l'instrument par lequel on fait quelque chose, est plutôt connu que la chose même qui est faite ; par exemple, qu'on connoist plutôt la plume que l'écriture, le ciseau que la statuë, & par consequent que l'esprit par lequel on connoist le corps, est plutôt connu que le corps. Les Cartesiens laissent passer cette premiere proposition, *que c'est une erreur de croire que l'instrument par lequel on fait quelque chose, soit plutôt connu que la chose qui est faite:* mais ils nient que ce soit une erreur de croire que l'esprit par lequel on connoist le corps, soit plutôt connu que le corps : & la raison pour laquelle ils le nient, est que l'esprit n'est point un instrument par lequel on fasse le corps, ny le corps une chose qui soit faite par l'esprit, comme l'écriture & la statuë sont faites par la plume & par le ciseau; en sorte que quand il seroit vray que l'instrument seroit plutost connu que la chose qui est faite, il ne s'ensuivroit pas que le corps fût plutost connu que l'esprit. Et il n'importe de dire que l'esprit n'est pas l'instrument qui fait le corps, mais l'instrument qui connoist le corps ; car il est aisé de répondre, que l'esprit n'est pas l'instrument, mais la cause principale qui connoist le corps ; & par consequent l'opinion de l'Auteur est absolument insoutenable.

(c) L'Auteur dit qu'afin qu'un homme applique son esprit à la connoissance du corps, il est necessaire qu'il ait un esprit avant que d'avoir la connoissance du corps; mais qu'il n'est pas necessaire qu'il ait plutost la connoissance de l'esprit que celle du cops. Il peut même ne sçavoir pas ce que c'est que l'esprit, & sçavoir certainement ce que c'est que le corps. Les Cartesiens accordent la premiere proposition, & nient les deux consequences que l'Auteur en tire : ils disent que tout estant connu par la pensée, il est necessaire que la pensée soit plûtost connuë que toute autre chose. Or la connoissance de la pensée suppose celle de l'esprit, comme la connoissance d'un mode suppose cela de sa substance; donc l'esprit est plutost connu que la pensée, & la pensée est plutost connuë que le corps. Quand je dis *plutost connuë que le corps*, je n'entends pas parler d'une priorité de temps, mais d'une simple priorité de nature, de laquelle seule il s'agit icy.

(d) Si de ce que le corps est connu par l'esprit il s'ensuit que l'esprit est plus connu que le corps, l'Auteur demande qu'on luy dise donc par quel instrument l'homme connoist son esprit. Si Mr. Descartes répond qu'il le connoist par son esprit,

Mr. Huet replique que si on connoist plutost ce qui fait connoistre une autre chose qu'on ne connoist cette chose, il s'ensuivra qu'on connoistra plutost l'esprit qu'on ne connoistra l'esprit : ce qui est absurde. Mr. Descartes ne répondra pas qu'il connoist l'esprit par un instrument different de l'esprit : il dira qu'il connoist l'esprit par l'esprit même, & que quand il enseigne que ce parquoy une chose est connuë, est plutost connu que cette chose, cela doit estre entendu des choses qui ne sont pas connuës par elles mêmes, mais par les pensées de l'esprit, telles que sont toutes les choses corporelles qui ne sont pas intelligibles par leur nature.

(*) L'Auteur pretend qu'on peut former de là un argument auquel Mr. Desc. ne sçauroit répondre. Il suppose que Mr. Descartes a connu son esprit dans ses Meditations, & qu'il l'a connu par son esprit ; aprés quoy voicy comment il raisonne : *Avant que Descartes sçache certainement qu'il connoist l'esprit, il doit sçavoir qu'il connoist certainement ce qu'il connoist par l'esprit. Or avant qu'il sçache qu'il connoist certainement ce qu'il connoist par l'esprit, il doit sçavoir que l'esprit est un instrument propre à connoistre la verité ; mais avant qu'il sçache ce-*

la, il doit connoistre la nature de l'esprit: donc pour connoistre la nature de l'esprit, il doit connoistre la nature de l'esprit, ainsi il tombe dans une petition de principe. Mr. Descartes répond à la premiere proposition, qu'il peut sçavoir qu'il connoist certainement son esprit, sans qu'il sçache qu'il connoist certainement ce qu'il connoist par son esprit; parce qu'il connoist son esprit par son esprit même, & qu'il luy suffit de connoistre son esprit pour estre asseuré qu'il le connoist, & qu'il le connoist avant toute autre chose, puis-qu'il connoist tout ce qu'il connoist par son esprit. Il répond à la seconde proposition, en disant qu'il ne luy est pas necessaire pour sçavoir qu'il connoist certainement ce qu'il connoist par l'esprit, de sçavoir que l'esprit est un instrument propre à connoistre la verité; dont la raison est que l'esprit n'est point un instrument de connoissance, mais le vray principe qui connoist. C'est pourquoy Mr. Descartes ne doit point connoistre son esprit avant qu'il sçache que son esprit est un instrument propre à connoistre la verité. Mr. Descartes dit enfin, que la conclusion de cet argument est fausse *materiellement & formellement*. Materiellement, si on la considere entant que surple proposition; parce que son sujet & son attribut sont une même chose. Et formellement, entant qu'elle n'a pas le rapport qu'elle devroit avoir aux deux propositions precedentes pour former la conclusion d'un vray Syllogisme. Il reste donc que Mr. Descartes ne tombe point dans une petition de principe, & qu'il peut sçavoir qu'il connoist certainement son esprit, sans qu'il sçache qu'il connoist certainement ce qu'il connoist par son esprit : parce qu'il connoist son esprit que son esprit même, & qu'il ne peut connoistre son esprit qu'il ne sçache certainement qu'il le connoist. La méprise de l'Auteur vient donc, Monsieur, de ce qu'il considere Mr. Descartes comme un principe de connoissance different de son esprit, quoy que dans Mr. Descartes, l'esprit & Mr. Descartes ne soient qu'un même principe de connoissance.

Concluons donc que l'Auteur suppose dans cet article 1. que la pensée est une action de l'esprit produite par le corps, au lieu que la pensée n'est qu'une passion de l'esprit. 2. Que l'esprit n'est qu'un instrument de connoissance, au lieu qu'il est le vray principe qui connoist. 3. Que M. Descartes est un principe de connoissance different de son esprit ; ce qui repugne,

Censure. Article VII.

Ce n'est pas un petit defaut dans la doctrine de Descartes, de mettre toute la nature de l'homme dans l'esprit seul ; ce qui est une erreur de Pytagore qui est passée dans l'école des Platoniciens & des Stoïciens...... Cherchons maintenant par quelles raisons il deffend son opinion. Je feins, dit-il, que je n'ay point de corps ; mais je ne puis pas feindre que je ne sois point : parce que quand je feins, je pense ; & quand je pense, je suis. Au contraire, si je cesse de penser, quoy que mon esprit soit, je n'ay aucune raison de croire que je suis. C'est pourquoy, puisque je puis feindre que je n'ay point de corps, & que je ne puis pas feindre que je ne pense point ; & que d'ailleurs il est necessaire que tout ce que je conçois comme distinct, puisse estre separé ; il s'ensuit que mon estre ne depend point du corps, mais de la pensée. (*a*) Dialecticiens, je vous appelle à témoins. Voyez l'ambiguité de cet argument. Accordons à Descartes ce qu'il demande, qu'il puisse feindre qu'il n'a pas de corps, mais qu'il ne puisse pas feindre qu'il n'est point, parce qu'il pense en feignant, & qu'il est pendant qu'il pense. Que conclut-il de là ? Il sera à la verité, quoy qu'il n'ait point de corps : mais il ne sera pas ce qu'il est maintenant, sçavoir un homme composé de corps & d'esprit. Mais lors qu'il sera privé de corps, il ne sera plus un homme. Donc quand il dit qu'il est tandis qu'il pense, & qu'il n'a point de corps, il y a de l'équivoque dans le mot *estre* : car il est à la verité, mais il n'est pas un homme. Que Descartes ait donc des

idées

idées du corps & de l'esprit aussi distinctes qu'il voudra, & qu'il fasse que l'esprit soit sans le corps, & le corps sans l'esprit; il ne fera jamais que l'esprit sans corps soit un homme.

Réponse a l'Article VII.

Nous sommes peu en peine de sçavoir si c'est une erreur de Pytagore qui est passée dans l'école des Platoniciens, que de mettre toute la nature de l'homme dans l'esprit seul : mais nous sommes bien assurez que Mr. Descartes n'a jamais eu de sentiment semblable à celuy-là. Il est vray qu'en conduisant ses pensées par ordre, & en n'admettant pour vray que ce qu'il a conçû clairement à mesure qu'il l'a conçû, il a esté plûtost assuré qu'il estoit un esprit, qu'il n'a sçû qu'il estoit un corps; parce qu'il a pû douter qu'il fût un corps, & qu'il n'a pû croire qu'il ne fût pas un esprit. Mais cela ne veut pas dire qu'il mette toute la nature de l'homme dans l'esprit : cela signifie seulement que l'homme qui est composé de corps & d'esprit, se connoit plûtost par la partie qui est esprit, que par celle qui est corps. Ce qui n'a aucun rapport avec ce que Pytagore & les Platoniciens ont rêvé sur ce sujet.

P

(a) Il est inutile d'appeler icy les Dialecticiens pour témoins. Mr. Descartes dit bien qu'il peut feindre qu'il n'a pas de corps, & qu'il ne peut pas feindre qu'il ne soit pas : mais il ne conclut pas de là qu'il soit un homme ; il conclut seulement qu'il est une chose qui pense, ou un esprit. Ainsi il n'est pas vray que Mr. Descartes mette toute la nature de l'homme dans l'esprit, comme l'Auteur l'en accuse. Cela se voit manifestement dans le nomb. 6. de la seconde Meditation, où Mr. Descartes parle ainsi : *Qu'est-ce donc que j'ay crû estre cy-devant ? Sans difficulté j'ay pensé que j'estois un homme. Mais qu'est-ce qu'un homme ? Diray-je que c'est un animal raisonnable ? Non certes : car il me faudroit par après chercher ce que c'est qu'animal, & ce que c'est que raisonnable ; & ainsi d'une seule question je tomberois insensiblement en une infinité d'autres plus difficiles & plus embarassées.* Il ajoute dans le nomb. 7. de la même Meditation : *Je trouve icy que la pensée est un attribut qui m'appartient ; elle seule ne peut estre détachée de moy. Je suis, j'existe ; cela est certain : mais combien de temps, sçavoir autant de temps que je pense : car peut-estre même qu'il se pourroit faire, si je cessois totalement de penser, que je cesserois en même temps tout à fait d'estre. Je n'admets maintenant rien qui ne soit necessairement vray : je ne suis donc, precisément parlant, qu'une chose qui pense, c'est à dire un esprit.* Il paroist par là que Mr. Descartes ne se regarde point encore comme un homme entier : il se regarde seulement comme un esprit, mais comme un esprit qui peut estre uny à un corps avec lequel il pourra faire un homme. Ce qu'il ne sçait pas encore, & qu'il pourra découvrir dans la suite.

Censure. Article VIII.

Descartes continuë sa doctrine touchant la nature de l'esprit, par ce paradoxe, que c'est l'esprit qui sent, & non pas le corps. La raison qu'il en donne est, que lors que l'esprit est fort attentif à quelque chose, le corps demeure sans sentiment, & n'apperçoit pas même les choses exterieures qui se presentent ; & il dit que l'esprit sent, non entant qu'il est répandu dans les organes des sens, mais entant qu'il est uny avec le cerveau ; car le cerveau estant blessé, le sentiment perit, quoy que le corps soit encore animé. (*a*) Mais pour examiner cela il nous est permis de juger des grandes choses par des petites. Lors que notre esprit est fort attentif à quelque chose, il arrive souvent que s'attachant à cette chose, & les yeux & les oreilles s'appliquant à d'autres, quoy que nous oyions;

nous voyions, nous ne nous appercevons pourtant pas que nous oyons ou voyons ; ce que nous appercevons très bien dés que nous cessons d'estre attentifs. Il est pourtant vray qu'alors sans que nous y pensions, nos oreilles sont frappées, & les objets exterieurs sont peints dans les yeux, c'est à dire que le corps voit & entend, parce qu'il est disposé comme il faut pour sentir ainsi. . . . . Ce qui estant de la sorte, il est aisé de connoistre que c'est le corps qui sent, & non pas l'esprit. Car si l'esprit estant distrait, ne s'apperçoit pas du sentiment du corps, c'est une necessité que le corps sente avant que l'esprit connoisse qu'il sent. De plus, lors que sans y penser nous voyons, il est évident que c'est le corps qui sent, & non pas l'esprit ; & lors que l'esprit estant sans application, il apperçoit l'impression qui est faite dans l'instrument du sens ; pour lors c'est cette partie du corps qui sent, & c'est l'esprit qui connoist que cette partie sent. (*b*) Saint Augustin ne semble pas avoir voulu dire autre chose lors qu'il a asseuré, que le corps ne sent pas mais l'ame par le corps, duquel elle se sert comme d'un messager pour former en soy-même ce qui vient de dehors. L'esprit connoist que le doigt sent du froid, que le pied est pressé; mais il ne sent pas du froid luy-même, ny n'est pas comprimé ; car le propre du corps est de sentir, & le propre de l'esprit de donner au corps la faculté de sentir & de connoistre toutes les impressions qui sont faites en luy. (*c*) Au contraire, quoy que les Phrenetiques croyent voir plusieurs choses qu'ils ne voyent pas, il ne faut pas conclure que c'est l'esprit qui voit & non pas le corps. Car les Phrenetiques ne voyent point veritablement, ils croyent seulement voir;

c'est pourquoy parce que le corps voit veritablement lors que l'esprit est distrait, & qu'au contraire on ne voit pas lors que l'esprit voit, le corps ne voyant pas, il est évident que c'est le corps qui sent, & non pas l'esprit.

RÉPONSE A L'ARTICLE VIII.

Il est vray que Mr. Descartes enseigne que c'est l'esprit qui sent, & non pas le corps ; & la raison qu'il en donne est, que l'esprit estant fort attentif à quelque chose, le corps demeure sans sentiment, & n'apperçoit pas les choses exterieures qui se presentent à luy. Il enseigne encore que l'esprit sent non entant qu'il est répandu dans les organes, mais entant qu'il est uny avec le cerveau ; car le cerveau estant blessé le sentiment perit, quoy que le corps soit encore animé.

(*a*) Mr. Huet regarde ces deux propositions comme deux paradoxes insoutenables ; & pour détruire la premiere, il tâche de prouver que c'est le corps qui sent & non pas l'esprit. Voicy comment il raisonne. Lors que l'esprit est fort attentif à quelque chose, dit-il, il arrive souvent que s'attachant à cette chose, & les yeux & les oreilles s'appliquant à d'autres, quoy que nous oyions, nous voyions, nous ne nous appercevons pourtant pas que nous oyons, ou voyons ; ce que nous appercevons tres-bien dés que nous cessons d'estre attentifs. Il est pourtant vray qu'alors sans que nous y pensions, nos oreilles sont frappées & les objets exterieurs sont peints dans les yeux, c'est à dire, que le corps voit & entend, parce qu'il est disposé comme il faut pour sentir ; ce qui fait connoistre que c'est le corps qui sent & non pas l'esprit : car si l'esprit estant distrait ne s'apperçoit pas du sentiment du corps, c'est une necessité que le corps sente avant que l'esprit connoisse qu'il sent. Mr. Descartes soutient sa proposition & dit, que l'Auteur distingue mal à propos le sentiment de la connoissance, & qu'il attribuë le sentiment au corps, & la connoissance à l'esprit ; parce qu'en effet c'est par la même action, ou pour mieux dire, par la même passion de l'esprit, que nous sentons & que nous appercevons que nous sentons. Pour rendre cecy plus intelligible, Mr. Descartes distingue deux degrez dans le sentiment : le premier est une passion du corps, laquelle ne peut estre autre chose que le mouvement que les objets exterieurs impriment dans les organes : & le second est la pensée, ou la perception de l'esprit qui s'apperçoit de cette passion, ou de ce mouvement du corps. C'est pourquoy l'Auteur a raison de dire, que le corps sent avant que l'esprit connoisse qu'il sent, en prenant le sentiment pour un passion, ou pour un mouvement du corps; car il est certain que l'esprit ne sent en pensant, qu'après que le corps a senty en recevant ce mouvement. Mais cela ne veut pas dire que c'est le corps qui sent, & non pas l'esprit (entendant par le sentiment la connoissance de l'esprit, comme on le doit entendre,) parce que ce sentiment & cette connoissance sont une même chose, comme Mr. Descartes l'enseigne dans le 9. Article de la premiere partie de ses Principes, où il ne distingue point le sentiment de la pensée. Cela est encore confirmé par saint Augustin dans le 7. livre de la Trinité, où il dit, que la vision qui se fait dans l'organe des sens a quelque chose de spirituel, parce qu'elle ne se peut faire sans l'ame; mais qu'elle n'est pas toute spirituelle, parce que la passion qui se fait dans l'organe, lors qu'il est frappé par les objets, & qui s'appelle aussi *sentiment*, appartient au corps. Nous accorderons donc à l'Auteur, que c'est le corps qui sent, si par le sentiment il entend le mouvement de l'organe corporel du sens: mais si par le sentiment il entend la perception que l'ame reçoit par ce mouvement, laquelle s'appelle aussi *sentiment*; ce n'est pas le corps qui sent, mais l'ame, ainsi que M. Descartes l'enseigne.

L'Auteur tâche à détruire le second paradoxe de Mr. Descartes, & à prouver que c'est la partie du corps qui est frappée par les objets exterieurs, qui sent, & non pas l'esprit entant qu'uny avec le cerveau. Mais il n'apporte d'autre raison pour le demontrer, que l'authorité de saint Augustin, qui dit dans le 24. chap. du livre de la Genese *ad litter.* que ce n'est pas le corps qui sent, mais l'ame par le corps, duquel elle se sert comme d'un messager pour se representer à elle-même ce qui luy vient de dehors. D'où l'Auteur conclut, que le propre du corps est de sentir, & le propre de l'esprit de communiquer au corps la faculté de sentir. Mr. Descartes soutient au contraire, que ce passage de saint Augustin est inutile à ce sujet, & qu'il ne signifie autre chose, si ne n'est que l'ame connoist par le sentiment les choses exterieures; parce que le corps par le mouvement qu'il reçoit de ces choses, les luy annonce. Pour s'assurer que c'est là le vray sentiment de saint Augustin, il ne faut que lire le Livre de la quantité de l'ame, où il dit; *Que le sentiment est une passion du corps qui par elle-même est apperçûë de l'ame* : car cela ne veut pas dire que le corps ne sente jamais que l'ame ne s'en apperçoive, mais qu'il faut que le corps ait esté frappé avant que l'ame apperçoive l'impression qu'il a reçûë des objets exterieurs, laquelle elle n'apperçoit que par le sentiment.

(*c*) Mr. Descartes ne croit point que les Phrenetiques qui croyent voir des choses qu'ils ne voyent pas, ayent une veritable vision ; il dit seulement qu'ils croyent l'avoir. Il ne veut pas aussi que ceux qui sont dans une forte distraction d'esprit voyent veritablement ; c'est à dire, qu'il veut bien qu'ils voyent, si par voir on entend seulement que l'ogane de leur vision est meu ; mais il ne veut pas qu'ils voyent, si par voir on entend que l'ame apperçoit par le sentiment le mouvement de cet organe, qui est proprement ce qu'on appelle voir dans l'homme. D'où il s'ensuit que la consequence que l'Auteur tire, que le corps sent parce qu'il voit lors que l'esprit est distrait, est absolument fausse.

Tout le defaut de cet Article vient de ce que l'Auteur prend le premier degré de sentiment, qui consiste dans le mouvement de l'organe corporel, pour le second qui est la perception de l'ame qui suit de ce mouvement, & qui est proprement ce qu'on appelle *sentiment*, ou *sensation* de l'ame.

CENSURE. ARTICLE IX.

Quoy que Descartes ait pris l'opinion des idées innées de la Philosophie de Platon, il l'a neanmoins tellement ajustée qu'elle semble venir d'ailleurs. Mais d'où qu'elle puisse venir, je prouveray qu'elle est également trompeuse. Descartes établit trois sortes d'idées, comme j'ay dit auparavant; dont les unes viennent de nouveau, telle qu'est l'idée qu'on a du soleil lors qu'on le regarde. Les autres sont artificielles, telle qu'est l'idée que les Astronomes se forment du soleil par leurs raisonnemens. D'autres sont naturelles ou nées avec nous, telles que sont les idées de Dieu & de l'esprit. .... Il dit souvent en propres termes, que les idées naturelles ne sont autre chose que la faculté même de concevoir dont notre ame est pourvuë, & qu'on a coutume d'appeller dans l'Ecole, *l'Acte premier de concevoir* : mais il ajoute incontinent après, que ces idées sont les formes de nos pensées, & que nos pensées, qui sont, comme l'on dit, *l'Acte second de penser*, procedent de la faculté de penser : ce qui repugne. Car si la pensée procede de la faculté de penser, il est nécessaire qu'elle differe de cette faculté, comme l'effet differe de sa cause. De plus, si l'idée est la forme de la pensée ; puisque la forme differe de ce dont elle est forme, comme l'ame de l'homme differe de l'homme, l'idée est autre chose que la pensée. (a) Descartes distingue donc en trois choses, ce qu'il n'avoit consideré que comme une ; sçavoir la faculté de penser, la pensée, & l'idée : mais quand il parle de l'idée de Dieu, qui est naturellement empreinte en nous, il pretend qu'elle n'est point inventée par notre esprit, & qu'elle ne le peut estre ; puis qu'elle a esté imprimée de Dieu dans nos esprits, tout de même que les idées des axiomes qui passent pour des veritez éternelles & immuables. Mais cecy est encore plus different de ce qu'il avoit dit auparavant. Car si les idées sont la faculté même de penser, l'idée de Dieu est la faculté de penser à Dieu, & les idées des autres choses sont la faculté de penser à ces choses. Neanmoins la faculté de penser à quoy qu'on pense, est toujours la même faculté : d'où l'on infere visiblement, que l'idée de Dieu, & les autres idées qu'il appelle *naturelles*, ne different point des idées qui viennent de nouveau, ny de celles qui sont inventées : d'où il s'ensuit que puisque celles cy sont feintes pour nous, les autres le sont aussi. De plus, quand Descartes dit dans le tome 2. lettre 104. que les idées éternelles, telles que sont les axiomes geometriques, sont imprimées dans notre esprit, comme les loix d'un Estat sont imprimées dans l'esprit de ceux qui composent cet Estat, il reconnoist que les idées sont autre chose que la faculté de penser. (b) Accordons à Descartes que l'idée naturelle de Dieu est une faculté naturelle de penser d'une certaine maniere, & qu'ainsi l'idée de Dieu sera dans notre esprit toutes les fois que notre esprit pensera de cette maniere. Mais il ne se tirera pas d'affaires par là. Car en quoy differera une idée naturelle d'u-

ne idée inventée, ou d'une idée reçue de nouveau ? Car l'idée d'Alexandre qui est inventée, pourra estre dite à pareil titre la faculté de penser d'une certaine maniere, à raison dequoy toutes les fois que l'esprit pensera de cette maniere, il aura l'idée d'Alexandre. Ainsi toute cette doctrine de Descartes chancelle. (c) De plus, pour prouver que pour former ces idées l'esprit n'a pas besoin du secours des sens, Descartes se sert de cet argument. Il dit qu'il ne vient à l'esprit par le secours des sens du costé des objets, que certains mouvemens corporels lesquels l'esprit ne connoist pas même tels qu'ils sont dans les sens ; d'où il s'ensuit que les idées des figures, du mouvement, & avec plus de raison celles de la douleur, de la couleur, des sens & d'autres choses semblables, sont engendrées en nous, & que l'esprit se les represente toutes les fois qu'il y est excité par ces mouvemens corporels ausquels les idées ne ressemblent en aucune maniere. D'où il conclut, que puisque les idées des objets exterieurs sont engendrées en nous, & non produites en nous par les objets, on peut dire la même chose à plus forte raison des notions communes, qu'on appelle *axiomes*, qui ne sont point dans les choses exterieures, & qui ne peuvent venir dans l'esprit ny par des mouvemens corporels, ny par aucun rapport des sens ; dont la raison est, que des objets exterieurs, les mouvemens, & les sens même sont des choses singulieres, & que les axiomes sont des choses universelles, qui n'ont nulle affinité avec les sens ny avec les mouvemens. (d) Quant à nous, nous reconnoissons que l'esprit forme les idées des choses exterieures aprés qu'il a esté averty de les former par quelque mouvement corporel ; & nous
disons

disons que ces mouvemens corporels impriment dans le cerveau des traces que l'esprit qui est immediatement uny avec luy, découvre, & se represente ensuite de cette découverte, une idée laquelle n'estoit pas auparavant : mais l'esprit ne se representeroit jamais cette idée, s'il ne découvroit la trace qui est dans le cerveau. (e) Au reste les idées universelles sont tirées des idées singulieres, lors que l'esprit appercevant dans plusieurs sujets quelque chose de semblable, il tire de ces sujets ce qu'ils ont de commun, & le rassemblant en un, en fait une idée universelle : ainsi, par exemple, découvrant dans Pierre, dans Paul, & dans Jean, &c. qu'ils sont des animaux raisonnables ; & ne faisant point attention à ce que ces sujets ont de particulier, l'esprit rassemble en un ce qui estoit répandu en plusieurs, & forme cette idée generale, Que tout homme est animal raisonnable.

RÉPONSE A L'ARTICLE IX.

C'est une chose constante que Mr. Descartes reconnoist les trois sortes d'idées que l'Auteur rapporte dans cet Article. Il est vray encore, qu'en plusieurs endroits il dit que les idées naturelles ne sont autre chose que la faculté de connoistre. Il dit de plus, que les idées sont les formes des pensées ; ce qui semble repugner, & qui repugneroit en effet, si le mot d'*idée* n'avoit qu'une seule signification : mais parce qu'il en a plusieurs, ce n'est pas grande merveille que Mr. Descartes le prenne tantost pour signifier la simple faculté de penser, & tantost pour signifier la pensée qui procede de cette faculté, ou la forme mesme de cette pensée; ce qui se fait en telle sorte, que quand l'idée est prise pour la pensée, ou pour la forme de la pensée, elle differe de l'idée prise pour la faculté de penser, comme l'effet differe de sa cause. Il est vray de plus, que l'idée proprement dite estant la forme de la pensée, elle est differente de la pensée, comme la matiere est differente de la forme.

(*a*) Mr. Descartes a fort bien fait de distinguer trois choses dans les idées; la faculté de penser, la pensée, & l'idée proprement dite, qui est la forme de la pensée. Mais nous ne sçavons point qu'il ait jamais consideré ces trois choses comme une seule. Nous sçavons bien qu'il les a comprises sous le mesme mot; mais non pas qu'il les ait prises pour une mesme chose.

(*b*) Quant à l'idée de Dieu, qui est naturellement empreinte en nous, Mr. Descartes a raison de dire qu'elle n'est point inventée par notre esprit, & qu'elle ne le peut estre. Mais l'Auteur pretend prouver le contraire, & voicy son argument. Selon Mr. Descartes les idées sont la faculté même de penser ; l'idée de Dieu est la faculté de penser à Dieu, & les idées des autres choses sont la faculté de penser à ces choses. Or la faculté de penser à quoy qu'on pense, est toujours la même faculté : donc l'idée de Dieu, & les autres idées que Descartes appelle *naturelles*, ne different point des idées qui viennent de nouveau, ny de celles qui sont inventées. Donc puisque celles-cy sont feintes par nous, les autres le peuvent estre aussi. Mr. Descartes resout cet argument en niant la premiere proposition, & assurant qu'il n'a jamais dit que les idées fussent la faculté même de penser. Il n'a pas dit non plus, que l'idée de Dieu fût la faculté de penser à Dieu ; il soutient au contraire qu'avoir l'idée de Dieu, n'est pas pouvoir penser à Dieu ; mais c'est y penser actuellement. Ce qui fait voir clairement que quoy que la faculté de penser à quoy que l'on pense, soit toujours la même, il ne s'ensuit pas que les idées naturelles & les idées inventées ne soient pas differentes, ny par consequent que l'idée de Dieu puisse estre feinte par nous quoi-que nous feignions les idées inventées. Ce qui suffit pour renverser tous les raisonnemens que l'Auteur fait dans cet Article touchant l'idée de Dieu.

(c) Mr. Descartes a raison de dire, que l'ame n'a pas besoin du secours des sens pour former des idées, & qu'il ne vient rien à l'esprit des choses exterieures par l'entremise des sens que certains mouvemens corporels ; & partant que les idées de la figure, du mouvement, &c. sont engendrées en nous, & que l'ame se les represente toutes les fois qu'elle y est excitée par ces mouvemens corporels avec lesquels ces idées n'ont aucune ressemblance. Mais il faut remarquer que Mr. Descartes ne dit pas que les idées soient produites par l'ame ; mais seulement qu'elles sont engendrées dans l'ame ; pour donner à entendre que ce n'est pas l'ame qui produit les idées, puisque les idées estant des passions de l'ame, elles supposent necessairement quelque cause differente de l'ame qui les produise dans l'ame. Il ne dit pas non plus, que les mouvemens corporels qui viennent des objets exterieurs, produisent les idées dans l'esprit : il dit seulement que l'esprit se represente les idées lors qu'il y est excité par ces mouvemens corporels : pour nous faire entendre que les mouvemens corporels ne sont pas la vraye cause des idées de l'ame, qui sont inventées ou reçûës de nouveau, mais qu'ils contribuent neanmoins à le produire, de telle sorte que sans eux la vraye cause qui les produit, ne les produiroit jamais dans l'ame.

(*d*) Quant à l'Auteur, il pretend que les idées sont produites par l'esprit. Mais c'est sans fondement. Car outre que les idées inventées & celles qui viennent de nouveau, sont des changemens qui arrivent à l'esprit, & que tout changement qui arrive à un sujet procede d'une cause exterieure, comment peut-il concevoir que l'esprit puisse produire une idée ? Car de même qu'un Peintre, pour habile qu'il soit dans son art, ne peut pas representer un animal de la Chine qu'il n'aura jamais veu, ou duquel il n'aura aucune connoissance, en sorte que le tableau qu'on l'obligeroit d'en faire ne luy peut estre semblable ; ainsi un homme ne peut pas former les idées des choses s'il ne les connoist auparavant, c'est à dire, s'il n'en a déja l'idée, laquelle ne dépend pas de sa volonté. Que s'il en a déja l'idée, il connoist la chose, & il luy est inutile d'en former une nouvelle idée. Il est donc inutile d'attribuer à l'esprit de l'homme la puissance de produire les idées.

(*e*) Nous demeurons d'accord avec l'Auteur, de la maniere dont on rend les propositions singulieres, generales; mais il nous permettra de luy dire, que si les propositions generales sont formées des propositions singulieres, l'esprit connoist plûtost les propositions singulieres que les propositions generales; & partant qu'il a eu tort de dire dans le 7. Article du premier Chapitre, que l'esprit connoist plûtost cette proposition generale : *Tout ce qui pense, existe*, qu'il ne connoist cette proposition singuliere, *Je pense, donc je suis*.

CENSURE. ARTICLE X.

Desc. poussant ses conjectures plus loin, croit avoir découvert la partie du corps dans laquelle l'ame fait sa principale résidence, & il veut que cette partie soit la glande qu'on appelle *pineale* à cause de sa figure; & les raisons qu'il apporte pour établir son opinion sont, que les organes de nos sens estant doubles & nos connoissances simples, il est necessaire qu'il y ait quelque partie simple qui reünisse en soy les deux impressions que les objets exterieurs ont fait sur les organes . . . . . . Nous allons montrer en peu de mots, le défaut de cette opinion : Et nous nions en premier lieu, qu'il soit necessaire qu'il y ait en nous quelque partie simple qui rassemble les doubles impressions des sens. Car comme si deux cloches de même son sont frappées en même temps par un même coup, bien qu'il y ait deux sons, nos oreilles sont neanmoins tellement muës qu'il semble qu'il n'y en a qu'un; de même bien que l'impression de l'objet exterieur soit double dans l'organe des sens, neanmoins parce que ces deux impressions concourent ensemble, & sont portées en même-temps au cerveau, c'est la même chose que s'il n'y en avoit qu'une seule.

RÉPONSE A L'ARTICLE X.

Il faut avoüer que Mr. Descartes n'a point eu des raisons suffisantes pour établir le principal siege de l'ame dans la glande pineale. Mais il faut considerer que de son temps l'anatomie estoit imparfaite, & qu'elle n'avoit pas encore découvert dans le cerveau, tout ce qu'elle nous y a fait voir depuis. Nous sommes aussi tres-persuadez que si Mr. Descartes revenoit au monde, il se rendroit avec plaisir aux raisons de l'Auteur, & à celles de tant d'autres excellens hommes qui ont examiné cette matiere avant luy.

Fin du troisième Chapitre.

CHAPITRE IV.

Où l'on examine le sentiment de Descartes touchant l'Existence de Dieu.

Censure. Article I.

L'Ordre veut que nous examinions maintenant l'argument, ou plutost le jeu de Descartes touchant l'existence de Dieu, qui est tel: Il n'y a personne qui voulant s'examiner soy-même, ne trouve en soy naturellement empreinte l'idée d'un estre infini, eternel, immense & souverainement parfait, que nous appellons *Dieu*. Cette idée contenant toute sorte de perfection, n'a pas pû venir dans notre esprit par nos sens, d'autant qu'elle n'a rien de commun avec toutes les choses qui sont sujettes au changement. De plus nous ne sommes point les auteurs de cette idée : Car comment un homme imbecille & mortel pourroit-il produire un estre plus-excellent que luy même, tel qu'est cette idée ? Il faut donc chercher une autre cause de cette idée qui soit si parfaite, qu'elle la puisse produire. Or comme tout le monde tombe d'accord qu'il se doit trouver autant & même plus de perfection dans la cause que dans l'effet, autrement cet effet auroit du neant les perfections qu'il n'auroit pas receuës de sa cause; ce qui est impossible : il s'ensuit que l'Auteur de cette idée est infini, tout puissant, & souverainement parfait. De plus, puisque la chose dont j'ay l'idée dans l'esprit, est infinie & parfaite, il ne luy doit manquer rien de ce qui est necessaire pour la rendre telle: or il n'y a rien qui soit si requis pour rendre une chose parfaite, que l'existence; donc cette chose, c'est à dire Dieu existe, & il existe necessairement, parce qu'il est aussi necessaire qu'une chose qui est parfaite existe, qu'il est necessaire que les trois angles d'un triangle soient égaux à deux droits. Pour augmenter la force de ces argumens, les Cartesiens les mettent ainsi en forme. *J'ay l'idée d'une chose infinie & parfaite: cette idée ne peut proceder que d'une chose infinie & parfaite: donc une chose infinie & parfaite existe. Or cette chose est Dieu: donc Dieu existe.* Ils ajoûtent, *Tout ce que je conçois clairement appartenir à une chose dont j'ay l'idée, luy appartient en effet: j'apperçois clairement que l'existence appartient à une chose parfaite, dont j'ay l'idée: donc l'existence appartient à une chose parfaite, sçavoir à Dieu, dont j'ay l'idée dans l'esprit.*

RÉPONSE A L'ARTICLE I.

Mr. Huet rapporte icy fort fidellement & fort exactement les argumens dont Mr. Descartes & les Cartesiens se servent pour prouver l'existence de Dieu, qui dependent tous de ce que nous avons l'idée d'un Estre parfait.

CENSURE. ARTICLE II.

Mais on ne convient point de la nature de cette idée; & c'est de là que depend toute la

force de ces argumens. Car si cette idée est de la même nature que sont toutes les autres idées que nous avons, c'est en vain qu'on a recours à une cause parfaite & infinie. (*a*) Or la signification du mot d'*idée*, est ambiguë. Car ou ce mot signifie l'action de l'esprit par laquelle nous pensons, ou il signifie l'objet de cette action auquel nous pensons. Or il est certain que l'idée que nous avons d'une chose parfaite prise au premier sens, est une chose finie & imparfaite; parce qu'elle ne peut estre plus excellente que l'esprit duquel elle procede, lequel est fini & imparfait. (*b*) Que si cette idée est prise au second sens, entant qu'elle signifie l'image de la chose parfaite à laquelle nous pensons, elle est alors si excellente selon Descartes, que non seulement elle surpasse la perfection de notre esprit, mais même elle ne peut proceder que de Dieu : ainsi quoy que nous ne puissions pas comprendre l'infini, parce que nous sommes finis, nous pouvons neanmoins l'appercevoir. (*c*) Car comme il y a deux choses dans l'infini, sçavoir la chose infinie & l'infinité, ou pour ainsi dire, *l'infinition*; nous appercevons celle cy negativement, pour parler le langage de l'Ecole, & nous appercevons l'autre positivement, mais non pas *adæquatè & perfectè*, comme disent les Latins. Car comme nous pouvons avoir l'idée d'un triangle, quoy que nous ne sçachions pas tout ce qu'il contient ; aussi quoy que nous ne comprenions pas tout ce qui est dans une chose parfaite & infinie, nous ne laissons pas d'avoir une idée claire & distincte de l'infi‑
ni....

RÉPONSE A L'ARTICLE II.

Il est vray que la force des argumens de Mr. Descartes dépend de la notion qu'on a de la nature de l'idée de l'estre parfait, & que si cette idée estoit de la même nature que toutes les autres idées, il ne faudroit pas recourir à une cause exemplaire parfaite & infinie. Mais l'Auteur doit remarquer que Mr. Descartes met cette différence entre l'idée de Dieu & les idées des choses creées, que celle-là est infinie objectivement, & que celles-cy ne le sont pas, comme il sera prouvé ensuite.

(*a*) L'Auteur dit que le mot d'*idée* est ambigu, & qu'il signifie, ou l'action de l'esprit par laquelle nous pensons, ou l'objet même de cette action. Nous répondons que Mr. Descartes n'a jamais entendu par le mot d'*idée*, l'objet auquel nous pensons ; mais seulement l'action par laquelle nous pensons à cet objet. Or voicy le raisonnement que l'Auteur fait sur cette pretenduë ambiguité du mot d'*idée*: Si l'idée, dit-il, que nous avons d'une chose parfaite, est prise pour l'action par laquelle nous pensons à cette chose, elle est finie ; parce qu'elle ne peut estre plus excellente que l'esprit d'où elle procede. Les Cartesiens répondent, que cette idée est à la verité finie, si on la considere en elle même & selon son estre formel ; mais qu'elle est infinie si on la considere selon son estre objectif ; Et partant que selon cet estre, elle procede d'une cause plus excellente que l'esprit.

(*b*) Que si cette idée, continuë l'Auteur, est prise au second sens, entant qu'elle signifie l'image de la chose parfaite à laquelle nous pensons, elle est alors si excellente selon Descartes, qu'elle ne peut proceder que de Dieu. Les Cartesiens repliquent, que cette idée estant prise au second sens, ne signifie point l'image de la chose parfaite, mais la chose parfaite même, & que Mr. Descartes n'a jamais enseigné que cet objet, ou cette chose parfaite, dût proceder de Dieu : ce qui renverse tous les raisonnemens de l'Auteur.

(*c*) Mr. Descartes n'a jamais distingué dans l'infini, l'infinité de la chose infinie, de même qu'il n'a pas distingué la perfection de la chose parfaite. Il n'a pas non plus enseigné que nous appercevions negativement l'infinité, & que nous appercevions positivement, quoy que d'une
maniere

maniere incomplette, la chose infinie. Il soutient au contraire que nous connoissons tres-positivement l'infinité & l'infini. Voicy comment il parle dans le 27. art. de la 3. Meditation. *Je ne dois point imaginer que je ne connois pas l'infini par une veritable idée, mais seulement par la negation de ce qui est fini, de même que je comprens le repos & les tenebres par la negation du mouvement & de la lumiere ; puis qu'au contraire je vois manifestement qu'il se rencontre plus de realité dans la substance infinie que dans la substance finie, & partant que j'ay en quelque façon premierement en moy la notion de l'infini que du fini, c'est à dire, que de moy-même ; car comment seroit-il possible que je pusse connoistre que je doute & que je desire, c'est à dire qu'il me manque quelque chose, & que je ne suis pas tout parfait, si je n'avois en moy aucune idée d'un estre plus parfait que le mien, par la comparaison duquel je connoistrois les défauts de ma nature ?* Il paroist par là que le sentiment de Mr. Descartes n'est pas que nous connoissions negativement l'infinité, mais tres-positivement. Il s'explique encore plus clairement sur ce sujet dans le 2. tome de ses Lettres, page 131. en ces termes : *Il est tres-vray de dire que nous ne connoissons*

R

pas l'infini par la negation du fini : & de ce que la limitation contient en soy la negation de l'infini, c'est en vain qu'on infere que la negation de la limitation, ou du fini contient la connoissance de l'infini ; parce que ce par quoy l'infini differe du fini est réel & positif, & qu'au contraire la limitation par laquelle le fini differe de l'infini est un non estre, ou une negation d'estre. Or ce qui n'est point, ne nous peut conduire à la connoissance de ce qui est ; mais au contraire par la connoissance d'une chose il est aisé de concevoir sa negation. Et lors que j'ay dit dans la page 564. qu'il suffit que nous concevions une chose qui n'a point de limites, pour concevoir l'infini, j'ay suivi en cela la façon de parler la plus usitée ; comme aussi lors que j'ay retenu le nom d'estre infini, qui plus proprement auroit pû estre appellé l'estre tres-ample, si nous voulions que chaque nom fût conforme à la nature de chaque chose. Mais l'usage a voulu qu'on l'exprimât par la negation de la negation ; de même que si pour designer une chose tres-grande, je disois qu'elle n'est pas petite, ou qu'elle n'a point du tout de petitesse. Mais par là je n'ay pas pretendu montrer que la nature positive de l'infini se connoissoit par une negation.

Il paroit évident par tout ce discours de Mr. Descartes, que nous ne connoissons pas l'infini negativement, mais tres-positivement : ce qui renverse tous les raisonnemens de l'Auteur.

Censure. Article III.

Lors que Descartes parle ainsi, il se coupe luy-même la gorge. Car si l'infinité d'une chose infinie ne peut estre connuë que negativement, & si l'infini quoy qu'il soit connu positivement, ne peut neanmoins estre aperçû *adaquaté*, il faut certes que l'idée de l'infinité & de la chose infinie soit finie. (*a*) Car qu'est-ce que connoistre une chose negativement, que connoistre ce qu'elle n'est pas ? Ainsi si Descartes avouë qu'on ne peut connoistre que negativement l'infinité, il faut qu'il avouë aussi qu'on peut bien sçavoir ce que l'infinité n'est pas, mais qu'on ne peut sçavoir ce qu'elle est ; & par consequent que l'idée de l'infinité qui est en nous, est l'idée, non de ce qu'est l'infinité, mais de ce qu'elle n'est pas. Or ce qui n'est pas l'infinité est fini ; d'où il s'ensuit que l'idée de l'infinité qui est en nous, est finie. (*b*) Maintenant de ce qu'il dit que l'on connoist positivement une chose infinie, quoy qu'on ne la connoisse pas *adaquaté*, c'est à dire, quoy que l'idée qui est en nous d'une chose infinie, ne nous represente pas tout ce qui est dans cette chose infinie, il s'ensuit qu'il manque quelque chose à cette idée pour estre parfaite. Or ce qui manque de quelque chose est fini ; donc l'idée qui est en nous d'une chose infinie, est finie. (*c*) Descartes ne peut tirer aucun avantage de l'exemple du triangle, parce que le triangle est une chose finie, comme le soleil, un homme, un arbre; & par consequent je puis avoir son idée : mais comme les proprietez du triangle sont infinies, comme celles du soleil, de l'homme & de l'arbre, je ne puis avoir leur idée; car il ne peut y avoir aucune proportion entre l'infini & mon esprit qui est finy; c'est pourquoy je ne puis avoir ny l'idée d'une chose infinie entant qu'infinie, ny celle de toutes les proprietez d'une chose infinie : car je ne puis avoir que des idées finies ; & une idée qui est finie, ne peut estre l'idée d'une chose infinie : car les idées, selon Descartes, sont les images des choses ; & une image finie ne peut estre l'image d'une chose infinie. (*d*) L'exemple que Descartes tire de la mer est tres-propre pour confirmer ce que je dis ; car si quelqu'un voit du rivage un certain espace de mer, on dit communement qu'il voit la mer; mais on le dit improprement, prenant la partie pour le tout ; car en effet il ne voit pas toute la mer, mais seulement une partie, par laquelle il ne sçauroit connoitre toute l'étenduë de la mer. Ainsi la vuë d'une partie de la mer, & l'idée qui en naist, estant comparée à l'idée de la mer entiere, paroistra estre telle que la partie est au tout, sçavoir tronquée & imparfaite : & parce qu'il y a quelque proportion entre une partie de la mer & toute la mer, je puis tellement amplifier par mon esprit l'idée d'une partie de la mer, que je puis quelquefois me former une idée égale à celle de toute la mer. Mais comme il n'y a aucune proportion entre le finy & l'infini, quelque effort que mon esprit fasse pour multiplier une idée qui est finie, jamais elle ne me representera une chose infinie. (*e*) Je pourray seulement éloigner les bornes d'une chose finie, & étendre cette chose de plus en plus de telle sorte, que quelque grande que soit son étenduë, j'y en pourray ajouter une plus grande, & encore une plus grande, jusqu'à ce que l'esprit ne pouvant aller plus loin s'arreste enfin, non en mettant des bornes à cette idée, mais en connoissant qu'elle peut estre toûjours de plus en plus augmentée. Donc l'esprit ne connoit pas autrement l'infini, que lors qu'il connoist que l'infini n'a point de bornes.

RÉPONSE A L'ARTICLE III.

Nous le repetons encore, Monsieur, Mr. Descartes n'a jamais dit que l'infinité fût connuë negativement : & partant tous les raisonnemens que l'Auteur fait sur cette supposition pour prouver que l'idée de l'infinité, & de la chose infinie, est finie, sont inutils.

(*a*) Si Mr. Descartes croyoit qu'on ne peut connoistre que negativement l'infinité, il seroit obligé d'avouer qu'on peut bien sçavoir ce que l'infinité n'est pas, mais non pas ce qu'elle est ; & par consequent que l'idée de l'infinité qui est en nous, est l'idée non de ce qu'est l'infinité, mais de ce qu'elle n'est pas. Mais comme

Mr. Descartes nie absolument qu'on ne puisse connoistre l'infinité que negativement, tous les argumens que l'Auteur fait sur la supposition contraire, sont manifestement faux. Il est faux, par exemple, que l'idée de l'infinité qui est en nous, ne soit pas l'idée de l'infinité, mais l'idée de ce qui n'est pas l'infinité : que ce qui n'est pas l'infinité soit fini absolument, parce qu'une idée qui est infinie formellement peut estre infinie objectivement, comme il sera prouvé ensuite ; & ainsi du reste.

(*b*) Quoy que l'idée d'une chose infinie ne soit pas *adæquata*, c'est à dire, entiere, il ne s'ensuit pas qu'elle soit finie objectivement, c'est à dire, quant à la proprieté de representer : car il faut remarquer, Monsieur, que l'idée de Dieu peut estre consideree en deux manieres *formellement*, ou *objectivement*. Si on la considere formellement, il est vray qu'elle est finie, parce qu'elle ne differe pas de la propre substance de l'esprit. Mais si on la considere objectivement, c'est à dire, par rapport à la proprieté qu'elle a de representer son objet, il est certain qu'elle est infinie a notre égard ; parce qu'elle represente un objet infini. Que si l'Auteur replique que l'idée de Dieu ne peut estre infinie en aucun sens, non pas même objectivement, parce qu'elle n'en peut exprimer toutes les perfections ; nous répondrons encore, qu'afin que l'idée de Dieu passe pour infinie à notre égard quant à la propriété de representer, il n'est pas necessaire qu'elle exprime toutes les perfections qui sont en Dieu ; il suffit qu'elle en represente autant que notre esprit est capable d'en concevoir. Car il faut remarquer que par le mot d'*infini*, nous n'entendons pas tant un estre dans lequel il y a des perfections infinies, qu'un estre dans lequel nous connoissons autant de perfections, que nous sommes capables d'en connoistre. En effet, nous ne jugeons pas qu'un estre soit infini par les perfections qu'il a & que nous ne connoissons pas, mais par celles que nous connoissons. C'est pourquoy un objet est veritablement infini à notre égard, quand nous ne pouvons concevoir rien de plus parfait que luy, quoy que dans le fond nous ne connoissions pas toutes les perfections qu'il possede. Ainsi Mr. Descartes a raison de dire, que nous pouvons connoistre l'infini, mais non pas le comprendre ; car cela ne signifie autre chose, si ce n'est que nous pouvons connoistre dans un sujet autant de perfections que nous sommes capables d'en concevoir, sans toutesfois qu'il soit necessaire que nous connoissions toutes les perfections qui sont dans ce sujet.

(c) Ce n'est pas precisément parce qu'un triangle est fini, que nous en pouvons avoir l'idée; car il vient d'estre prouvé, que nous avons l'idée de Dieu, qui est un estre Infini. Ce n'est pas aussi parce que les perfections du triangle sont infinies, que nous ne les connoissons pas: car il n'y a aucune raison de croire que les perfections d'un triangle qui est fini, soient infinies. Mais voicy comment l'Auteur veut prouver qu'il n'a pas l'idée d'une chose infinie. *Je ne puis*, dit-il, *avoir que des idées finies.* Nous distinguons cette premiere proposition: Je ne puis avoir que des idées finies *formellement*, nous l'accordons; Que des idées finies *objectivement*, nous le nions. *Or une idée qui est finie, ne peut estre l'idée d'une chose infinie.* Nous distinguons encore cette seconde proposition. Ne peut estre l'idée d'une chose infinie selon son estre *formel*, nous en demeurons d'accord: ne peut estre l'idée d'une chose infinie selon son estre *objectif*, nous le nions. *Donc*, conclut l'Auteur, *je ne puis pas avoir l'idée d'une chose infinie entant* qu'infinie, ni de celle de toutes les proprietez d'une chose infinie. Nous nions la premiere partie de cette consequence, & nous accordons la seconde : parce qu'il vient d'estre prouvé que nous pouvons connoistre l'infini ; mais non pas le comprendre.

(*d*) Mr. Descartes tombe d'accord qu'une partie de la mer ayant de la proportion avec toute la mer, l'esprit peut tellement multiplier l'idée de cette partie, qu'elle égalera l'idée de toute la mer ; mais que l'infini n'ayant aucune proportion avec le fini, quelque effort que l'esprit fasse pour multiplier une idée qui est finie, il ne fera jamais que cette idée represente une chose infinie. En effet, cela est tres-conforme aux principes de Mr. Descartes. Car il ne dit pas que l'idée qu'il a, qui est infinie, soit faite par la multiplication de quelque idée finie. Il enseigne au contraire dans le 42. nomb. de la 3. Meditation, *que cette idée est née avec luy, & que Dieu en le creant l'a gravée dans son esprit, pour estre la marque de l'ouvrier empreinte sur son ouvrage.* En effet, Monsieur, si l'idée de Dieu qui est infinie, estoit produite par la multiplication des idées finies, il s'ensuivroit que nous irions à la connoissance de l'infini par le fini, c'est à dire, à la connoissance de l'estre par celle du neant; au lieu que la raison nous enseigne que nous ne connoissons le neant que par l'estre, & le fini que par l'infini, comme Mr. Descartes l'a remarqué dans la 131. page de son 2. tome des Lettres.

(*e*) Suivant ses principes, Mr. Descartes accordera bien à l'Auteur qu'il peut par la pensée éloigner les bornes d'une chose finie, & étendre cette chose de plus en plus, de telle sorte que quelque grande que soit son étenduë, il y en pourra ajouter une plus grande, & encore une plus grande, jusqu'à ce que l'esprit ne pouvant aller plus loin s'arreste enfin, non en mettant des bornes à cette idée, mais en connoissant qu'elle peut estre de plus en plus augmentée. Mais Mr. Descartes n'accordera pas pour cela qu'il s'ensuive que l'esprit ne connoisse l'infini que negativement : Car il vient d'estre prouvé que connoistre qu'une chose n'a point de bornes, ce n'est pas la connoistre negativement, mais tres-positivement.

Vous voyez bien, Monsieur, que tout le défaut des raisonnemens de l'Auteur dans cet article, consiste 1. En ce qu'il suppose que Mr. Descartes a dit que l'infinité est distincte de la chose infinie, &

qu'elle est connuë negativement. 2. En ce qu'il croit que l'esprit ne peut avoir l'idée d'une chose infinie, si cette idée ne represente toutes les perfections qui sont dans cette chose infinie. 3. En ce qu'il pense que c'est connoître negativement une chose, que de la connoître sans bornes.

Censure. Article IV.

C'est pourquoy Descartes se contrarie luy-même, lors qu'il enseigne qu'il apperçoit plutost l'infini que le fini, le parfait que l'imparfait, Dieu que luy-même ; & qu'il ne connoist pas autrement le fini & l'imparfait, qu'en le comparant à l'infini & au parfait. Car il a dit avec beaucoup d'appareil, que cette notion, *Je pense, donc je suis*, est la premiere : or cette notion est finie. (*a*) De plus, avoüant que l'infinité d'une chose infinie, ou ce qui fait qu'une chose est infinie, n'est conçuë que negativement, il est necessaire que l'idée de cette chose soit à la verité finie positivement ; mais que luy ayant ôté les bornes par une action de l'esprit, ce qui est fini positivement, devienne infini negativement : ce qui est la même chose que si je disois, que l'idée de cette chose qui est finie, est regardée comme non finie, & non pas comme infinie ; comme si je considere le chemin qui va de Paris aux païs étrangers vers l'Orient : car bien que je sçache qu'il n'est pas infini, je ne luy prescris pourtant aucunes bornes, à raison dequoy je le regarde, non comme infini, mais comme non fini ; ou comme parle Descartes, comme *Indefini*. C'est pourquoy puisque l'infinité negative que nous attribuons à une idée, vient du retranchement que nous faisons des bornes dans lesquelles cette idée est comprise, il est évident que le fini n'est pas connu par l'infini ; mais qu'au contraire ayant ôté les bornes à ce qui est fini, on connoist ce qui est infini. (*b*) Ainsi Descartes est tombé dans le piege qu'il croyoit éviter, lors qu'il a ajoûté, qu'il suffit pour connoistre une chose infinie, que nous sçachions que nous ne pouvons la comprendre, & qu'elle contient en soy tout ce que nous sçavons qui a quelque perfection, & plusieurs autres choses que nous ne connoissons pas. En quoi il avouë ouvertement que cette chose, dont il a l'idée dans l'esprit, est infinie en la comparant avec les choses finies qui ont quelque perfection, & dont la perfection estant rassemblée en un, & jointe à la perfection de plusieurs autres choses que nous ne connoissons pas, forme en nous une certaine idée qui est à la verité infinie *negativement*, mais qui est finie *positivement*. (*c*) L'argument qu'il fait pour soutenir son paradoxe, est entierement inutile. Ce par quoy l'infini differe du fini, est quelque chose de réel & de positif, & ce par quoy le fini differe de l'infini, sçavoir la limitation, est quelque chose de fini. Or on ne peut pas acquerir la connoissance de ce qui est, par ce qui n'est pas ; veu qu'au contraire on connoist ce qui n'est pas par ce qui est : d'où il s'ensuit, qu'on connoist le fini par l'infini, & non l'infini par le fini. J'avouë que ce par quoy l'infini differe du fini, est quelque chose de réel & de positif, si nous considerons sa nature ; mais si nous le considerons par rapport à notre connoissance, l'esprit ne pouvant concevoir l'infini que negativement, ce par quoy l'infini nous semble

differer

differer du fini est seulement negatif, & non positif. (*d*) Je nie aussi que la limitation soit un pur défaut, ou une pure négation; c'est quelque chose de mêlé de positif & de negatif: de positif, sçavoir de la chose même finie; & de negatif, sçavoir de toutes les choses qui peuvent estre ajoutées à une chose finie, & qui n'y sont pas ajoutées: mais neanmoins mêlé de telle sorte, qu'il y a beaucoup plus de positif dans l'idée de cette limitation, que de negatif: comme quand je regarde un cercle dont la circonference est finie, l'idée des bornes de ce cercle que je me forme, n'est pas tant composée de la negation d'une plus grande extension, que de la notion même du cercle consideré entant que renfermé dans les bornes de sa propre circonference: car l'extremité d'une chose n'est que cette chose même considerée comme ne s'étendant pas plus loin. De même quand je regarde les bornes du nombre *trois*, je ne regarde pas tant les unitez infinies qui peuvent y estre jointes, que les trois unitez dont ce nombre est composé. Il faut ajoûter que les bornes d'une chose procedent non seulement de ce que cette chose n'a pas de parties qui pourroient y estre ajoûtées, & qui ne le sont pas; mais encore de ce qu'elle retient des parties qui luy pourroient estre ôtées, & qui ne le sont pas: car le nombre de trois est composé de trois unitez, non seulement parce que d'autres unitez ne sont pas jointes avec luy, mais parce qu'il retient les trois unitez dont il est composé. D'où il s'ensuit manifestement, que la limitation n'est pas une chose purement negative, mais qu'elle est aussi positive. Cela estant supposé, l'argument de Descartes tombe en ruine. Il dit qu'on ne connoît pas ce qui est, par ce

S

qui n'est pas, ni par consequent l'infinité par la limitation, mais la limitation par l'infinité; d'où il s'ensuit qu'on ne connoît pas l'infini par le fini ; mais si on considere les choses en elles-mêmes, le fini n'est pas moins que l'infini : & si on les regarde par rapport à nôtre connoissance, comme il les faut regarder icy (car c'est dequoy il est maintenant question,) nous connoissons le fini positivement, & l'infini negativement seulement ; & dans l'idée de la limitation il y a beaucoup plus de positif que de negatif. C'est pourquoy, puis que Descartes avoüe qu'on connoît le negatif par le positif, & non pas le positif par le negatif, il faut dire absolument, que le fini n'est point connu de nous par l'infini, tel que nous le connoissons. Descartes a trahi ailleurs son paradoxe plus ouvertement, lors qu'il a avoüé en propres termes, qu'il suffisoit pour avoir l'idée de l'infini, de connoître une chose sans bornes ; ce qui luy ayant esté reproché ensuite, il a tâché de s'excuser avec peu de sincerité. (*) Ainsi, quoy que nous ayons assez demontré que l'idée d'une chose infinie & infiniment parfaite, qui est en nous, soit finie, il faut ajoûter encore cecy, que l'idée de Dieu estant autre chose que Dieu, si l'idée de Dieu est infinie & souverainement parfaite, il s'ensuit qu'il y a quelque chose de souverainement parfait outre Dieu : car tout ce qui est souverainement parfait est Dieu ; ainsi outre Dieu, il y a un autre Dieu. Les Cartesiens pour n'estre pas obligés d'avoüer cela disent, que l'idée qu'ils ont d'un estre souverainement parfait, n'est pas à la verité infinie & souverainement parfaite, mais seulement qu'elle est claire & distincte.

RÉPONSE A L'ARTICLE IV.

Mr. Descartes ne se contredit point lors qu'il dit d'un costé, qu'il connoist l'infini plûtost que le fini, & qu'il assure de l'autre que cette notion, *Je pense, donc je suis*, qui est finie, est la premiere de toutes les notions : Car ces deux propositions sont également vrayes à differens égards. En effet, si je me considere moy-même entant precisément que j'existe, c'est une chose certaine que la connoissance que j'ay de mon estre, precede celle que j'ay de l'estre parfait, si non d'une priorité de temps, au moins d'une priorité de nature, qui est la seule dont il s'agit icy. Que si au contraire je me regarde, non comme existant, mais comme estant imparfait & dependant de quelque cause, je connois alors plûtost une chose independante & parfaite, que je ne me connois moy-même ; ainsi que je l'ay expliqué au long dans la 192. page du 1. Tome du Systême general de ma Philosophie. Il est donc vray, Monsieur, que cette notion, *Je pense, donc je suis*, est la premiere de toutes les notions, mais qu'elle n'est pas telle absolument & à tous égards.

(a) Je le repete encore, Mr. Descartes n'a jamais avoüé que l'infinité d'une chose infinie ne fût connuë que negativement ; il soutient au contraire qu'elle est connuë tres-positivement : ce qui rend inutiles tous les argumens que l'Auteur tire de la notion du fini & de l'infini. Il faut ajouter, Monsieur, qu'on ne sçait ce qu'il veut dire lors qu'il assure, que l'idée d'une chose infinie est finie positivement ; mais que par une abstraction d'esprit elle devient infinie negativement, & que c'est la même chose que s'il disoit, que l'idée d'une chose qui est finie, est consideréé comme non finie, mais qu'elle n'est pas regardée comme infinie. Ce sont là des manieres de parler si abstraites, que je ne sçay pas, Monsieur, si vous les pourrez entendre. Pour moy je vous avouë de bonne foy que je n'en puis former aucune idée distincte.

(*b*) Nous ne sçavons point que Mr. Descartes ait jamais dit, que pour connoître une chose infinie, il suffise que nous sçachions qu'elle ne peut estre comprise par nous, & qu'elle possede toutes les perfections que nous connoissons, & plusieurs autres que nous ne connoissons pas. Mais supposé qu'il l'ait dit, cela ne signifie pas qu'il ait voulu enseigner que l'idée de la chose infinie soit formée de l'union de plusieurs idées finies, qui estant jointes ensemble produisent une idée totale infinie negativement, mais finie positivement. Car outre que Mr. Descartes ne reconnoist point d'idées infinies negativement, & finies positivement au sens de l'Auteur, il prouve en plusieurs endroits de ses ouvrages, mais sur tout dans le nomb. 27. de sa troisiéme Meditation, que l'idée de l'infini precede en nous l'idée de toutes les choses finies considerées entant que finies.

(c) Pour refuter l'argument par lequel Mr. Descartes prouve que nous connoissons l'infini plûtost que le fini, l'Auteur dit, que ce par quoy le fini differe du fini est réel, si on le considére en luy-même & selon sa nature; mais si nous le considerons par rapport à notre connoissance, l'esprit ne pouvant connoistre l'infini que negativement, ce par quoy l'infini nous semble differer du fini, est seulement negatif & non positif. Les Cartesiens répondent, 1. Que notre esprit ne connoist pas l'infini negativement, & par consequent que ce qui fait differer l'infini du fini n'est point negatif, mais positif. 2. Que notre connoissance ne change en rien la nature des choses, mais qu'elle la suppose; en sorte qu'il y auroit de la contradiction à dire que nous ne puiſſions concevoir que negativement, ce qu'il y a de plus poſitif au monde, qui eſt l'eſtre infini, ou pour mieux dire, l'eſtre tres-ample, comme Mr. Deſcartes l'appelle.

(*d*) L'Auteur a raiſon de dire, que la limitation n'eſt pas un pur neant. Mr. Deſcartes en tombe d'accord : il n'ignore pas que toute limitation ſuppoſe une choſe limitée qui eſt réelle : mais il ne s'enſuit pas de là que ce qu'il y a de negatif dans une choſe finie, ne ſoit connu par une realité oppoſée qui ſe trouve dans la choſe infinie. Ainſi l'argument de Mr. Deſcartes ſubſiſte toujours ; & il ne tombe dans aucune contradiction lors qu'il dit expreſſement, que pour connoiſtre l'infini, il ſuffit de connoiſtre une choſe ſans bornes ; parce que ſelon luy, connoiſtre une choſe ſans bornes, c'eſt la connoiſtre tres-poſitivement ; comme il a eſté pluſieurs fois remarqué.

(*e*) Le dernier argument de l'Auteur eſt, que l'idée de Dieu eſtant diſtincte de Dieu, ſi elle eſtoit infinie, il y auroit un eſtre infini outre Dieu, & par conſequent un autre Dieu. Les Carteſiens nient cette conſequence, & diſent, que l'idée de Dieu n'eſt pas infinie formellement, entant qu'elle eſt une modification de l'ame ;

mais qu'elle est infinie objectivement, entant qu'elle a la proprieté de representer une chose infinie ; & qu'il n'y a aucune repugnance qu'une idée qui est finie formellement, soit infinie objectivement ; d'autant que par une idée infinie objectivement, on n'entend autre chose qu'une idée qui represente autant de perfections qu'une idée est capable d'en representer. Or rien n'empêche qu'une idée ne soit infinie objectivement de cette sorte, sans toutefois qu'elle soit Dieu: d'où il s'ensuit que le raisonnement de l'Auteur est inutile.

(f) Les Cartesiens n'ont jamais dit que l'idée de Dieu representât un estre parfait, parce qu'elle est claire & distincte : Ils sçavent trop bien que la clarté & la distinction sont des proprietez qui appartiennent également aux idées finies & infinies, pour vouloir distinguer l'idée de Dieu qui est infinie, des idées finies, par des proprietez qui sont communes. Ils la distinguent seulement parce qu'elle est objectivement infinie ; ce que les autres idées ne sont pas.

Dans le premier raisonnement, l'Auteur n'a pas compris que cette proposition, *Je pense, donc je suis*, peut passer pour la premiere notion de l'esprit à un certain égard, quoique non pas absolument. Dans le second, il a supposé sans aucune raison, que l'opinion de Mr. Descartes est, que l'infinité n'est connuë que negativement. Dans le troisiéme il veut faire accroire que Mr. Descartes a enseigné, que l'idée infinie est formée de l'union de plusieurs idées finies. Dans le 4. il tâche en vain de faire voir, que ce parquoi l'infini differe du fini, est negatif, & non pas positif. Dans le 5. il croit mal à propos que Mr. Descartes tombe en contradiction lors qu'il dit, que pour connoistre l'infini, il suffit de connoistre une chose sans bornes. Dans le 6. & dernier raisonnement, il veut prouver que si l'idée de Dieu estoit infinie, elle seroit Dieu, & par conséquent qu'il y auroit deux Dieux: ce qui repugne.

CENSURE. ARTICLE V.

Mais si l'idée d'une chose infinie & parfaite qui est en nous, est imparfaite & finie, elle ne peut certes estre claire & distincte; car comme les idées sont les images des choses, ainsi que j'ay dit, l'image que nous avons d'une chose parfaite estant imparfaite, elle ne peut ressembler à sa cause exemplaire qui est parfaite. De plus estant finie, elle ne peut ressembler à son Archetype qui est infini: car qui y a-t il de plus dissemblable au parfait que l'imparfait, & à l'infini que le fini? Que si une idée est dissemblable à la chose dont elle est idée, elle peut à la verité estre claire & distincte, si vous la considerez en elle-même; mais si vous la comparez avec sa cause exemplaire, elle ne peut estre claire ni distincte. (*a*) Car si le portrait de Socrate n'est pas fort semblable à Socrate, mais qu'il soit bien peint, cette peinture se fera connoistre clairement à ceux qui la regarderont: mais si vous la comparez avec Socrate, elle ne fera connoistre Socrate ni clairement, ni distinctement........... Par la même raison, quand j'ay une idée de l'infini qui est dissemblable à l'infini, & qui ne le represente pas exactement, je puis bien concevoir une idée claire de ce qui se forme dans mon esprit comme estant fini; mais cela ne regarde en rien l'infini. (*b*) De plus, afin que je sçache que l'idée que j'ay de l'infini est claire & distincte, il faut que je connoisse plutôt clairement & distinctement l'infini; car comment pourray-je juger de Socrate, si je ne l'ay jamais veu? (*c*) C'est pourquoy puisque je n'ay aucune connoissance de l'infini, ni n'en puis avoir; je ne puis rien affirmer de son idée: d'où vient que la connoissance de Dieu a paru toujours fort éloignée de l'esprit non seulement des premiers Peres, mais encore de toutes les nations: ce que l'Ecriture témoigne en plusieurs endroits, *Posuit tenebras latibulum suum. Nubes & caligo in circuitu ejus. Lucem habitat inaccessibilem.*

RÉPONSE A L'ARTICLE V.

Mr. Descartes tombe d'accord, que si l'idée d'une chose infinie est finie en tout sens, elle ne peut estre claire & distincte;

mais il assure que l'idée de Dieu est infinie objectivement, & par conséquent qu'elle peut estre claire & distincte. Et il ne serviroit rien de dire, que cette idée est dissemblable à son objet: car rien n'empêche qu'une idée qui est dissemblable à son objet quant à son estre formel, ne soit claire & distincte, c'est à dire, semblable au même objet quant à son estre objectif: car ce n'est qu'à l'égard de l'estre objectif des idées, qu'on les appelle claires ou obscures. C'est pourquoy, pour répondre à l'argument de l'Auteur, il faut dire que l'image d'une chose parfaite qui est imparfaite objectivement, ne peut ressembler à sa cause exemplaire; mais qu'elle y peut fort bien ressembler si elle n'est imparfaite que formellement, telle qu'est l'idée de Dieu.

(a) L'exemple que Mr. Huet apporté du portrait de Socrate, est tout à fait hors du sujet: car qui a jamais considéré si la peinture d'un portrait qu'on regarde, se fait connoistre clairement ou non? On ne considere dans les portraits ni dans les idées, que la clarté & la distinction objective, c'est à dire celle qui regarde la propriété qu'ils ont de representer leurs objets: dont la raison est, que les idées & les portraits ne sont pas faits pour eux-mêmes, mais pour representer leurs causes exemplaires. C'est pour cela qu'en regardant un portrait, nous portons toujours directement notre attention vers son original; & ce n'est que par reflexion, & comme par accident que nous considerons la toile & les couleurs dont il est composé.

(*b*) Lorsque l'Auteur dit, qu'afin qu'il sçache que l'idée qu'il a de l'infini est claire & distincte, il faut qu'il connoisse plutost clairement & distinctement l'infini; c'est la même chose que s'il disoit, qu'afin qu'il sçache que la lumiere du soleil est claire, il faut qu'il connoisse plutost clairement & distinctement le soleil: c'est pourquoy puis que le soleil n'est connu que par la lumiere, & que la lumiere est connuë par sa nature, nous devons dire aussi que l'infini n'est connu que par son idée, & que l'idée de l'infini est connuë par elle même: d'où il s'ensuit qu'afin de sçavoir que l'idée de l'infini est claire & distincte, il n'est point necessaire de connoistre plutost clairement & distinctement l'infini, comme l'Auteur le pretend.

(*c*) Si nous n'avions aucune connoissance de l'infini, nous ne pourrions à la verité affirmer rien de son idée: mais l'Auteur n'a point prouvé, & ne prouvera point dans la suite, que nous n'ayons aucune idée de l'infini ; c'est pourquoy nous en pourrons affirmer plusieurs choses, & nous les affirmons en effet, lorsque nous disons que Dieu est immense, éternel, tout-puissant, tout bon, tout connoissant, &c. sans qu'il importe de dire, que Dieu s'est caché dans les tenebres. Car cela ne veut pas dire que nous ne connoissons point du tout sa nature ; mais seulement que nous ne pouvons pas comprendre toutes les perfections qu'elle renferme.

L'Auteur confond icy la realité objective de l'idée de Dieu, avec sa realité formelle, & prend pour deux choses differentes l'idée de l'infini & la connoissance de l'infini, bien qu'elles ne soient qu'une seule & même chose. Ce qu'il faut bien remarquer.

Censure. Article VI.

L'argument de Descartes estant expliqué & resolu, la conclusion par laquelle il établit que l'idée d'un estre infini ne peut proceder que d'un estre aussi infini, est entierement renversée : car si l'idée d'une chose infinie est elle même finie & imparfaite, elle peut proceder d'ailleurs que d'une chose infinie ; car il n'est pas necessaire de luy attribuer une cause plus excellente que celle qu'on attribuë aux autres choses finies. (*a*) Et certes si Descartes se fût bien examiné luy-même, il eût trouvé que cette idée de Dieu peut

proceder

proceder d'autres causes que de celles qu'il a inventées. Car il est évident que l'idée de Dieu est formée en nous de la connoissance confuse de nous-mêmes, & de toutes les autres choses : par exemple, de ce que nous sommes mortels, nous éloignons de Dieu la necessité de mourir : de ce que nous sommes corporels, nous disons que Dieu ne l'est pas : de ce que nous sommes sujets à l'erreur, aux passions, aux vices, &c. nous retranchons tout cela de Dieu : & ensuite si nous appercevons quelque chose de bon en nous & dans les autres choses, comme la beauté, la force, l'intelligence, la science, la vertu, &c. nous multiplions cela de plus en plus, & nous jugeons qu'on peut encore ajouter beaucoup d'autres choses à tout ce que nous avons pû inventer ; ce qui est encore beaucoup au deça de l'infini, & fort obscur & confus. (*b*) Mais, direz-vous, nous n'avons donc aucune notion de Dieu ? Nous en avons une tres manifeste ; mais qui n'est pas tirée de Dieu, mais du raisonnement, du consentement general des hommes, de l'ordre & de la disposition de cet univers, qui sont des preuves dont les anciens Philosophes & les saints Peres se sont heureusement servis ; car il ne s'agit pas icy de la connoissance que nous avons de Dieu par la foy. Mais quelques que soient les argumens dont je viens de parler, ils nous peuvent bien assurer que Dieu est ; mais ils ne sçauroient nous apprendre ce qu'il est, ni quelle est sa nature, à cause des tenebres de notre esprit.

RE'PONSE A L'ARTICLE VI.

Bien que l'idée de Dieu, consideréé selon son estre formel, soit finie, & qu'à cet

égard elle puisse proceder d'une cause efficiente & materielle finie; elle ne peut neanmoins proceder que d'une cause infinie quant à son estre objectif; parce qu'il repugne qu'une idée represente plus de perfections qu'il n'y en a dans sa cause exemplaire. Ainsi il est necessaire d'attribuer à l'idée de Dieu, une cause exemplaire plus excellente & plus parfaite que celle que nous attribuons à toutes les idées des choses finies & imparfaites.

(*a*) L'Auteur répond que si Mr. Descartes se fût bien examiné luy-même, il eût trouvé que cette idée de Dieu peut proceder d'autres causes que de celles qu'il a inventées, & qu'elle procede en effet en nous, de la connoissance confuse de nous-mêmes, & de toutes les autres choses, entant que nous multiplions de plus en plus les perfections que nous y remarquons, & nous jugeons qu'on peut ajoûter encore beaucoup d'autres choses à tout ce que nous avons pû inventer; ce qui est encore beaucoup au deçà de l'infini, & fort obscur & confus.

Les Cartesiens diront, que l'idée que nous formons en multipliant nos perfections & celles des autres choses, égalera l'infini, ou qu'elle sera au deçà. Si elle égale l'infini, il faut que l'Auteur avouë que nous avons l'idée de l'infini : ce qui est contre sa supposition : & si elle est au deçà, comment le sçaurons nous ? car on ne peut sçavoir qu'une idée est au deçà de l'infini, sans connoître l'infini. Ce qui est encore contre son hypothese.

(*b*) L'Auteur avouë que nous avons une notion de Dieu tres manifeste ; mais il dit que cette notion n'est pas tirée de Dieu même, mais de l'ordre & de la disposition de cet Univers, de laquelle nous concluons par le raisonnement, qu'il y a une cause excellente & tres parfaite, sans toutefois que nous puissions avoir aucune connoissance de la nature de cette cause. Les Cartesiens tombent bien d'accord qu'on peut conclure l'existence de Dieu de l'ordre de cet Univers ; mais ils ne peuvent souffrir qu'on dise que nous ne pouvons avoir aucune connoissance de sa nature ; dont la raison est, qu'on ne peut sçavoir qu'une chose existe, sans connoître en general ce qu'elle est, sçavoir si elle est un corps, ou un esprit ; estant necessaire qu'elle soit l'un ou l'autre. Or si nous connoissons en general que Dieu est un corps, ou un esprit, nous pourrons bien dire que nous ne sçavons pas quelle est sa nature en particulier, mais non pas que nous n'en pouvons avoir aucune connoissance, comme l'Auteur le pretend. Quant à Monsieur Descartes, il prouve par ses Principes, non seulement que Dieu est, mais encore qu'il est une substance qui pense parfaitement, ou pour parler comme saint Thomas, qu'il est *summum intelligere*, c'est à dire, une souveraine intelligence.

(c) Dans le premier raisonnement, l'Auteur confond la realité objective de l'idée de Dieu, avec sa realité formelle, & croit que cette idée est également finie à l'égard de ces deux realitez. Ce qui n'est pas vray. Dans le 2. Il suppose que l'idée que nous avons de Dieu, est formée de la multiplication des idées finies, & que cette idée est beaucoup au deça de l'estre infini. Dans le 3. il demeure d'accord que nous connoissons manifestement l'existence de Dieu; mais que nous ne pouvons avoir aucune notion de sa nature. Ce qui repugne.

Censure. Article VII.

Il paroist par là que cette realité objective qui se trouve dans l'idée d'une chose infinie, dépend entierement de notre esprit, & point du tout de la chose qu'elle nous represente. Mais afin d'éclaircir cette matiere, serrons de plus prés Descartes, & expliquons la nature & les proprietez de cette realité objective dont il parle tant. Que je me figure dans l'entendement un monde different du nôtre, la realité objective de ce monde n'est autre chose que la realité de ce monde en tant qu'il est l'objet de mon entendement, lequel soit qu'il existe, ou qu'il n'existe pas, n'estant point dans mon entendement, & n'envoyant rien dans mon esprit ; quoi que ce soit qui soit l'objet de mon entendement, il est évident qu'il ne regarde en rien cet autre monde ; & qu'il est un pur effet de mon esprit, qui feint ce monde comme il veut. (*a*) Mais certes, dit Descartes, la realité objective de ce monde feint n'est pas un pur rien. Je l'avouë aussi ; car lorsque je pense à ce monde, j'ay autre chose dans l'esprit que lorsque je pense à une chimere. Or le rien ne differe pas du rien ; c'est pourquoi puisque ces deux choses different, elles ont quelque realité. Que dirons nous donc que ces choses sont ? Dirons nous que ce sont comme des figures imprimées dans la cire, sçavoir des modes ? Mais ces modes ne sont pas de purs riens ; car bien qu'un morceau de cire tourné en cube, soit la même cire qui est tournée en globe, elle est neanmoins diversement modifiée ; & puisque ces modifications sont differentes, elles sont donc quelque chose. De même l'esprit pensant à l'autre monde, est modifié autrement que lors qu'il pense à une chimere ; & on ne peut pas nier que ces modifications ne soient quelque chose : d'où il s'ensuit que la realité objective d'une idée, n'est autre chose que la realité de la modification qui est dans l'esprit. Que si on entend cela par le mot de *realité*, nous demeurons d'accord que cette modification est quelque chose de different du neant. (*b*) Que si l'on entend par ce mot une substance, nous nions qu'il y ait aucune réalité dans cette modification. C'est pourquoy nous accordons à cette modification autant de réalité qu'il en faut pour n'estre pas un pur neant: mais il est évident que cette réalité est bien plus mince que la réalité d'une substance, & qu'il n'est pas necessaire pour la procurer à une modification de notre esprit, de recourir à une cause prochaine infinie, & souverainement parfaite.

Réponse a l'Article VII.

L'Auteur pretend avoir prouvé par ce qu'il a dit cy-devant, que la réalité objective qui se trouve dans l'idée d'une chose infinie, depend entierement de notre esprit, & point du tout de la chose infinie qu'elle represente. Et pour éclaircir davantage cette matiere, il va expliquer la nature & les proprietez de cette réalité objective dont Mr. Descartes parle tant. Voicy comment il l'explique. *Que je me figure*, dit-il, *dans l'entendement un monde different du notre, la réalité objective de ce monde n'est autre chose que ce monde entant qu'il est l'objet de mon entendement.* Les Cartesiens répondent que la réalité objective que Mr. Huet explique, n'est pas celle dont parle Mr. Descartes: Que la réalité objective de Mr. Huet, regarde le monde qu'il se figure, entant qu'il est l'objet de son entendement; & que la réalité objective dont parle Mr. Descartes, regarde uniquement l'idée qui represente ce nouveau monde: ce qui est fort different. Il faut ajouter, que l'Auteur tombe dans une manifeste contradiction, lors qu'il dit, *Que soit que ce monde qu'il se figure dans l'esprit, existe, soit qu'il n'existe pas; n'estant point dans son entendement, & n'envoyant rien dans son esprit, quoy que ce soit qui soit l'objet de son entendement, il ne regarde en rien cet autre monde.* Car il a dit au commencement, que la réalité objective du monde qu'il se figure, n'est autre chose que ce monde même, entant qu'il est l'objet de l'entendement; & il dit maintenant, que quoy que ce soit qui soit l'objet de son entendement, il ne regarde en rien cet autre monde. Or n'est-ce pas le même que s'il disoit, que la réalité de ce nouveau monde regarde ce nouveau monde, & qu'elle ne le regarde pas: qu'elle le regarde par la premiere proposition, & qu'elle ne le regarde pas par la derniere. Ce qui repugne.

(a) Mr. Descartes, a raison de dire, que la réalité objective de ce monde feint n'est pas un pur rien. Mr. Huet l'avouë aussi: mais c'est dans un sens tout different de celuy de Mr. Descartes. Celuy-cy en-

T iiij

tend par la réalité objective de ce nouveau monde, la proprieté que son idée a de le representer ; & celuy-là entend, non la proprieté que son idée a de representer ce nouveau monde ; mais cette idée même qui le represente consideréée selon son estre formel, entant qu'elle est une modification de l'esprit. Admirez donc la maniere de raisonner de l'Auteur. Il a dit que la réalité objective de son nouveau monde ne regarde en rien ce nouveau monde ; Mr. Desc. luy a objecté, que cette réalité objective n'est pas pourtant un pur rien. Il l'avouë : mais il n'entend plus par cette réalité objective, la réalité de ce nouveau monde entant qu'il est l'objet de l'entendement ; il entend seulement la réalité formelle de son idée, ou pour mieux dire, son idée considerée en elle-même : ce qui est proprement abuser de l'ambiguité du mot de *réalité*, en prenant la réalité formelle des idées, pour la réalité objective de ces mêmes idées ; qui sont pourtant deux choses tout à fait differentes.

(b) Par le mot de *réalité objective*, les Cartesiens n'ont jamais entendu une substance qui reside dans une modification ; car cela repugne à leurs principes. Ils n'entendent pas non plus une modification considerée en elle-même ; car ils appellent cette réalité *formelle* & non *objective*. Ils entendent donc avec leur Maistre, la proprieté que les idées ont de representer leurs objets. Or cette realité depend absolument des objets qui sont representez, & non pas de notre esprit: car il ne depend pas de nous de faire que nos idées representent certaines choses plutôt que d'autres: il ne depend pas de nous, par exemple, de faire que l'idée d'un triangle nous represente un quarré, ou que l'idée du Soleil nous represente la Lune: Il depend seulement de nous, lors que nous avons des idées qui sont venuës des objets comme de leurs causes exemplaires, de les combiner comme nous voulons, en leur faisant representer ce qu'il nous plaist, par cette maniere qu'on appelle dans la Logique, *Accommodation*. Les idées qui representent par accommodation, sont celles que Mr. Descartes nomme *Artificielles* ou *Inventées*, qui representent ce que nous voulons: comme, par exemple, l'Auteur se sert de l'idée de ce monde-cy, pour se representer celuy qu'il se figure dans son esprit; en sorte que la réalité de son nouveau monde, n'est autre chose que la réalité même de l'idée qu'il a de ce monde-cy, modifiée d'une certaine maniere par sa volonté.

Dans cet article Mr. Huet prend l'être objectif des idées, tantost pour les objets mêmes, tantost pour l'estre formel des idées, & jamais pour la proprieté que les idées ont de representer les objets : ce qui est pourtant le veritable estre objectif des idées, lequel ne depend jamais entierement de nostre esprit, qui ne peut tout au plus que se servir de l'idée d'une chose pour s'en representer une autre.

Censure. Article VIII.

Le premier argument de Descartes estant renversé, il est aisé de répondre au second, qui commence par cette proposition : *Tout ce que je conçois clairement appartenir à une chose, luy appartient en effet.* Cela peut estre nié absolument, principalement à Descartes, qui veut que nous doutions de tout ; car cela dépend de ce qu'il a mis la regle de la verité dans l'évidence ; ce que nous avons déja impugné par l'exemple de deux lignes couchées sur un même plan, qui plus elles s'étendent, plus elles s'approchent l'une de l'autre ; car je conçois clairement qu'elles doivent concourir enfin : neanmoins l'hyperbole & son assymptote, quelque prolongées qu'elles soient, ne se rencontreront jamais, quoy qu'elles s'approchent toujours l'une de l'autre : ce qu'Apollonius Pergeus a demontré. (*a*) Mais je ne veux pas faire un procez sur cela à Descartes. Il ajoûté, qu'il conçoit clairement & distinctement que l'existence appartient à une chose infinie & souverainement parfaite ; c'est-là le point vertical de son second argument ; c'est pourquoy il faut l'examiner plus exactement. Il y a deux genres de choses : il y a des choses qui dependent de notre esprit, qui ne sont nulle part hors de notre entendement, & qui sont purement inventées : & il y en a d'autres qui existent en effet, & qui sont dans la nature des choses sans même qu'on y pense. On dit dans l'Ecole, que les premieres ne sont que *à parte intellectus*, & que les autres se *à parte rei*. Les unes & les autres sont ; mais elles sont d'une maniere differente, & leur existence suit leur nature : car celles qui sont seulement *à parte intellectus*, n'existent que *à parte intellectus* ; & celles qui sont *à parte rei*, existent *à parte rei*. C'est pourquoy l'existence d'une chose infinie suit la nature de cette chose, laquelle si elle est seulement *à parte intellectus*, elle n'aura pas d'autre existence que *à parte intellectus* : si au contraire elle est *à parte rei*, son existence sera aussi *à parte rei*. (*b*) Ces suppositions détruisent entierement l'argument de Descartes : ce qui deviendra plus clair, si vous reduisez cet argument sous cette forme. Ce qui est souverainement parfait, existe necessairement : l'estre infini que je conçois est souverainement parfait : donc l'estre infini & souverainement parfait que je conçois, existe necessairement. Distinguez la premiere proposition : Ce qui est souverainement parfait, existe necessairement de la façon qu'il est : s'il est en effet, il existe necessairement en effet : s'il n'est que dans l'entendement, il n'existe necessairement que dans l'entendement. Il faut encore distinguer la seconde proposition. L'estre infini que je conçois, est souverainement parfait, sçavoir dans l'entendement ; car tout ce dont il s'agit n'est qu'une idée, par la nature de laquelle Descartes prétend prouver que Dieu existe : Après quoy le sens de la conclusion est clair : *La chose infinie & souverainement parfaite dont j'ay l'idée, existe necessairement dans l'entendement*, mais non pas en elle même hors de l'entendement. (*c*) Ces ambiguitez estant levées, on decouvre le nœud de la difficulté, qui est caché dans la complexion de deux parties de la proposition, dont la premiere est ; *Ce qui est souverainement parfait* : & l'autre, *existe necessairement*. Or cette premiere partie de la proposition cache une autre proposition, sçavoir celle-cy : *Il y a quelque chose de souverainement parfait* : & cette liaison, *est*, signifie furtivement *existe à parte rei* : en telle sorte que cette proposition contient ce sens-cy : Il y a quelque chose qui existe *à parte rei*, qui est souverainement parfait : ainsi Descartes prend pour une chose prouvée ce qui est le sujet de la dispute. Car quand il dit : *Ce qui est souverainement parfait, existe necessairement*, c'est la même chose que s'il disoit, *Quelque chose existe à parte rei, qui est souverainement parfait*, & cela existe necessairement ; en quoy il prend pour preuve, ce qui est en question. . . . . .

(*d*) Les Cartesiens pour faire voir que leur Maistre ne tombe pas dans une petition de principe, ont coutume de proposer pour exemple ce Syllogisme : Tout ce que je conçois clairement estre dans une chose, y est en effet : or je conçois clairement que trois angles sont compris dans l'idée d'un triangle ; donc il y a trois angles dans un triangle. Ils disent, que si quelqu'un répondoit à cela, qu'il y a trois angles dans un triangle, pourveu qu'ils y soient, il répondroit mal : parce qu'on ne prend pas icy pour accordé ce qu'on n'obtient que par la force de cet argument. Ils disent que ceux-là tombent dans la même faute qui resolvent ainsi cet argument. Tout ce que je conçois clairement & distinctement estre contenu dans l'idée d'une chose, doit estre attribué à cette chose : Or je conçois clairement & distinctement que l'existence est contenuë dans l'idée d'une chose souverainement parfaite : donc il faut attribuer l'existence à une chose souverainement parfaite : ils disent, dis-je, que ce seroit répondre mal, que de dire qu'il faut attribuer l'existence à une chose infinie & souverainement parfaite, pourveu qu'elle existe, & qu'ils ne demandent pas qu'on leur accorde ce qu'ils obtiennent par la force de l'argument. Mais ils nous veulent encore tromper icy. Car il y a une grande difference entre les mineures de ces deux argumens. Dans la premiere, qui est telle, *Je conçois clairement & distinctement, que trois angles sont compris dans le triangle*, on attribuë au triangle ce sans quoy il ne peut estre : & dans la seconde qui est telle : *Je conçois clairement & distinctement que l'existence est comprise dans l'idée d'une chose infinie & souverainement parfaite*, on attribuë à l'estre parfait, ce qu'on ne sçait pas appartenir à sa nature. Car nous cherchons maintenant si l'existence appartient à l'être parfait, & quelle est l'existence qui luy appartient. Ainsi puisque c'est cela même qui est en question, la question est prise pour la chose prouvée. (*e*) C'est pourquoy bien que je tombe d'accord que je ne puis pas former l'idée d'une chose souverainement parfaite, sans concevoir qu'elle existe, comme je ne puis pas concevoir l'idée d'une montagne sans l'idée d'une valée ; je n'accorderay pas pour cela qu'une chose parfaite existe, non plus que la montagne & la valée dont j'ay l'idée. Et en cecy il n'y a point de Sophisme comme le pretend Descartes, qui tâ-

V.

che de détruire cette objection en difant, que de ce que je ne puis avoir l'idée d'une montagne fans l'idée d'une valée, il ne s'enfuit pas que cette montagne & cette valée existent ; mais que de ce que je ne puis pas former l'idée d'une chofe fouverainement parfaite, qu'en la concevant comme exiftante, il s'enfuit neceffairement qu'une chofe fouverainement parfaite exifte: (*f*) En quoy il tombe luy même dans un Sophifme. Car de ce que je ne puis pas former l'idée d'un eftre fouverainement parfait fans le concevoir exiftant, il s'enfuit bien qu'il exifte dans mon entendement, & qu'il y exifte d'une exiftence qui ne peut eftre feparée de mon idée ; mais non pas qu'il exifte en effet hors de mon entendement ; c'eft à dire, pour parler le langage de l'Ecole, que l'eftre fouverainement parfait qui exifte *à parte intellectus*, exifte neceffairement *à parte intellectus* ; mais non pas *à parte rei*. (*g*) Les Cartefiens pouffent encore la matiere, & continuënt à dire, que l'eftre parfait eft l'eftre même en general, & que comme cet eftre eft très fimple, fon idée l'eft auffi : & parce qu'elle contient neceffairement l'exiftence, il s'enfuit que l'eftre exifte par fa propre nature, & qu'il repugne que l'eftre n'exifte pas. En quoy ils cherchent comme à fe cacher dans l'équivoque des mots : car l'eftre en general n'eft qu'une notion generale que l'efprit fe forme de la notion des chofes fingulieres, comme l'animal eft une notion de l'efprit formée de toutes les notions fingulieres des animaux : ainfi l'eftre pris en general, regarde également & les chofes qui n'exiftent que dans l'entendement, & celles qui exiftent hors de l'entendement, & entant qu'il appartient à l'eftre parfait qui eft dans l'entendement, il n'exifte pas en effet. C'eft pourquoy si l'on se sert de nostre distinction à l'égard du mot, *estre*, le raisonnement de Descartes s'évanoüira. Cette distinction est telle. La chose infinie & souverainement parfaite est un estre de même nature que la chose infinie, & souverainement parfaite, c'est à dire, qu'elle est un estre qui n'existe pas hors de l'entendement, & non pas un estre qui existe hors de l'entendement.

RÉPONSE A L'ARTICLE VIII.

L'Auteur croyant avoir renversé le premier argument de Mr. Descartes, pretend qu'il est aisé de répondre au second, qui commence par cette proposition: *Tout ce que je conçois clairement appartenir à une chose, luy appartient en effet.* Il dit que cela peut estre nié absolument à Mr. Descartes, tant parce qu'il veut douter de tout, qu'à cause que la verité de cette proposition dépend de ce qu'il a mis la regle de la verité dans l'évidence ; ce qui a esté impugné par l'exemple de deux lignes couchées sur un même plan, &c. Les Cartesiens répondent, que Mr. Descartes n'a douté de tout qu'hypothetiquement, & que cette maniere de douter ne l'a pas pû empêcher de tenir pour vray tout ce qu'il conçoit clairement & distinctement, après l'avoir examiné. Qu'il est vray que cela dépend de ce qu'il a mis la regle de la verité dans l'évidence : mais que l'Auteur n'a pas pû prouver jusqu'icy que l'évidence ne soit pas la regle de la verité, & que l'exemple qu'il apporte de l'hyperbole & de son assymptote, bien loin de favoriser son opinion, la détruit entierement ; n'étant pas possible que l'Auteur conçoive clairement que ces deux lignes doivent enfin concourir, puis qu'Appollonius Pergæus a démontré le contraire.

(a) L'Auteur revient enfin à lui. Il dit qu'il ne veut point faire un procez à Monsieur Descartes sur ce sujet, & qu'il veut bien recevoir cette proposition, (*que tout ce qui est évident est vray,*) mais qu'il va examiner plus exactement celle qu'il ajoûte, qui est le point vertical de son second argument, sçavoir, *qu'il conçoit clairement & distinctement que l'existence appartient à une chose infinie.* Pour cette effet l'Auteur fait remarquer qu'il y a deux genres de choses : qu'il y en a qui sont, comme l'on dit dans l'Ecole, *à parte rei*, & qu'il y en a d'autres qui ne sont que *à parte intellectus* ; que les unes & les autres sont, mais qu'elles sont d'une maniere différente ; en sorte que leur existence suit leur nature, c'est à dire, que celles qui sont seulement *à parte intellectus*, n'existent que *à parte intellectus*, & que celles qui sont *à parte rei*, existent *à parte rei*. Les Cartesiens tombent d'accord de ces façons de parler de l'Ecole ; ils reconnoissent qu'il y a des choses qui sont *à parte intellectus*, & qu'il y en a d'autres qui sont *à parte rei*. Mais ils ne veulent pas que les choses qui sont *à parte intellectus*, soient tellement *à parte intellectus*, qu'elles ne soient aucunement *à parte rei*. Et pour prouver qu'ils ont raison de le vouloir ainsi, ils apportent l'exemple des Syrenes, des Centaures, & en general de tout ce qu'on appelle *chimere* : car bien que ces choses passent pour n'estre que dans l'entendement, elles ne laissent pas d'estre en partie hors de l'entendement. En effet qu'est-ce qu'une Syrene ? Ce n'est autre chose qu'un poisson & une femme que l'esprit a unis ensemble pour former cette chimere. Qu'est-ce qu'un Centaure ? C'est un homme & un cheval que l'esprit a unis pour former une autre chimere. Or je demande à l'Auteur, s'il n'y avoit jamais eu aucun cheval ni aucun homme, aucune femme ni aucun poisson, si son esprit formeroit l'idée d'un Centaure & d'une Syrene ? S'il dit qu'il la formeroit ; je répons, que son esprit auroit donc la propriété de former une idée du neant : Ce qui repugne ; car le neant n'est connu que par l'idée de l'estre. Et s'il dit qu'il ne la formeroit pas; qu'il reconnoisse donc que les choses qui sont dites n'exister que dans l'entendement, existent aussi en quelque maniere hors de l'entendement. Suivant ces principes, les Cartesiens assurent que les remarques de Mr. Huet ne font rien contre l'argument de Mr. Descartes.

(*b*) L'Auteur pretend au contraire qu'elles le détruisent entierement; & pour le prouver, il apporte l'argument de Mr. Descartes sous cette forme: *Ce qui est souverainement parfait, existe necessairement: L'estre infini que je conçois est souverainement parfait: donc l'estre infini que je conçois existe necessairement.* Pour resoudre cet argument, l'Auteur distingue d'abord la premiere proposition; *Ce qui est souverainement parfait, existe necessairement, de la façon qu'il est: s'il est en effet, il existe necessairement en effet: & s'il n'est que dans l'entendement, il n'existe necessairement que dans l'entendement.* Il distingue encore la seconde proposition. *L'estre infini que je conçois, est souverainement parfait, sçavoir dans l'entendement; donc l'estre infini que je conçois, existe necessairement, sçavoir dans l'entendement.* Nous répondons que les deux distinctions de Mr. Huet sont impossibles, & qu'il est aisé de le prouver à l'égard de la premiere, en faisant voir qu'il ne peut distinguer l'estre souverainement parfait en celuy qui est en effet, & en celuy qui est seulement dans l'entendement; au moins, si par être seulement dans l'entendement, il veut dire que l'estre parfait n'est aucunement hors de l'entendement. Car il vient d'être prouvé qu'il n'y a rien dans l'entendement, qui n'existe en quelque maniere hors de l'entendement. Ce qui est si vray, que les propositions universelles, & les chimeres même qui passent pour des choses qui n'existent que dans l'entendement, sont neanmoins en quelque maniere hors de l'entendement. Or je demande à l'Auteur quelle est la maniere en laquelle l'être parfait existe hors de l'entendement? S'il répond qu'il existe en nous mêmes & dans les autres choses dont nous multiplions les perfections pour former l'idée de l'estre parfait; nous repliquerons qu'il a esté prouvé dans l'art. 6. que de toutes les idées des creatures prises ensemble, l'esprit n'en sçauroit former l'idée d'un estre parfait; & par consequent que cet estre doit exister, & estre conçû independemment de l'union que l'esprit fait de toutes ces idées. La seconde distinction n'est pas plus raisonnable que la premiere. Car je demande à l'Auteur, comment l'estre infini qu'il conçoit, peut estre souverainement parfait dans l'entendement, sans l'estre hors de l'entendement, puisqu'il vient d'être prouvé que tout ce qui est dans l'entendement, est en quelque maniere hors de l'entendement, & que l'estre parfait ne peut estre parfait en quelque maniere sans l'estre absolument : Ce qui fait voir que le vray sens de la conclusion est, *que la chose infinie & souverainement parfaite, dont j'ay l'idée, existe necessairement dans l'entendement & hors de l'entendement.* Ce qu'il falloit prouver.

(c) Ces ambiguitez estant levées, on découvre, dit l'Auteur, le nœud de la difficulté qui est caché dans la complexion de deux parties de la proposition, dont la premiere est, *Ce qui est souverainement parfait* ; & l'autre, *existe necessairement*. Or cette premiere partie de la proposition cache une autre proposition, sçavoir celle-cy : *Il y a quelque chose de souverainement parfait* : & cette liaison, *est*, signifie furtivement existe *à parte rei* ; en telle sorte que cette proposition contient ce sens-cy : Il y a quelque chose qui existe à *parte rei* qui est souverainement parfait. Ainsi Descartes prend pour une chose prouvée, ce qui est le sujet de la dispute,

Car lors qu'il dit : *Ce qui est souverainement parfait existe necessairement*, c'est la même chose que s'il disoit : *Il y a quelque chose qui existe à parte rei, qui est souverainement parfait ; & cela existe necessairement à parte rei* : en quoy il suppose ce qui est en question. Les Cartesiens répondent que l'Auteur, pour augmenter les difficultez, divise une proposition tres-simple en deux parties ; dont la premiere est : *Ce qui est souverainement parfait* : Et l'autre ; *Existe necessairement*. Ils disent que la premiere partie ne cache point cette proposition : *Il y a quelque chose qui est souverainement parfait ;* & que cette liaison, *est*, ne cache pas non plus cette signification, *Existe à parte rei*. Mais que l'Auteur le suppose seulement pour faire tomber Mr. Descartes dans une petition de principe, qu'il a bien sçû éviter en disant, *que ce qui est souverainement parfait existe necessairement* : car cela ne veut pas dire qu'il y ait rien de souverainement parfait ; mais que s'il y a quelque chose qui soit tel, il existe necessairement. Ce que l'Auteur ne sçauroit nier. Les Cartesiens ajoûtent, que ce n'est que dans la seconde proposition de l'argument que Mr. Descartes prouve qu'il y a quelque chose de parfait qui existe, à cause que s'il n'exiſtoit pas, il n'en pourroit avoir l'idée. C'eſt pourquoy pour rendre l'argument de Mr. Deſcartes fort intelligible, on le peut reduire à ces termes : *S'il y a un eſtre ſouverainement parfait, il exiſte neceſſairement : Or eſt il que je conçois un eſtre ſouverainement parfait, & que je ne pourrois le concevoir s'il n'exiſtoit pas : donc l'eſtre parfait que je conçois, exiſte neceſſairement.*

(*d*) Les Carteſiens ont raiſon, pour faire voir que leur Maître ne tombe pas dans une petition de principe, de propoſer pour exemple ces deux Syllogiſmes : *Tout ce que je conçois clairement eſtre dans une choſe, y eſt en effet : Or je conçois clairement que trois angles ſont compris dans l'idée d'un triangle : donc il y a trois angles dans un triangle.* *Tout ce que je conçois clairement & diſtinctement eſtre contenu dans l'idée d'une choſe, doit eſtre attribué à cette choſe : Or je conçois clairement & diſtinctement que l'exiſtence eſt contenuë dans l'idée d'une choſe parfaite : donc il faut attribuer l'exiſtence à une choſe parfaite.* L'Auteur pretend qu'il y a une grande difference entre ces deux mineures : *Je conçois clairement & diſtinctement que trois angles ſont compris dans l'idée d'un triangle. Je conçois clairement que* l'existence est comprise dans l'idée d'une chose parfaite. Il dit que dans la premiere on attribuë au triangle ce qui appartient à sa nature : & que dans la seconde, on attribuë à l'estre parfait, ce qu'on ne sçait pas certainement, s'il convient à la sienne ; car c'est ce qui est en question. Nous répondons que pour peu de reflexion qu'on y fasse, on reconnoîtra qu'il n'y a aucune difference entre ces deux mineures quant à leur certitude, & qu'il est constant qu'il n'est pas moins de l'essence d'un estre souverainement parfait de contenir l'existence, qu'il est de l'essence d'un triangle d'avoir trois angles. C'est pourquoy si l'Auteur accorde qu'il y a trois angles dans la nature d'un triangle, parce qu'il le conçoit clairement, il faut qu'il reconnoisse aussi que l'existence appartient à la nature de l'estre parfait, parce qu'il conçoit clairement que l'existence est de l'essence de cet estre.

(e) Et il seroit inutile de dire que quoy qu'on ne puisse pas concevoir une montagne sans valée, il ne s'ensuit pas qu'une montagne & une valée existent; & partant que quoy qu'on ne puisse pas concevoir un estre parfait sans l'existence, il ne s'ensuit pas qu'un estre parfait existe : car il est aisé de répondre, que l'existence n'êtant pas renfermée dans l'idée d'une montagne & d'une valée, ce n'est pas une grande merveille si on peut concevoir une montagne & une valée sans existence ; mais que l'existence estant renfermée dans l'idée de l'estre parfait aussi necessairement que trois angles sont renfermez dans l'idée du triangle, il est aussi necessaire que l'être parfait existe, qu'il est necessaire qu'il soit de l'essence d'un triangle d'avoir trois angles.

(*f*) Si l'Auteur répond, qu'il est vray que de ce que nous concevons l'existence dans l'estre parfait, il s'ensuit que cet estre existe, mais qu'il n'existe que dans l'entendement ; nous repliquerons que l'estre parfait n'existe pas seulement dans l'entendement, mais qu'il existe encore *à parte rei* ; ce qui paroistra évident à ceux qui voudront considerer que toutes les idées supposent des causes exemplaires, & qu'il n'y a que l'estre parfait qui puisse estre la cause exemplaire de l'idée que nous en avons ; sans qu'il importe de dire, que nous avons l'idée de plusieurs choses qui n'existent que dans l'entendement. Car il vient d'estre prouvé que les choses qui n'existent que dans l'entendement, existent ou ont existé hors de l'entendement en tout ou en partie ; & il est certain que si l'estre parfait a existé a existé, il existe; & que s'il a existé en partie, il doit exister en tout & absolument. Ce qu'il falloit prouver.

(g) Nous demeurons d'accord avec l'Auteur, que l'estre en general n'est qu'une notion generale formée de la notion des estres singuliers, & partant que l'estre en general n'existe que dans l'entendement; mais nous ne sçavons pas que les vrais Cartesiens ayent jamais dit que l'estre infini soit l'estre en general: ils soutiennent au contraire, que l'estre infini est un estre le plus singulier & le plus déterminé qu'on puisse concevoir. Ce qui fait voir que cette distinction qui seroit bonne contre ceux qui regardent l'estre infini comme l'estre en general, ne fait rien contre ceux qui regardent l'estre infini comme un estre tres-singulier, & tres-déterminé; ainsi que font les vrais Cartesiens.

Censure. Article IX.

Mais afin de faire connoistre plus certainement quelle est l'idée que Descartes a d'un estre parfait, & pour faire estimer cette idée tout ce qu'elle vaut, je dis que j'agiray équitablement avec Descartes, si par l'idée que j'ay, & par celle que les anciens Philosophes ont eu de l'infini, je juge de celle qu'à Mr. Descartes.

X

Or ny moy, ny les anciens Philosophes ne trouvons point d'idée qui soit si excellente qu'elle ne puisse estre que l'ouvrage de Dieu. Car si les Philosophes qui ont examiné scrupuleusement la nature de Dieu, avoient trouvé dans son idée l'infinité & la souveraine perfection, & une excellence si grande qu'elle ne pust proceder de l'esprit humain ; ils eussent avoüé tous d'un commun accord, que Dieu estoit un, qu'il estoit exempt de corps, de figure, qu'il estoit infini, eternel, & souverainement parfait, comme Descartes l'a conclu. Au contraire, ou ils se sont figurez qu'il y avoit plusieurs Dieux, ou ils ont consideré Dieu comme corporel, & comme borné par quelque figure, & comme sujet à la mort ; ou ils ont nié absolument qu'il y eût aucun Dieu. (*a*) Quant à moy, lors que je considere avec attention l'idée que j'ay de Dieu, je me le represente comme une chose si excellente, que je ne me souviens pas de m'en estre jamais representé une plus excellente : & bien que cette chose me semble la plus parfaite de toutes, je reconnois pourtant que tout ce qu'elle a de perfection, est beaucoup au dessous de la perfection infinie de Dieu. (*b*) Et quelque effort que je fasse, je conçois bien que je ne pourray jamais atteindre par la pensée, à une perfection aussi grande que celle de Dieu ; car il arrivera toûjours que quelque chose de fini & d'imparfait se mêlera avec l'idée de Dieu que je tâche de former dans mon esprit. (*c*) Mais aussi si je ne puis pas avoir une notion distincte de Dieu par cette idée qui est finie & imparfaite, je la puis avoir par le raisonnement : c'est pourquoy, celuy-là parle plus veritablement & plus dignement de Dieu, qui dit que Dieu n'est rien de tout ce qu'on peut penfer, que celuy qui ofe prononcer hardiment, que Dieu eft ce qu'il penfe. (*d*) Puis donc que l'idée que j'ay de Dieu, & celle que les autres en ont, eft de cette façon, je puis, & je dois croire que celle de Defcartes eft toute femblable, & partant qu'il n'eft nullement neceffaire de recourir à Dieu pour la former. Que fi Defcartes dit qu'il eft fage, & que les autres hommes font des foux, nous nous moquerons de luy. Car quel eft la fanatique qui ne prouvera pas ainfi fes rêveries. (*e*) Mr. Defcartes ayant efté prié par un de fes amis, de luy écrire comment il avoit acquis cette idée, que tant d'autres habiles gens ne pouvoient former, il ofa répondre que cette idée eftoit dans les autres tout de même que dans luy; mais qu'ils ne la connoiffoient pas. Il luy falloit demander encore pourquoy des gens fi diligens & fi curieux ne trouvoient pas en eux cette idée fi éclatante, & qu'il l'y trouvoit luy feul ? Car qu'auroit-il pû répondre de raifonnable ? Combien eft-il plus vray-femblable qu'il luy a femblé voir ce qu'il ne voyoit pas, qu'il n'eft vray femblable que les autres n'ont pas veu ce qu'ils pouvoient aifément voir.

Réponse a l'Article IX.

L'Auteur n'agiroit pas équitablement avec Mr. Defcartes, s'il jugeoit de l'idée qu'il a de Dieu par celle qu'en ont eu les anciens Philofophes. Ceux-cy ont tous mêlé quelques autres idées avec celle de l'eftre fouverainement parfait, & ont composé par ce moyen un Dieu chimérique, dans la nature duquel il y a des choses qui se contrarient : & après l'avoir ainsi composé, ce n'est pas une grande merveille s'ils nient qu'un tel Dieu existe.

(*a*) Quant à l'Auteur, il semble que l'idée qu'il a de Dieu renferme une manifeste contradiction. Car il dit d'un côté, que cette idée est la plus parfaite qu'il puisse concevoir, & il reconnoist de l'autre qu'elle ne represente pas toutes les perfections de Dieu ; ce qui est le même que s'il disoit, que l'idée qu'il a de Dieu, est la plus parfaite qu'il puisse avoir, mais qu'il a encore une autre idée de Dieu qui est plus parfaite qu'elle. En effet, je luy demande, comment il connoist que l'idée qu'il a de Dieu, ne represente pas toutes les perfections de Dieu ? Car s'il le connoist sans faire aucune comparaison de l'idée qu'il a de Dieu avec l'idée des perfections divines, il apperçoit donc le défaut qui est dans l'idée qu'il a de Dieu, sans appercevoir la realité qui luy est opposée ; ce qui repugne. Et s'il le connoist par la comparaison qu'il fait de l'idée de Dieu avec l'idée des perfections divines, il a donc l'idée des perfections divines, lorsqu'il dit qu'il ne l'a point : Ce qui est proprement se contredire.

(*b*) Nous accordons bien à l'Auteur, qu'il n'atteindra jamais par la pensée à toutes les perfections de Dieu; mais cela ne veut pas dire qu'il n'ait l'idée de Dieu, lors qu'il connoist ce qu'il peut concevoir de plus parfait ; car c'est proprement ce que nous appellons avoir l'idée de Dieu.

(*c*) Nous ne sçavons point comment l'Auteur a pû se figurer qu'on puisse avoir l'idée de Dieu par raisonnement, sans l'avoir par idée. Car, comme il a esté remarqué, les raisonnemens sont composez de jugemens, & les jugemens d'idées ; ce qui fait que si l'on découvre quelquefois par le raisonnement qu'une chose existe, sans découvrir en particulier ce qu'elle est, on le découvre au moins en general. Or nous demandons à Mr. Huet, ce que c'est que Dieu en general : s'il est un corps, ou un esprit ? Car s'il n'est ny l'un, ny l'autre, nous n'en avons point l'idée ; & si nous n'en avons point d'idée, Dieu n'est pas plus pour nous, que s'il n'estoit point du tout.

(*d*) Mr. Huet n'a aucune raison de croire, que l'idée qu'il a de Dieu soit semblable à celle qu'en a Mr. Descartes. Celuy-cy prend pour l'idée de Dieu celle de toutes les idées qui a plus de realité objective, c'est à dire, celle qui participe à plus de degrez de representation ; & Mr. Huet prend pour l'idée de Dieu, une idée qui en suppose une autre plus parfaite, sçavoir celle par laquelle il connoist que les perfections qu'il attribuë à Dieu, sont au dessous de celles que Dieu possede. Ainsi quoy qu'il ne soit pas necessaire de recourir à Dieu pour le reconnoistre auteur de l'idée que l'Auteur en a, cela n'empeche pas qu'il n'y faille recourir pour le reconnoistre auteur de celle qui est dans Mr. Descartes.

(e) Il est vray que quand on a demandé à Mr. Descartes, comment il avoit acquis l'idée de Dieu, il a répondu que cette idée n'estoit point acquise, mais qu'elle estoit née dans tous les hommes, tout de même que dans luy ; avec cette difference pourtant, qu'il l'appercevoit, & que les autres ne la découvroient pas. Et si on luy eût demandé de plus, pourquoy les anciens Philosophes, & ceux qu'il a déja avertis qu'ils ont cette idée, ne la découvrent pas ? Il eût répondu que c'est parce qu'elle ne s'accorde pas avec les prejugez qu'ils ont reçûs par les sens, & ausquels ils se sont accoutumez dés leur enfance. Ce qui n'est que trop vray.

CENSURE. ARTICLE X.

Que le Lecteur remarque derechef une manifeste petition de principe. Descartes a établi que nous ne pouvons estre asseurez de rien avant que de connoître Dieu ; d'où il s'ensuit que toute connoissance qui precede la notion de Dieu, est incertaine. Or si cela est, toutes les idées, toutes les notions, toutes les propositions, toutes les conclusions dont Descartes s'est servi pour acquerir l'idée de Dieu, sont incertaines. Or si cela est incertain, ce qu'on en infere est aussi incertain. Or l'on en infere l'existence de Dieu: Cependant c'est de cette existence de Dieu comme tres certaine & tres evidemment prouvée, qu'il déduit la verité de toutes les choses qui ont precedé la certitude de cette existence ; & cette existence posée, il croit n'avoir plus raison de douter de rien ; c'est pourquoy il tombe dans un cercle manifeste. Il dit que Dieu existe, parce que l'idée qu'il a de Dieu est vraye, & que l'idée qu'il a de Dieu est vraye, parce qu'il existe. Ce qui est un veritable cercle.

RÉPONSE A L'ARTICLE X.

Lors que Mr. Descartes a dit, que nous ne pouvons rien sçavoir de certain si nous ne connoissons premierement que Dieu existe, il a dit en termes exprés qu'il ne parloit que de la science des conclusions. Voicy ses propres paroles dans la

3. art. de la reponſe aux ſecondes object. Où j'ay dit que nous ne pouvons rien ſçavoir certainement, ſi nous ne connoiſſons premierement que Dieu exiſte, j'ay dit en termes exprés que je ne parlois que de la ſcience des concluſions dont la memoire nous peut revenir en l'eſprit, lors que nous ne penſons plus aux raiſons d'où nous les avons tirées. Car la connoiſſance des premiers principes ou axiomes n'a pas accoutumé d'eſtre appellée ſcience par les Dialecticiens. Mais quand nous appercevons que nous ſommes des choſes qui penſent, c'eſt une premiere notion qui n'eſt tirée d'aucun Syllogiſme ; & lors que quelqu'un dit, Je penſe, donc je ſuis, il ne conclut pas ſon exiſtence de ſa penſée, comme par la force de quelque Syllogiſme, mais comme une choſe connuë de ſoy. Il la voit par une ſimple inſpection de l'eſprit, comme il paroit de ce que s'il la deduiſoit d'un Syllogiſme, il auroit dû auparavant connoiſtre cette majeure, Tout ce qui penſe eſt ; mais au contraire elle luy eſt enſeignée de ce qu'il ſent en luy-même qu'il ne ſe peut pas faire qu'il penſe s'il n'exiſte : car c'eſt le propre de noſtre eſprit de former les propoſitions generales, de la connoiſſance des particulieres. Il paroit donc par ces paroles que

Mr. Descartes n'a entendu parler que de la science des conclusions; car la connoissance des axiomes n'a pas accoutumé d'être appellée science par les Dialecticiens. Or toutes les connoissances qui precedent la certitude que nous avons de l'existence de Dieu, sont des axiomes : c'est un axiome, par exemple, *que tout ce qui pense est. Que ce qu'on connoist clairement est tel qu'on le connoist, &c.* Il n'est donc pas vray que toutes les connoissances que Mr. Descartes a avant que de sçavoir que Dieu existe, soient incertaines. Il ne tombe point aussi dans un cercle, lors qu'il dit que Dieu existe parce que l'idée qu'il en a est vraye, & que cette idée est vraye parce que Dieu existe; car alors ces deux propositions sont prises diversement; sçavoir l'une respectivement, & l'autre absolument. La premiere est prise respectivement; car il est vray que Mr. Descartes ne sçait que Dieu existe que parce qu'il en a l'idée; & la seconde est prise absolument, entant que l'idée de Dieu consideré en elle-même, ne pourroit estre vraye si Dieu n'existoit pas. Mr. Descartes tomberoit seulement dans un cercle s'il disoit, qu'il connoist que Dieu existe, parce qu'il sçait que l'idée qu'il en a est vraye ; & qu'il sçait que l'idée qu'il a de

Dieu est vraye, parce que Dieu existe; car alors il sçauroit reciproquement deux choses l'une par l'autre : ce qui est impossible.

Censure. Article XI.

Au reste, puisque Descartes a tiré toute sa Philosophie de cette connoissance de Dieu, & que toutes ses idées, ses jugemens, & ses raisonnemens, quelques clairs qu'ils soient, sont incertains, s'ils ne sont fondez sur les preuves qu'il apporte de l'existence de Dieu ; ayant démontré que ces preuves sont fausses, toute sa Philosophie tombe par terre. Qu'il voye donc, ce grand defenseur de la verité, quel avantage il pourra tirer de l'idée de l'estre infini ; puis que nous avons prouvé que cette idée est finie, imparfaite, obscure, confuse ; & qu'elle a moins de realité que toutes les autres idées : qu'il voye s'il a prudemment fait, lors qu'il s'est vanté d'avoir démontré l'existence de Dieu par des raisons plus évidentes que celles qu'on employe aux demonstrations de la Geometrie.

Réponse a l'Article XI.

Mr. Huet n'a point prouvé que les raisons que Mr. Descartes apporte pour établir l'existence de Dieu, soient fausses. Il n'a pas prouvé non plus que l'idée de Dieu soit obscure & confuse, ny qu'elle ait moins de réalité que toutes les autres idées.: C'est pourquoy la Philosophie de Mr. Descartes n'est point encore renversée. Il y a même beaucoup d'apparence qu'elle subsistera long-temps, si ses adversaires n'apportent pas de meilleures raisons pour la détruire, que celles que l'Auteur de la Critique a apportées.

Fin du quatriéme Chapitre.

CHAPITRE V.

Où l'on examine le sentiment de Descartes touchant le Corps & le Vuide.

Censure. Article I.

TRaitons maintenant une autre question, qui est du Corps & du Vuide, & voyons premierement comment Descartes l'examine. Il veut que la nature de la matiere ou du corps consideré en general, consiste en ce qu'il est étendu en longueur, en largeur & profondeur, parce que c'est ce qu'on conçoit le premier dans le corps, & qu'on ne peut dire que sa nature consiste dans une autre chose. En effet, elle ne consiste ny dans la dureté, ni dans le poids, ni dans la couleur, &c. Car quant à la dureté, elle n'est connuë que par l'attouchement, en telle sorte que si les corps se mouvoient aussi vîte que nostre main du même côté, nous ne sentirions point de dureté; & cependant ces corps ne perdroient point la nature de corps. De plus, bien que les corps les plus durs soient fondus ou convertis en poudre, ils n'en sont pas moins corps pour cela. On doit faire le même jugement de la pesanteur, & dire, que le feu qui est leger, est neanmoins un corps aussi bien que l'air, quoy qu'il n'ait pas de couleur, & qu'il n'y a que l'extension seule laquelle estant ostée, le corps n'est plus, & laquelle estant ajoutée le corps est augmenté : que la quantité ou l'extension ne differe du corps, ou de la chose étenduë, que par la pensée seulement, de telle sorte que si quelqu'un les vouloit separer par l'esprit, il n'auroit qu'une idée confuse de la chose corporelle comme privée de corps, & qu'au contraire il en auroit une claire & distincte de l'extension comme du corps, laquelle est par consequent appellée mal à propos, *accident*. Il dit de même que l'espace ou le lieu interieur, qui est rempli du corps, est le corps même, & qu'il n'en est distingué que par la pensée : que cette étenduë en longueur, largeur & profondeur dont l'espace est composé, est la même dont le corps est aussi composé, & qu'il y a seulement cette difference, que l'extension est consideréé dans le corps comme singuliere, & dans l'espace comme generale ; en telle sorte que l'extension qui remplit l'espace, & qui est le corps même, peut estre changée, sans que l'extension dans laquelle estoit le corps le puisse estre. C'est pourquoy puisque le genre & la difference ne sont pas distinctes réellement de l'individu, mais seulement par la pensée; l'extension de l'espace n'est pas distincte réellement de l'extension du corps, mais par l'esprit ; ce qui estant ainsi, il est évident qu'il n'y a rien dans la nature qui puisse estre absolument vuide : car comme la nature du corps consiste dans l'extension; par tout où l'extension se trouve, le corps se doit trouver aussi ; autrement si l'extension n'estoit pas le corps, elle ne seroit rien, & partant le rien seroit étendu : or cela ne peut estre, parce que le rien n'a aucune étenduë, aucune qualité, ni aucune proprieté : Que c'est un des prejugez de l'enfance que de s'imaginer que rien ne peut empêcher qu'un vase soit tellement desempli, au moins par la puissance de Dieu, qu'il n'y reste aucun corps au dedans ; puisque s'il se desemplissoit entierement, les bords du vase se joindroient, attendu que tout corps en estant ôté, toute l'étendue en seroit ôtée, & ainsi il n'y auroit plus rien entre les bords de ce vase ; que s'ils ne se joignent pas, & que le vase puisse demeurer creux, comme il estoit, estant necessaire qu'il y ait de l'union entre sa capacité & cette *extension* generale, *l'extension* restera, & celle-cy demeurant le corps demeurera ; d'autant qu'il n'est pas plus aisé de concevoir la capacité du vase sans extension, & l'extension sans corps, que de concevoir une montagne sans valée : autrement cette extension seroit l'extension du neant. Ce qui repugne....... Descartes dit qu'il s'ensuit delà que la grandeur du monde n'a point des bornes, parce que si elle en avoit, il y auroit du vuide au delà ; ce qui ne peut estre. Il assure cependant qu'il n'a pas pour cela raison de dire, que le monde soit infini, (ce qui ne peut estre dit que de Dieu seul,) mais seulement qu'il est *indefini*. Qu'il suffit pour cela que le monde soit tel qu'il n'y puisse pas concevoir des bornes, sans qu'il puisse pourtant assurer qu'il n'en ait pas, quoy qu'il ne les puisse connoistre. Il ajoute, qu'il n'y peut avoir d'autres mondes que celuy-cy, parce qu'il n'y a aucun espace vuide pour les recevoir. Il dit de plus, que ce monde ne doit jamais finir, si ce n'est que Dieu fasse un autre monde en même-temps qu'il détruira celuy-cy, de peur qu'il ne se fasse du vuide ; & qu'il n'y auroit jamais eu aucun espace, si Dieu n'avoit jamais rien creé : & enfin que les mots d'*espace*, d'*extension*, de *distance*, de *corps*, & de *matiere*, signifient une même chose.

RÉPONSE A L'ARTICLE I.

L'Auteur rapporte fort fidellement les sentimens de Mr. Descartes touchant l'essence du corps. Il faut seulement en excepter ce qu'il luy fait dire de l'extension, sçavoir qu'estant ajoutée au corps, le corps est augmenté. ⸺

⸺(*a*) Ce que Mr. Descartes n'a pû dire, ou s'il l'a dit, il a évidemment démenti ses propres principes. Car il s'agit icy de l'essence du corps, laquelle estant de soy invariable, (comme le sont toutes les autres essences selon Mr. Descartes,) il est impossible qu'un corps, quelque nombre des corps qu'on y ajoute, soit plus corps qu'il n'estoit; parce que le corps ne peut avoir l'essence de corps par parties; d'autant que les essences ne peuvent recevoir du plus ny du moins, comme sçavent les Logiciens. Ce qui a trompé icy l'Auteur, est qu'il a confondu l'extension qui est l'essence du corps, avec l'extension qui en est la quantité, ne prenant pas garde que ces deux extensions different, en ce que celle qui est l'essence du corps, est considerée en elle-même, & que celle qui est sa quantité, est considerée par rapport à quelque grandeur. Or il est visible que si vous joignez deux extensions considerées en elles-mêmes sans aucun rapport à la grandeur, vous ne ferez pas que ces deux extensions soient plus extensions qu'elles ne sont, puisque leur essence est d'estre des extensions ; au lieu que si vous joignez deux extensions considerées par rapport à la grandeur, vous ferez necessairement une extension qui sera plus grande que chacune des premieres, c'est à dire que cette extension sera une quantité plus grande que la quantité de chaque extension. Ce qu'il faut bien remarquer, pour éviter de confondre l'essence du corps avec la quantité qui n'en est qu'un simple accident. Voyez le 1. chap. de la Physique de mon *Systeme general de Philosophie*.

L'Auteur n'est pas moins exact à rapporter l'opinion de Mr. Desc. touchant l'essence de l'espace, de la matiere, de la distance, & de l'extension, que touchant l'essence du corps : ce qui nous fait croire qu'il l'a fort bien entendu sur ces sujets particuliers. Mais voicy comment il le va combattre.

Censure. Article II.

Les Philosophes ont objecté contre cela plusieurs choses, dont voicy les principales. Ils disent que Descartes s'est trompé lors qu'il a crû, que ce qu'on conçoit le premier dans le corps est l'étenduë, & qu'on connoist plutost que le corps a des parties, qu'on ne connoist qu'il est étendu. (*a*) Qu'il confond l'extension avec la chose étenduë, & que s'il les separoit, comme il le devroit faire, on trouveroit dans la chose étenduë quelque chose qui seroit propre à recevoir l'extension. (*b*) Deplus, comme tout corps est dans un lieu, & dans un espace ; si tout espace est un corps, il s'ensuit que tout corps est dans le corps ; ce qui est absurde : car Descartes ne peut pas desavouer que tout corps suppose un lieu dans lequel il est, & sans lequel il ne peut estre ; d'autant qu'il a établi qu'un autre monde ne peut estre creé, par cette seule raison, qu'il n'y a point de lieu, ou d'espace pour le mettre. (*c*) Or comme l'espace dans lequel plusieurs corps peuvent estre successivement rangez, est immobile, & qu'il ne change point avec les corps ; il s'ensuit que l'espace, ou le lieu differe de la chose placée : ou bien si le lieu dans lequel le corps est situé, est dit changer avec le corps, le corps ne changera point de lieu, quand il se mouvra ; c'est à dire, lors qu'il sera transporté d'un lieu en un autre : Ce qui est absurde. (*d*) Quant à ce qu'il dit, que le corps peut estre sans dureté, sans chaleur, sans pesanteur, & qu'il ne peut pas estre sans extension ; c'est le même que s'il disoit, que la cire peut estre sans la figure quarrée, ronde, &c. mais non pas sans quelque figure. Or comme la cire peut estre sans une telle ou telle figure, mais non pas sans avoir quelque figure ; de même le corps peut estre privé de telle ou de telle qualité, mais non pas de toute qualité absolument, comme le corps peut estre privé d'une telle ou telle extension, par exemple, de l'extension d'un pied, d'un pouce, &c. mais il ne peut estre privé de toute extension. (*e*) Ce que nous allons dire est bien plus étrange. C'est que cette doctrine renverse entierement le saint Sacrement de l'Eucharistie. Car si ce qui n'a pas trois dimensions ou extensions, n'est pas corps, le Corps de Jesus-Christ ne se trouvera pas, où ne sont point ces trois extensions. Ce qui est si évident, que les Cartesiens ne peuvent rien répondre qui soit raisonnable. (*f*) De plus, s'il ne peut y avoir d'autre monde que celuy-ci, la puissance de Dieu est bien racourcie, puis qu'on luy ôte non seulement le pouvoir de créer un autre monde, mais encore la moindre petite portion de matiere : car si Dieu ne peut faire cela, il ne sçauroit faire que deux corps se penetrent ; ce que Descartes a nié ouvertement, quoy qu'il repugne à plusieurs articles de foy. (*g*) Bien plus, Descartes est obligé de dire, que Dieu n'a pas creé ce monde du neant, & qu'il ne le peut reduire au neant : car si cela pouvoit estre, l'espace dans lequel le monde est, auroit esté vuide auparavant, ou il le seroit ensuite : ce que Descartes croit repugner. (*h*) Si ces choses sont admises, il faut admettre aussi que la matiere est égale à Dieu, & qu'elle n'en dépend pas : ce qui est une impieté que les premiers heretiques ont tirée d'Anaxagore, de Pytagore, de Platon, &c. C'est certes une chose merveilleuse, que la puissance de Dieu soit si fort racourcie par celuy qui a enseigné que Dieu peut faire que deux fois deux ne fassent pas quatre ; & que la même chose soit & ne soit pas en même temps.

RÉPONSE A L'ARTICLE II.

Mr. Descartes ne s'est point trompé, quoy qu'en disent les Philosophes, lorsqu'il a crû que ce qu'on conçoit le premier dans le corps, est l'étenduë en longueur, largeur & profondeur: mais ils se trompent beaucoup eux-mêmes, quand ils croyent qu'on conçoit plutôt que le corps a des parties, qu'on ne conçoit qu'il est étendu. En effet, je leur demande ce qu'ils entendent par le mot de *parties*? S'ils entendent quelque chose d'étendu, ou quelque chose qui n'est pas étendu? Si c'est le premier; qu'ils reconnoissent donc que l'étenduë est de l'essence du corps, puis qu'elle est de l'essence des parties qui constituent la nature du corps: Et si c'est le second, qu'ils disent ce qu'ils conçoivent par des parties qui ne sont pas étenduës.

(*a*) Il est vray que Mr. Descartes confond l'extension avec la chose étenduë, si par les confondre on entend qu'il ne les distingue pas autrement que par la pensée. En effet, il n'y a pas plus de différence entre l'extension & la chose étenduë, qu'entre l'homme & l'humanité, & il est constant que l'homme & l'humanité sont une même chose, & que nous ne les distinguons que par une abstraction d'esprit, qui fait que nous songeons à l'un sans penser à l'autre. C'est pourquoy si l'on séparoit ainsi par la pensée l'extension de la chose étenduë, on trouveroit dans la chose étenduë quelque chose qui seroit propre à recevoir l'extension, tout de même que l'homme est propre à recevoir l'humanité. Mais comme ce qui est dans l'homme propre à recevoir l'humanité, n'empêche pas que l'homme & l'humanité ne soient réellement une même chose ; par la même raison, ce qui est dans la chose étenduë propre à recevoir l'extension, n'empêche pas que la chose étenduë, & l'extension ne soient réellement une même chose. Ce qu'il falloit prouver.

(*b*) Les Cartésiens reconnoissent que tout corps particulier est dans un lieu ; mais ils disent qu'il y a deux sortes de lieu : qu'il y a un lieu exterieur, & un lieu interieur. Que le lieu exterieur n'est autre chose, selon Aristote même, que la premiere superficie des corps environnans ; & que le lieu interieur consiste dans l'espace ou dans l'étenduë même du corps qui est dans le lieu, consideree d'une vûë generale. Cela posé, reprenons l'argument de l'Auteur. *Tout corps est dans un lieu & dans un espace: Tout espace est un corps: donc tout corps est dans un corps.* Les Cartesiens distinguent les deux premieres propositions de cet argument, & nient la consequence. Ils disent en premier lieu, que tout corps est dans un lieu & dans un espace, mais qu'il y est diversement: qu'il est dans le lieu comme dans une chose dont il est distingué modalement; & qu'il est dans l'espace comme dans un sujet dont il n'est distingué que par la pensée. Ils disent en second lieu, que tout espace est un corps; mais un corps en general, & non un corps en particulier. En suite de quoy ils nient la consequence, fondez sur ce que tout espace estant un corps en general, il s'ensuit bien que tout corps est dans un corps en general, mais non pas dans un corps en particulier. Or il n'y a aucune repugnance que tout corps soit dans un corps en general, comme l'individu est dans son espece; mais il repugneroit que tout corps fust dans un corps particulier; parce que cela supposeroit la penetration des corps, qui est de soy impossible.

(*c*) Il est vray que le lieu pris pour l'espace dans lequel les corps particuliers peuvent estre rangez successivement, est immobile ; parce qu'il n'est qu'une nature universelle, & que cette nature est incapable de changement. Quand on dit aussi qu'un corps qui se meut, passe d'un lieu dans un autre, cela ne doit pas estre entendu du lieu interieur, ou de l'espace ; mais du lieu exterieur, qui est, comme nous avons dit, la premiere superficie des corps environnans.

(*d*) Comme Mr. Descartes a eu raison de dire, que le corps peut estre sans dureté, sans chaleur, sans pesanteur, &c. & qu'il ne peut pas estre sans extension, parce que l'extension est l'essence du corps, dont la chaleur & la pesanteur ne sont que des accidens, l'Auteur a tort de comparer le corps avec la cire, & de dire, que comme la cire peut estre privée de telle ou telle figure, mais non pas de toute figure absolument ; de même le corps peut estre privé de telle ou telle qualité, mais non pas de toute qualité absolument. Car il y a cette difference entre le corps & la cire, que la cire estant une chose limitée & bornée, elle ne peut estre sans quelque figure ; au lieu que le corps estant consideré en luy-même, & d'une veuë generale, il peut estre sans aucune qualité ; mais il ne peut estre sans aucune extension. Ce qui fait voir que l'extension est l'essence du corps, & que la qualité prise même absolument, n'en est qu'un accident.

(e) L'Auteur va dire quelque chose de fort étrange. C'est que l'opinion des Cartesiens touchant l'essence du corps renverse entierement le saint Sacrement de l'Eucharistie. Car si ce qui n'a pas trois dimensions n'est pas un corps, le Corps de Jesus-Christ ne se trouvera pas où ne seront point ces trois dimensions. Or ces trois dimensions ne sont point dans le saint Sacrement de l'Eucharistie: donc, &c. Les Cartesiens conviennent de la premiere proposition de cet argument; & ils nient la seconde avec la consequence. Si on leur oppose le Concile de Trente, ils répondent que ce Concile ne nous oblige pas de croire que le Corps de Jesus-Christ n'est pas étendu, mais seulement que Jesus-Christ est tout entier sous les especes, & sous chaque partie des especes, lorsque la separation en est faite. Ce qui n'a aucune repugnance avec la doctrine des Cartesiens, qui est que le Corps de Jesus-Christ est tout entier dans le saint Sacrement de l'Eucharistie, non selon sa quantité, mais selon son essence de Corps de Jesus-Christ. Or qui ne sçait pas qu'un certain corps demeurant le même selon son essence, peut changer en mille manieres differentes selon sa quantité ? Qui ne sçait, par exemple, que les corps des hommes & des animaux demeurant les mêmes corps, passent par une infinité de degrez de quantité ? si ce n'est que l'Auteur aimant mieux dire, que le corps qu'il avoit dans le ventre de sa mere, n'estoit pas le même corps qu'il a aujourd'huy : ce qui seroit absurde ; car il est certain que son corps d'aprésent, n'est different de celuy d'alors que par sa quantité, laquelle n'estant qu'un accident de son corps, ne change en rien son essence. Ainsi bien que le corps de Jesus-Christ soit étendu dans le saint Sacrement de l'Eucharistie, rien n'empêche de croire qu'il ne soit tout entier sous les especes selon son essence, bien qu'il n'y soit pas tout entier selon sa quantité. Cette doctrine des Cartesiens est si peu contraire à celle de l'Eglise, que La ville, le plus grand adversaire qu'elle ait jamais eu, n'a pas osé dire que le Concile de Trente eût condamné directement l'opinion de Mr. Descartes touchant l'essence du corps ; il s'est contenté de dire dans la page 101. qu'il l'a seulement condamnée indirectement, & par consequence. Ce qui est encore faux. (e) Lors

(f) Lorſque l'Auteur dit, que s'il n'y peut avoir d'autre monde que celuy-cy, la puiſſance de Dieu eſt bien racourcie; les Carteſiens luy demandent de quelle puiſſance il veut parler? Si c'eſt de la puiſſance ordinaire de Dieu, ou de ſa puiſſance extraordinaire? S'il veut parler de cette derniere, ils diſent que ce n'eſt pas de quoy il s'agit; parce que les effets de cette puiſſance ſont au deſſus de la portée de notre eſprit. Et s'il veut parler de la ſeconde, ils trouvent étrange qu'il veuille ôter à Dieu la gloire d'avoir fait ce monde immenſe, pour luy attribuer ſeulement la gloire d'en pouvoir faire un autre: Ce qui eſt entierement oppoſé à l'idée de Dieu conſideré comme un acte pur qui exclut toute ſorte de puiſſance. C'eſt pourquoy il ſemble que ce ſoit avoir pour Dieu un faux reſpect, que de croire qu'on doit étendre ſa puiſſance ſur les choſes que nous penſons connoiſtre, au delà de celles qu'il a produites actuellement. Nous ne prenons pas garde que ce n'eſt rien faire pour Dieu, que de donner des objets chimeriques à ſa puiſſance; & que le monde eſtant actuellement immenſe, il luy eſt glorieux d'avoir produit un plus grand nombre de creatures que que nous n'en pouvons concevoir, lors même que nous penſons joindre les poſſibles à celles qui ſont exiſtantes. Outre que c'eſt une eſpece de temerité d'oſer dire que Dieu, dont la puiſſance eſt infinie, a fait moins de creatures que nous n'en pouvons concevoir; eſtant certain que la puiſſance de Dieu differe de celle des creatures, en ce que celle-cy eſt preſque toujours ſeparée de l'acte, & que l'autre ne le peut jamais eſtre. Ce qui merite bien d'eſtre remarqué.

(g) Le neant n'eſtant qu'une privation de l'eſtre, les Carteſiens croyent qu'il n'y a rien de moins raiſonnable, que de dire que l'eſtre a eſté creé du neant; car c'eſt proprement dire, que le neant eſt l'origine de l'eſtre: Ce qui repugne plus que de dire que les tenebres ſont le principe & l'origine de la lumiere. Il eſt vray que ces façons de parler ſont fort communes parmi le vulgaire : mais elles ne ſçauroient tromper les Philoſophes, qui ſe reglent par les choſes plutôt que par les mots, & qui ſçavent bien que le ſens de cette propoſition, *Dieu a creé le monde du neant*, eſt que le monde dépend de Dieu comme de ſa cauſe efficiente, & que Dieu pour le produire, n'a eu beſoin du ſecours d'aucune creature. Il faut ajouter, Monſieur, que s'il y avoit eu quelque eſpace ou quelque vuide avant que le monde fût creé, cet espace ou ce vuide eût esté un rien, ou quelque chose. S'il eût esté un rien, le rien auroit donc precedé l'estre: ce qui repugne autant que de dire, que la nuit a precedé le jour, & la privation la réalité qui luy est opposée. Et s'il estoit quelque chose ; ou cette chose estoit par elle-même, ou elle dépendoit de Dieu. Si elle estoit par elle-même, elle ne dépendoit donc pas de Dieu, & partant il y avoit quelque chose d'independant de Dieu ; ce qui est absurde : & si elle en dépendoit, Dieu donc avoit eu besoin pour la produire, de quelque autre chose ; & pour produire cette autre chose, encore de quelque autre chose, & ainsi de suite jusqu'à l'infini.

(b) Bien que la matiere ne soit pas creée du néant, il ne s'ensuit pas qu'elle soit égale à Dieu, ny qu'elle soit éternelle. 1. Elle n'est pas égale à Dieu ; car Dieu est essentiellement parfait, & la matiere estant de sa nature capable de changement, est essentiellement imparfaite. 2. Elle n'est pas éternelle ; car nous n'appellons éternel que ce qui existe en luy-même, & par luy-même ; ce qui ne convient point à la matiere, qui bien qu'elle existe en elle-même, n'existe pas par elle-même.

Censure. Article III.

Descartes tombe dans de grandes erreurs, lors qu'il assure que le corps se trouve par tout où il y a une longueur, une largeur & une profondeur, à cause que le vuide, ou le neant ne peut estre long, large, ni profond. Voila un obstacle insurmontable auquel Dieu même est obligé de ceder. (*a*) Descartes devoit reconnoistre qu'il y a deux sortes de qualitez : qu'il y a des qualitez positives, & des qualitez negatives ; & que le neant n'a aucunes qualitez positives, mais qu'il en a beaucoup de negatives. (*b*) Comme s'il ne nous estoit pas permis de dire que le neant est immuable ; que le neant est semblable au neant ; que le neant est contraire à l'estre ; que Dieu a tiré le monde du neant, &c. Or cette immutabilité & ces autres qualitez qui sont attribuées au neant par ces façons de parler, sont des proprietez negatives de la mobilité, & de plusieurs autres perfections. (*c*) De même, lors que nous feignons que Dieu reduit au neant le vin qui est contenu dans un vase, sans mettre aucun autre corps en sa place ; il faut dire que l'espace que ce corps occupoit demeure vuide, & qu'il est de même grandeur qu'estoit auparavant le vin ; & c'est avec raison que nous attribuons de l'étenduë à cet espace vuide, mais de l'étenduë negative : (*d*) Car quand je diray que cet espace vuide qui est entre les bords du vase est d'un pied quarré, c'est la même chose que si je disois, que dans cet espace d'un pied quarré il n'y a aucun corps ; & alors cette étenduë d'un pied quarré de vuide ou de rien, sera la negation d'un corps dans l'espace d'un pied quarré.

RÉPONSE A L'ARTICLE III.

Mr. Descartes ne se trompe point lors qu'il dit, que le corps se trouve par tout où il y a une longueur, une largeur & une profondeur, & que le vuide, où le neant ne peut estre long, large, ni profond; dont la raison est, que le vuide estant le neant du corps, il repugne qu'il ait les proprietez du corps.

(*a*) Personne ne doute qu'il n'y ait des qualitez positives, & des qualitez negatives; mais tout le monde sçait aussi que toutes les qualitez soit positives, soit negatives, supposent un sujet veritable qui possede, ou qui est privé de ces qualitez. Par exemple, la Justice & l'Injustice, qui sont deux qualitez dont l'une est positive, & l'autre negative, supposent un vray sujet, sçavoir un ange ou un homme qui est juste ou injuste. Cela supposé, que l'Auteur nous dise donc quel est le sujet des proprietez negatives du neant. Dira-t-il que c'est le neant même? Si cela est il faut qu'il reconnoisse que le neant, c'est à dire, ce qui n'est rien, a des proprietez negatives, c'est à dire, des proprietez qui ne sont rien : ce qui est absurde.

(*b*) C'est parler fort improprement, ou

pour mieux dire, c'est former des propositions chimeriques, que de dire, que le neant est immuable; qu'il est semblable à un autre neant; qu'il est contraire à l'être, &c. Car en effet l'immutabilité est une proprieté tres positive, qui ne peut convenir qu'à un estre réel & veritable; la ressemblance suppose deux ou plusieurs choses réelles qui se ressemblent; & la contrarieté ne se rencontre qu'entre deux qualitez réelles & positives, qui ne peuvent compatir ensemble dans le même sujet; comme le chaud & le froid ne peuvent compatir ensemble dans le même homme. Je dis entre deux qualitez reelles & positives, pour marquer que l'opposition qui se trouve entre deux qualitez, dont l'une est positive & l'autre negative, ne s'appelle pas *contrarieté*, mais simplement *privation*, selon les regles de la Logique.

(c) Que l'Auteur feigne autant qu'il voudra que Dieu a détruit le vin qui est dans un vase, sans mettre aucun autre corps en sa place; il concevra toujours de l'espace & de l'étenduë entre les bords de ce vase: & il ne servira de rien de dire, que cet espace sera vuide; ou s'il est étendu, que son extension ne sera que negative: car il vient d'estre prouvé que cela repugne, & qu'il n'est pas possible qu'une extension negative, qui est un neant, soit une proprieté du vuide, qui est un autre neant : autrement un neant seroit la proprieté d'un autre neant, & cet autre neant, encore d'un autre ; & ainsi de suite jusqu'à l'infini. Ce qui est absurde.

(*d*) L'Auteur declare que quand il dira que l'espace vuide, qui est entre les bords d'un vase, est d'un pied quarré, c'est la même chose que s'il disoit, que dans l'espace d'un pied quarré il n'y a aucun corps; & qu'alors cette étenduë d'un pied quarré de vuide, sera la negation d'un corps dans l'espace d'un pied quarré. Les Cartesiens répondent que ces propositions sont pleines de contradictions, comme il paroîtra clairement si l'on se donne la peine de les traduire: Car elles rendront ce sens: *L'Auteur declare que quand il dira que le neant qui est entre les bords du vase est d'un pied quarré, c'est la même chose que s'il disoit, que dans le neant d'un pied quarré il y a un neant; & qu'alors ce neant d'un pied quarré sera un neant dans le neant d'un pied quarré.* Sans doute, Monsieur, cette traduction vous paroist ridicule. Elle est pourtant exacte. Car comme, selon l'Auteur, l'espace & le vuide ne different pas du neant, les Cartesiens en traduisant ne font que mettre la defini-

tion à la place de la chose definie ; ce qu'
leur est permis de faire par toutes les loix
de la bonne Logique.

L'Auteur dans cet art. confond mal à
propos le neant avec la privation & la negation. La privation & la negation sont
des defauts de quelques proprietez reelles
qui supposent un sujet : l'injustice, par
exemple, qui est une privation de justice,
suppose un sujet injuste ; & l'aveuglement,
qui est une negation à l'égard d'une pierre, suppose une pierre qui n'a point d'yeux.
Le neant au contraire est un defaut qui ne
suppose aucun sujet, & qui ne peut estre
luy-même le sujet d'aucune proprieté, non
pas même des proprietez negatives : parce
que la proprieté negative d'un neant seroit le neant d'un neant : ce qui est absurde. D'où il s'ensuit que c'est proprement
former des propositions chimeriques, que
de dire *que le neant est immuable, & qu'il
est semblable à un autre neant*, &c.

Censure. Article IV.

Combien frivole est encore l'argument par lequel Descartes pretend prouver que la nature du
corps ne consiste pas dans la dureté. Il dit que
lors que nos mains se meuvent vers quelque costé, si les corps qui sont de ce côté-là, reculoient aussi vite que nos mains avancent, nous

ne sentirions aucune dureté. Il pourroit prouver de la même façon que les pomes qui pendoient sur la tête de Tantale, n'estoient pas douces, parce que se retirant à mesure qu'il en vouloit manger, il n'en sentoit pas le goût. (*a*) La dureté est de deux manieres. On la considere ou entant qu'opposée à la mollesse, ou entant qu'elle est une force que la nature a imprimée à tous les corps, d'occuper tellement le lieu où ils sont, qu'un autre corps ne puisse s'y loger tandis qu'ils y sont, qui est ce qu'on appelle dans l'Ecole, *Impenetrabilité*. (*b*) D. avoit appris que quelques anciens Philosophes ont fait consister l'essence du corps dans cette impenetrabilité, & il a cru pouvoir détruire leur opinion par cet argument que nous avons apporté, qui est defectueux, 1. parce qu'il ne distingue pas cette double dureté dont je viens de parler. 2. Parce qu'il croit qu'il faut connoître la dureté par l'attouchement. Or à laquelle des deux duretez qu'on veuille rapporter le contact, cela est manifestement faux ; car la couverture de fer qu'on met sur le cheval & sur le cavalier, ne laisse pas d'estre dure, quoy que je tâche inutilement de la toucher dans la course : mais soit qu'il y ait des mains dans le monde, soit qu'il n'y en ait pas, tous les corps quoy que mous, retiennent leur dureté ; & l'or, soit qu'il soit fixe, soit qu'il soit fondu, est toujours impenetrable. (*c*) C'est par cette raison que les Anciens, qui faisoient consister la nature du corps dans l'impenetrabilité, definissoient le corps, *Une masse qui resiste autant qu'elle peut*. Car ils vouloient juger de la dureté interieure des corps par sa propre nature, & non pas par sa comparaison à d'autres choses ; ce que Descartes ne desavoüe pas, lors qu'il répond à Henricus Morus qui disoit, que le corps estoit une chose sensible; que par cette definition il ne touchoit qu'une certaine proprieté du corps, & non pas sa nature toute entiere, laquelle peut subsister sans qu'il y ait des hommes, & sans qu'elle dépende des sens.

Réponse a l'Article IV.

Mr. Descartes a eu raison de dire, que si en mouvant nos mains vers un certain côté, tous les corps qui y sont reculoient aussi vîte que nos mains avancent, nous ne sentirions aucune dureté; parce que quand il est question de la dureté, il s'agit toujours, non d'une qualité qui est dans les corps considerez en eux-mêmes, mais d'une qualité qui est dans les corps considerez par rapport au sens du toucher; ce qui fait qu'on met toujours la dureté entre les qualitez qu'on appelle *Sensibles*, parce qu'elles ne se manifestent qu'aux sens. Il faut remarquer cependant qu'une qualité ne laisse pas d'estre sensible, quoy qu'elle n'affecte pas actuellement les sens; il suffit qu'elle les puisse affecter si elle y estoit suffisamment appliquée: d'où vient que les pomes de Tantale estoient veritablement douces, parce qu'elles eussent effectivement meû son goût, si elles ne se fussent retirées lors qu'il en vouloit manger.

(14) Il n'est pas vray que la dureté soit

opposée à la mollesse ; elle est seulement opposée à la liquidité : car la mollesse est un milieu entre la dureté & la liquidité. L'impenetrabilité est encore fort differente de la dureté ; puis qu'il y a des corps qui estant toujours impenetrables, sont tantost durs, & tantost liquides, comme l'eau & toutes les autres liqueurs qui se gelent, qui sont tantost dures & tantost liquides.

(*b*) Mr. Descartes n'avoit garde d'admettre les deux sortes de dureté dont parle l'Auteur. Il sçavoit trop bien que la dureté estant au nombre des qualitez sensibles, il la falloit faire consister dans quelque chose qui pût affecter nos sens ; ce que ne pouvoit faire l'impenetrabilité qui se trouve dans un grand nombre de corps qui ne peuvent se faire sentir, tels que sont tous ceux qui composent la matiere qu'on appelle *Etherée*. Il est vray qu'un corps ne laisse pas d'estre dur quoy que nous ne le touchions pas de la main. Mais nous soutenons qu'il n'est tel qu'entant qu'il peut affecter le sens du Toucher ; ce qui fait voir que la dureté se rapporte toujours aux sens, & partant qu'elle est fort differente de l'impenetrabilité, qui ne s'y rapporte jamais.

(*c*) Cela est confirmé par la definition même que les anciens Philosophes ont donnée du corps, lors qu'ils ont dit, *qu'il est une masse qui resiste autant qu'elle peut d'elle-même.* Car à quoy se rapporte cette resistance, sinon au sens du toucher? Cela n'empêche pas neanmoins qu'ils ne se soient trompez lors qu'ils ont pris la dureté pour l'essence du corps; car il est certain qu'elle n'en est qu'un simple accident, comme il paroist par la réponse que Mr. Descartes fit dans la 67. lettre du 1. tom. à Henricus Morus, qui definissoit le corps, *Une chose sensible.*

Censure. Article V.

Lorsque Descartes a dit que le monde estoit Indefini, il a tâché de se cacher dans l'obscurité de ce mot à l'égard des Theologiens, qu'il voyoit bien qu'il s'attiroit sur luy. Or il appelle *Indefini*, ce qu'il ne sçait s'il est fini, ou infini: d'où vient que Descartes a voulu signifier par ce mot, ce que les choses sont à notre égard, & non pas ce qu'elles sont en elles-mêmes. Que si cela est indefini, qu'on ne sçait pas s'il est fini ou infini; on ne sçait aussi si le monde est fini ou infini; & partant l'on ignore s'il y a de la place pour plusieurs mondes, ou s'il n'y en a point. C'est donc temerairement que Descartes assure ce qu'il ne sçavoit pas lors qu'il a dit, qu'il ne pouvoit pas y avoir plusieurs mondes. (*) Au reste, il n'y a rien qui soit infini en luy-même. Tout ce qui est, est fini, ou infini. S'il est fini, toute sa doctrine est renversée touchant le corps & le vuide; & s'il est infini, c'est en vain qu'il a recours à l'indefini;

defini ; & il est responsable de toutes les erreurs que nous avons demontré s'ensuivre de ces pernicieux principes, qui sont, que le monde est infini. Car qu'est-ce qu'estre infini, qu'estre privé de bornes ? C'est pourquoy saint Thomas a eu raison de dire, qu'il y a dans les choses materielles quelque chose d'infini par un defaut de bornes formelles. Or Descartes assure que le monde n'en a point ; & s'il le nioit, il se contrediroit luy-même. Car si le corps & la matiere avoient des bornes, il n'y auroit au delà de ces bornes aucune matiere, ni aucun corps ; & partant cet espace seroit vuide & un pur neant, & plusieurs mondes y pourroient estre placez : ce qu'il dit estre impossible.

RÉPONSE A L'ARTICLE V.

Si par le mot d'*Indefini*, Mr. Descartes a entendu une chose qu'il ne sçait pas si elle est finie, ou infinie, il a agi contre ses propres principes, lors qu'il a dit que le monde est *Indefini* ; parce qu'il est obligé de reconnoître que le monde n'a point de bornes, & partant qu'il est veritablement infini, c'est à dire tel qu'on ne peut concevoir rien de plus grand, ni de plus étendu. Mais si par le mot d'*Indefini* Mr. Descartes a entendu quelque partie de l'Univers, dont la grandeur est telle qu'il ne sçait pas jusqu'où vont ses bornes, il s'est servi fort à propos du mot d'*Indefini*. Or ce qui fait croire que Mr. Descartes a pris le mot d'*Indefini* en ce dernier sens, est ce qu'il dit dans la 1. part. des Principes, nombre 29. *Et pour nous en voyant certaines choses dans lesquelles selon certains sens nous ne remarquons point des limites, nous n'assurons pas pour cela qu'elles soient infinies ; mais nous les estimons indefinies. Ainsi parce que nous ne sçaurions imaginer une étenduë si grande, que nous ne concevions en même temps qu'il y en peut avoir une plus grande, nous dirons que l'étenduë des choses possibles est indefinie. Et parce qu'on ne sçauroit diviser un corps en des parties si petites, que chacune de ces parties ne puisse estre divisée en des parties dont le nombre est indefini : & parce que nous ne sçaurions imaginer tant d'étoiles, que Dieu n'en puisse faire davantage, nous supposerons que leur nombre est indefini : & nous appellerons ces choses indefinies plutost qu'infinies, afin de reserver à Dieu seul le nom d'infini.* Il paroît donc par ces paroles, que Mr. Descartes ne s'est servi du mot d'*Indefini*, que pour parler des choses particulieres, & non pas pour parler du monde en general, lequel il a pû appeller *Infini* sans rien craindre des Theologiens, ausquels il pouvoit opposer l'autorité même de saint Thomas, qui dit précisément, que dans les choses materielles il y a quelque chose d'infini, parce qu'il y a quelque chose qui n'a point de bornes formelles : Or qu'y a-t-il qui n'ait point de bornes formelles, que l'étenduë du monde universel ? Mr. Descartes n'avoit donc rien à craindre du côté des Theologiens en disant que le monde universel est infini.

Il est constant que tout ce qui existe est fini, ou infini, & que le mot d'*Indefini* n'est pas fait pour signifier ce qu'on ne sçait pas s'il est fini, ou infini ; mais pour signifier ce qu'on sçait estre fini, mais dont on ne connoist pas l'étenduë des bornes. Or cela posé, Mr. Descartes n'est point temeraire pour assurer qu'il ne peut y avoir plusieurs mondes semblables au monde universel ; parce que celui-cy estant veritablement infini, & veritablement connu comme tel, il n'y auroit pas de places pour mettre de nouveaux mondes. L'Auteur objecte, que c'est une chose pernicieuse de dire que le monde universel est infini en grandeur ; mais il ne le prouve pas : & nous avons prouvé au contraire dans le 1. art. de ce Chap. qu'il estoit de la perfection de Dieu d'avoir fait le monde immense.

Fin du cinquième Chapitre.

CHAPITRE VI.

De l'origine de ce monde sensible.

CENSURE. ARTICLE I.

LEs propositions precedentes estant renversées, il est necessaire que toutes les autres parties de la Physique de Des. qui y sont appuyées, tombent en ruine; mais sur tout l'invention plaisante dont il se sert pour décrire l'origine de ce monde sensible, qu'il fait proceder de parties fort subtiles & égales, dont chacune en son particulier tourne sur son centre, & plusieurs ensemble tournent autour de differens centres communs, à la maniere de divers tourbillons. Il veut que par le choc de ces parties il s'en soit détaché plusieurs particules, jusqu'à ce qu'elles soient devenuës toutes rondes & ayent acquis une grande subtilité, en telle sorte que leur mouvement continuant toujours les particules qui se sont détachées devenant de plus en plus petites, n'ont plus enfin de grandeur ny de figure déterminées. Il pretend même que les parties qui se sont arrondies, agissant continuellement les unes contre les autres, ne sçauroient conserver toute leur grosseur, mais qu'elles deviennent tous les jours plus petites. Que du reste, comme toutes les parties qui se sont détachées des globules ne sont pas égales, & qu'il y en a de plus grosses que les autres, que les plus grossieres s'estant embarassées les unes avec les autres, ont composé plusieurs grands corps. Qu'au surplus ces trois Elemens sont l'origine de ce monde sensible. Il pretend que le Soleil & les Etoiles fixes se sont formez des particules qui se sont détachées des globules, lesquelles il appelle *premier Element*; que les Cieux sont composez des globules qu'il nomme *second Element*; & que la terre & les planetes se sont formez des parties les plus grossieres du premier Element, qu'il appelle *troisiéme Element*. Tous ces miracles s'ensuivent de l'opinion que Descartes a de la plenitude du monde, qui n'admet aucun vuide; car s'il y pouvoit avoir dans le monde quelque espace vuide, il ne serviroit de rien de feindre cette grande subtilité du premier Element pour remplir les intervalles des globules, ny cette brisure qui ne doit jamais finir; car Descartes avoüe qu'il n'a eu d'autre raison de feindre tout cela, que parce qu'il repugne que quelque chose soit vuide.

RÉPONSE A L'ARTICLE I.

Voila la vraye idée que Mr. Descartes a eu de l'origine du monde. L'Auteur pretend que cette idée n'est qu'une pure rêverie, que Mr. Descartes a esté obligé d'inventer à cause de la plenitude qu'il a supposée dans le monde: Mais c'est ce qu'il doit prouver.

Censure. Article II.

Mais comme j'ay demontré que l'argument par lequel Descartes a prouvé que le vuide estoit impossible, est frivole ; il s'ensuit aussi que la generation du monde qui en procede, est une pure fiction. Mais outre cela l'origine de ses trois Elemens enferme beaucoup de défauts. (*a*) Je ne dis rien de cette objection qu'on fait aux Cartesiens, à laquelle ils n'ont jamais pû répondre, que le premier Element s'augmenteroit toujours à cause du mutuel concours de ses parties, & que le second se diminueroit jusqu'à ce qu'enfin il seroit tout détruit..... Car quoy que, selon Mr. Descartes, le troisiéme Element s'engendre du premier, & que par ce moyen l'augmentation excessive de celuy-cy soit empêchée ; cela n'arreste pas la diminution du second Element ; si ce n'est que Mr. Descartes dise, que le second Element se forme du premier & du troisiéme : Ce que Descartes n'a dit nulle part que je sçache ; & si quelque Cartesien l'ose dire, les Philosophes en riront : car ce sera la même chose que dire, que de la limure on en fait une lime. De plus, Descartes ayant nié que les parties du premier Element qui se sont unies pour former le troisiéme, & tout autre corps puisse jamais acquerir la solidité du second Element, il est évident que le troisiéme Element ne peut pas estre changé en second : à plus forte raison le premier Element n'y peut pas estre changé ; parce que par le frottement continuel qu'il souffre, il devient si subtil qu'il se trouve fort éloigné de la solidité du second Element ; &

s'il y a quelque chose de solide en luy, il passe d'abord au troisiément Element. (*b*) Je ne dis rien encore de cette subtilité merveilleuse du premier Element, qui est obligé de se rompre à tous momens pour s'accommoder aux lieux par lesquels il passe; ce qui le rend si subtil, que Descartes même avoüe qu'il ne sçauroit concevoir sa subtilité, laquelle il tient pourtant pour infaillible à cause qu'elle se deduit de ses principes; au lieu qu'il devoit retracter ses principes à cause qu'il s'en ensuivoit une consequence qu'il ne pouvoit comprendre, veu qu'il avoit conseillé si souvent, de ne consentir jamais qu'aux choses claires. (*c*) Je ne dis rien de tout cela, pour m'arrester seulement à un argument qui a esté inventé par Henricus Morus Anglois, qui peut estre appellé avec raison, l'écueil des Cartesiens. Supposons, dit Henricus Morus, que ces parties égales que Descartes a posées comme l'origine de ce monde, ont esté quarrées comme des dez qui peuvent justement remplir tout le vuide : Si par leur agitation ces parties viennent à perdre leurs angles, & à acquerir la figure ronde, tous les fragmens des angles auront la même raison aux globules que dix à onze, puis qu'un cercle a la même raison au cercle qui luy est inscript que vingt-un à onze. Maintenant si par succession de temps les globules s'attenuënt toujours, la raclûre deviendra enfin si abondante, qu'elle égalera enfin toute la masse des globules. Cela supposé, si la moitié de la raclûre est employée à remplir les intervalles des globules, l'autre partie restera pour composer le Soleil. C'est pourquoy puisque le second Element & les parties du premier qui s'en sont separées, remplissent justement toute la capacité du tourbillon dans lequel nous sommes ; le Soleil contenant la moitié de la matiere du premier Element, il occupera la quatriéme partie de ce tourbillon, & aura la même raison au tourbillon que un à quatre. C'est pourquoy le diametre du Soleil sera plus grand que le reste du diametre du tourbillon : & si cela est, la terre & les autres planetes seront ensevelies dans le Soleil. Cela est si évident, qu'il n'y a rien à répondre. (a) Je sçay bien qu'on peut supposer des corps d'une autre figure qui approche plus de la ronde que le quarré en tous sens, par exemple, un prisme à six angles ; car par ce moyen les corps deviendront ronds sans beaucoup de brisure : neanmoins il se formera une si grande quantité de matiere subtile, qu'il sera necessaire que le Soleil qui s'en doit former, ait un diametre dont la moitié, ou le rayon surpasse la distance du Soleil & de la terre.

Réponse a l'Article II.

L'Auteur suppose qu'il a démontré que l'argument par lequel Mr. Descartes prouve que le vuide est impossible, est faux. Mais comme il le suppose sans fondement, Mr. Descartes continuë toujours à dire, que le vuide repugne.

(a) C'est donc à l'Auteur à faire voir les inconveniens qui accompagnent l'origine du monde selon les principes de Mr. Descartes. S'il dit que le premier Element s'augmenteroit de jour en jour, &

que le second diminueroit jusqu'à se détruire tout à fait, Mr. Descartes répondra que le premier Element se change continuellement en troisiéme. Si l'Auteur replique, que cela n'empêche pas que le second ne diminuë toujours; les Cartesiens diront encore, que le troisiéme Element se change aussi en second; & que bien que leur Maistre ne l'ait dit en aucune part expressément, cela suit si necessairement de ses principes, qu'il doit estre censé l'avoir dit. Et il n'importe d'objecter que les Philosophes en riront: car on les laissera rire; & cependant on fera entendre à toutes les personnes de bon sens, que la transmutation du troisiéme Element en second est fort aisée. Ce seroit à la verité une chose ridicule que de dire que le second Element se forme du premier immediatement; car ce seroit le même que dire, que de la limure on fait immediatement une lime, ce qui est impossible. Aussi Mr. Descartes, & ses Disciples, n'ont jamais enseigné cela; ils disent seulement que le troisiéme Element se forme du premier, & que le second se forme du troisiéme. Ce qui se peut aisément concevoir par l'exemple même de la limure & de la lime, dont l'Auteur se sert. Car comme tout le monde sçait que la limure estant fonduë se peut changer en une masse de fer, dont on fait une lime, & que de cette lime on en peut faire ensuite plusieurs corps ronds; rien n'empêche de concevoir aussi que la matiere du premier Èlement s'estant figée dans les pores de la terre & des planetes, peut prendre la forme de plusieurs corps mixtes, lesquels se changent ensuite par leur concours en second Element. Il est vray que ce second Element ne sera pas si solide que celuy qui a resulté de la premiere division de la matiere; mais il le sera assez pour surpasser en solidité le premier & le troisiéme Èlement. Ce qui suffit à Mr. Descartes.

(*b*) Quand on sçait que la matiere est divisible à l'infini, on conçoit sans peine que la matiere du premier Element peut estre divisée continuellement, pour s'accommoder à la grandeur des lieux par où elle passe. Mais, dira-t-on, Mr. Descartes avouë luy-même qu'il ne peut concevoir une division actuelle, infinie dans la la matiere. Cela est vray: mais il suffit qu'il y puisse concevoir une divisibilité à l'infini; ce qui luy est tres-aisé. Ainsi quoy que la subtilité de la matiere du premier Element soit si grande que Mr. Descartes ne la puisse concevoir, cela n'empêche pas pourtant qu'il ne la tienne pour infaillible, parce qu'elle se déduit de ses principes ; sçavoir de la divisibilité de la matiere à l'infini, dont il est tres-assuré.

(c) Quant à l'argument de Henricus Morus, que l'Auteur croit indissoluble, nous tombons d'accord que Mr. Descartes a dit en plusieurs occasions, que la matiere a esté divisée au commencement en parties cubiques; d'où il s'ensuit que la brisure de ses angles prise toute ensemble, a la raison de dix à onze à tous les globules aussi pris ensemble; parce que le cube a la raison de 21. à 11. au globe qui luy est inscript. Mais nous soutenons que bien que les globules se changent toujours en la matiere du premier Element, cette matiere du premier Element n'égalera jamais en quantité les globules, & que le Soleil n'occupera pas la quatriéme partie de notre tourbillon, comme Henricus Morus le pretend. Cela paroistra évident, si l'on considere qu'il faut retrancher de la matiere du premier Element, de laquelle le Soleil se doit former, *Primò*, la partie qui doit remplir les intervalles qui sont entre les globules, laquelle est, selon Henricus Morus, la moitié de toute cette matiere du premier Element, *Secundò*, Il en faut diſtraire la partie qui ſe fige continuellement dans les pores de toutes les planetes, & de tous leurs ſatellites, pour former les corps mixtes qui ſe trouvent ſur leurs ſurfaces. *Tertiò*, Il en faut ôter la partie qui ſe trouve vers le centre de chaque tourbillon des planetes, où elle eſt continuellement repouſſée par les globules qui compoſent ces tourbillons, pour y produire les feux, les flammes, & les fermentations qui s'y font, & que nous y obſervons; car il eſt certain qu'il n'y auroit rien de tout cela dans tous ces tourbillons, s'il n'y avoit qu'autant de matiere du premier Element qu'il en faut pour remplir les intervalles du ſecond; ainſi que je l'ai démontré dans mon Syſtême general de Philoſophie. Or ces diſtractions faites, il ſera aiſé de voir que le Soleil ne ſera pas plus grand qu'il le paroiſt eſtre; & que ſi l'Auteur & Henricus Morus ont crû le contraire, c'eſt qu'ils n'ont pas ſçû dénombrer tous les uſages auſquels la matiere du premier Element eſt employée dans chaque grand tourbillon.

(*d*) Il faut ajouter, Monſieur, que rien ne nous oblige de croire qu'il ne faut que la moitié de la matiere du premier Element, pour remplir les intervalles du ſecond,

second : Outre que nous ne dirons rien contre le sentiment de Mr. Desc. quand nous voudrons supposer que la matiere a esté divisée au commencement en des parties qui ont eu des figures qui approchoient plus de la spherique que de la cubique ; puisqu'il a dit dans son Traité de la lumiere, qu'on pouvoit supposer que la matiere a esté divisée en des parties qui estoient plus differentes en grosseur & en figure, qu'on ne le peut imaginer. Ce qui fait voir que la brisure des angles prise toute ensemble, aura moins de raison à tous les globules pris ensemble que l'Auteur ne pretend ; & partant que le Soleil doit estre beaucoup plus petit qu'il ne suppose. Ce qu'il falloit prouver.

L'Auteur s'est trompé icy. 1. En ce qu'il a cru que Mr. Descartes disoit que le second Element se formoit immediatement du premier : ce qu'il n'a jamais enseigné. 2. En ce qu'il n'a pas compris qu'il y a une fort grande difference entre concevoir que la matiere est divisible à l'infini, & concevoir qu'elle est actuellement divisée à l'infini : que le premier est fort aisé, & que le dernier est impossible. Ce qui fait que de cela seul que Mr. Descartes sçait que la matiere est divisible à l'infini, il peut estre tres-asseuré qu'elle est actuellement divisée à l'infini ; quoy qu'il ne puisse concevoir cette division actuelle infinie. 3. En ce qu'il est tombé dans cette espece de sophisme qu'on appelle *denombrement imparfait* ; n'ayant sçû remarquer tous les usages ausquels la matiere du premier Element sert dans chaque grand tourbillon.

Fin du sixiéme Chapitre.

CHAPITRE VII.

Où on examine le sentiment de Descartes, touchant la cause de la pesanteur des corps, & où on la refute.

CENSURE. ARTICLE I.

DESCARTES n'a pas esté plus heureux à assigner la cause de la pesanteur des corps terrestres, laquelle il attribuë au mouvement des globules du second élement, qui se mouvant circulairement dans le tourbillon où ils sont, tendent necessairement à aller vers la circonference par des lignes droites; de telle sorte que s'ils rencontrent des corps terrestres qui n'ont pas tant de force qu'eux pour s'éloigner du centre du mouvement, ils les repoussent en bas tandis qu'ils montent en haut; & cela avec d'autant plus de force, que ces corps terrestres contiennent plus de matiere terrestre, & moins de celeste. Pour expliquer cela plus clairement, il se sert de l'exemple d'un grand vase plein d'eau, laquelle eau si elle tourne circulairement, & qu'on y jette quelques petits fragmens de bois, ces petits fragmens coulent aussi-tost vers le centre, & demeurant suspendus nagent au milieu du tourbillon de l'eau, comme la terre nage au milieu de son tourbillon.

RÉPONSE A L'ARTICLE I.

L'Auteur rapporte fort fidellement dans

cet article, le sentiment de Mr. Descartes touchant la cause de la pesanteur des corps terrestres : mais il ne croit pas que ce sentiment soit mieux fondé que les autres qu'il a déja combattus. Nous allons voir comment il le prouvera.

CENSURE. ARTICLE II.

Ce sont de belles choses en apparence ; mais elles ne trouveront point de creance dans l'esprit des vrais Philosophes, s'ils ont observé que l'eau qui tourne circulairement dans le vase, est portée autour de l'axe de ce mouvement, & que les particules de bois qu'on y jette, tendent à cet axe, sçavoir chacune à ce point de l'axe dans lequel cet axe est coupé par le plan du cercle que décrit cette particule, & qu'elles ne tendent point au centre du vase. Car si on remplit d'eau un vase formé en cylindre, & qu'on fasse mouvoir circulairement cette eau ; si on jette ensuite quelques particules de bois & de pierre, on verra aussi-tost que les particules de bois se portent vers la partie superieure de l'axe, & celles de pierre vers la partie inferieure, & qu'il n'y en a aucune qui tende au centre du cylindre ; c'est à dire, qu'elles se porteront vers le centre du cercle qu'elles décrivent. C'est pourquoy, puisque les particules de bois tourneront dans la partie superieure de l'eau, & les particules de pierre dans l'inferieure, le centre de ces deux tourbillons sera en deux diverses parties de l'axe, sçavoir dans ces deux points où les plans des deux cercles couperont l'axe. D'où il s'ensuit que les corps terrestres ne sont pas poussez par les globules vers le centre de la terre, mais vers le centre de leurs tourbillons, sçavoir chacun vers le centre du tourbillon des globules par lesquels il est poussé en bas, c'est à dire, vers ce point de l'axe de la terre dans lequel cet axe est coupé par le plan du cercle de ce tourbillon. D'où il arrive que les seuls corps terrestres qui sont sous l'équinoctial, tombent perpendiculairement sur la terre. Les autres tombent bien perpendiculairement sur l'axe, mais obliquement sur la surface de la terre, & d'autant plus obliquement, que la Sphere sera plus oblique à leur égard; en telle sorte que sous les poles, les corps ne tomberont pas sur la terre. Or l'experience faisant voir que cela est faux par rapport à nous qui avons la Sphere oblique, & que tous les corps terrestres tombent perpendiculairement dans toutes les situations de la Sphere; il faut conclure que la raison que Descartes apporte de la pesanteur des corps terrestres, est fausse.

Réponse a l'Article II.

L'Auteur veut bien que les globules du second élement poussent en bas les corps terrestres; mais il ne veut pas qu'ils les poussent tous vers le centre de la terre. Il dit qu'il n'y a que ceux qui sont sur l'Equateur qui soient poussez vers ce centre, & que tous les autres tendent vers des points de l'axe qui sont autant éloignez du centre de la terre, que les cercles, qu'ils décrivent sont distans de l'Equateur. Ce qui se déduit si évidemment de ce grand principe de Mr. Descartes: *Que tout corps qui se meut en rond, fait effort pour s'éloigner du centre du mouvement*, qu'on ne le sçauroit contester à l'Auteur. C'est ce qui a fait sans doute que quand Mr. Desc. a voulu rendre raison pourquoy les corps terrestres tendent au centre de la terre, il a esté obligé de recourir à un nouveau principe, comme il paroist par ce qu'il dit dans le nombre 27. de la 4. partie des Principes, où il parle ainsi: *Au reste, il faut remarquer qu'encore que les parties du ciel se meuvent en plusieurs diverses façons en même temps, elles s'accordent neanmoins à se balancer & à s'opposer l'une à l'autre; en telle sorte qu'elles étendent également leur action vers tous les côtez où elles peuvent l'étendre: & ainsi que de cela seul que la masse de la terre par sa dureté, repugne à leurs mouvemens, elles tendent à s'éloigner également de tous côtez de son voisinage, suivant des lignes droites tirées de son centre; si ce n'est qu'il y ait des causes particulieres qui mettent en cela quelque diversité: & je puis bien concevoir deux ou trois telles causes.* Il paroit par là, Monsieur, que quand il s'agit d'expliquer la descente des corps graves au centre de la terre, Mr. Desc. abandonne sa grande regle du mouvement: *Que tout corps qui se meut circulairement, tend à s'éloigner du centre du cercle qu'il décrit*; & qu'il recourt à un principe tout nouveau, qui est la resistance que la terre fait par sa dureté, aux mouvemens des globules. Mais quand nous supposerions même que ce nouveau principe seroit veritable, les corps terrestres ne tendroient pas precisement au centre de la terre, mais à un point de son axe qui seroit moyen entre ce centre, & le centre du cercle qu'ils décrivent autour de cet axe; dont la raison est, que leur mouvement dépendroit en même temps des globules qui s'éloigneroient du centre de la terre, & de ceux qui s'éloigneroient du centre de leur propre mouvement: ce qui feroit que les corps graves descendroient par un mouvement composé. C'est-là sans doute, une de ces deux ou trois causes particulieres que Mr. Descartes concevoit qui pouvoient mettre de la diversité à la descente des corps graves au centre de la terre.

Toutefois cette difficulté n'est pas particuliere au Systeme de Mr. Descartes: elle est commune à tous les Systemes tant anciens que modernes. Ce qui pourroit faire croire que peut-estre les corps ter-

B b iiij

restres ne descendent pas si precisement qu'on pense, au centre de la terre. Je sçay bien que cette opinion semble repugner à un grand nombre d'observations Physiques & Astronomiques : mais dans le fond ces observations ne sont point des raisons convaincantes pour nous empêcher de croire que les corps terrestres descendent par un mouvement composé. Et si cela est, on pourroit peut-estre bien rendre raison de leur descente au centre de la terre par les principes de Mr. Descartes. Car il faut remarquer que selon ces principes, quand plusieurs corps se meuvent en rond, ils ne tendent pas seulement à s'éloigner du centre de leur mouvement, mais encore à décrire les plus grands cercles qu'ils peuvent dans les lieux où ils se meuvent; parce que les grands cercles approchent plus de la ligne droite que les autres. Cela estant posé, Mr. Descartes dira qu'il ne doute point de la verité de l'experience que l'Auteur rapporte du Cylindre d'eau; mais qu'il y a cette difference entre l'eau qu'on fait mouvoir circulairement dans un cylindre, & celle qu'on fait mouvoir dans un cone; que la premiere ne peut pousser les particules de bois que vers le centre du cercle qu'elles décrivent, à cause que ce cercle est égal à tous les autres cercles qu'on peut imaginer dans ce cylindre : & que la seconde pousse ces mêmes particules non seulement vers le centre du cercle qu'elles décrivent, mais aussi vers le centre du plus grand cercle du cone; parce qu'elle tend en même temps à s'éloigner de ces deux centres. Or il est visible que les corps terrestres se meuvent dans la masse élémentaire comme dans deux cones, dont les pointes sont dans les Poles, & les Bases dans l'Equateur : ce qui fait que tous ces corps sont poussez en même temps & vers le centre de l'Equateur, qui est le même que celuy de la terre, & vers le centre du cercle qu'ils décrivent. Ce qui a trompé icy l'Auteur, est qu'il n'a consideré que l'effort que les globules font à s'éloigner du centre de leur mouvement, & qu'il n'a eu aucun égard ni à celuy qu'ils font pour décrire l'équateur, ni à celuy dont parle Mr. Descartes dans le nomb. 27. de la 4. partie de ses Principes ; qui sont pourtant fort remarquables : ce qui fait qu'il tombe dans un dénombrement imparfait, & qu'il blâme sans raison Mr. Descartes.

Fin du septiéme Chapitre.

CHAPITRE VIII.

Où l'on examine en general la Philosophie de Mr. Descartes.

Censure. Article I.

Considerons donc maintenant la nature & les qualitez de cette nouvelle Philosophie. On en conçoit d'abord une fort bonne opinion. Elle conduit à la verité par de belles voyes, elle arrache les racines de l'erreur, sçavoir les prejugez ; & comme si elle avoit preparé la terre pour bâtir, elle jette les fondemens sur des Principes approuvez de tout le monde.....

Réponse a l'Article I.

Dans cet Article Mr. Huet ne fait autre chose que rapporter les louanges qu'on a coutume de donner à la Philosophie de Mr. Descartes ; ausquelles nous n'avons rien à répondre.

Censure. Article II.

C'est ce qui fait qu'on n'a pas lieu d'estre surpris que cette doctrine ait esté reçuë avec tant d'applaudissement, particulierement de ceux qui dans leur jeunesse s'estant exercez d'une maniere telle quelle dans les Ecoles des Peripateticiens, sans avoir esté instruits de l'ancienne Philosophie, ont esté touchez des agrémens de cette nouvelle doctrine, qui n'est point raboteuse, herissée, ny embarrassée; & qui est d'ailleurs plus probable, & plus vray semblable......

Réponse a l'Article II.

L'Auteur propose icy les raisons pour lesquelles cette Philosophie a esté si bien receuë du vulgaire; ensuite de quoy il luy attribuë cinq defauts principaux, que nous allons examiner.

Censure. Article III.

Premier Defaut.

Vous avez reconnu que Descartes n'est pas constant, & qu'il ne s'est pas tenu à la resolution qu'il avoit faite de douter de tout, ayant admis plusieurs choses douteuses & dignes d'être rejettées; comme si par cette conduite, il avoit voulu obliger ses disciples à douter de l'opinion de tous les autres Philosophes, & à ne recevoir que la sienne. De cette inconstance dans ses Principes, il s'est ensuivi un fort grand changement dans sa doctrine; d'où vient qu'il a souvent rejetté des choses probables, & qu'il a receû pour tres-certaines des choses douteuses. Je vous en ay rapporté plusieurs exemples. Voila le premier defaut.

Reponse au I. Defaut.

Il est vray que Mr. Descartes meriteroit de passer pour inconstant, si ayant resolu de douter de tout, il avoit admis quelque chose pour vray sans l'avoir examiné : mais s'il n'a rien admis qu'aprés un suffisant examen, pourquoy l'accuser d'estre inconstant, & d'avoir voulu faire douter de l'opinion de tous les autres Philosophes, pour ne recevoir que la sienne ? Pourquoy dire que de cette inconstance dans ses Principes, il s'est ensuivi un fort grand changement dans sa doctrine ? puis que le doute de Mr. Descartes n'est pas un Principe de Philosophie, mais une methode pour s'instruire, comme il a esté remarqué dans la réponse au 1. art. du 1. chap.

Second Defaut.

Le second defaut de Mr. Descartes est, que s'estant figuré qu'il avoit trouvé quelque chose de solide touchant la nature de l'esprit humain, il s'en est servi pour resoudre les plus grandes difficultez de la Philosophie ; ce qui est cause qu'il s'est trompé en plusieurs, sur tout dans la recherche de la regle de la verité, que les Latins appellent, *Criterium*, sans laquelle

quelle on ne peut connoître la verité ; & dans la demonstration de l'existence de Dieu, de laquelle il a voulu faire voir que la certitude de plusieurs autres choses dépendoit. Ce défaut est en toutes les parties de cette Philosophie : ce qui fait que si on l'appelle *fanatique*, elle ne sera pas mal baptisée.

REPONSE AU II. DEFAUT.

On peut voir dans nos réponses aux articles du Chap. 3. que ce que Mr. Desc. a dit de la nature & de l'existence de l'esprit, est tres-solide. On peut voir encore dans la réponse aux art. du second Chap. qu'il ne s'est point trompé dans ce qu'il a enseigné de la regle de la verité, laquelle il fait consister dans l'évidence. Nous avons prouvé encore que la demonstration qu'il a faite de l'existence de Dieu est fort exacte, & que toutes les veritez qui dépendent d'une suite de raisonnemens, la supposent. D'où il s'ensuit que le second défaut que l'Auteur attribuë à la Philosophie de Mr. Descartes est purement imaginaire.

Troisiéme Défaut.

Le troisiéme défaut est, qu'en recherchant les causes naturelles, il se contente de celles dont les effets ont pû proceder, sans se mettre en peine de celles d'où ils procedent en effet. Car si un effet peut avoir une autre cause, & si cette cause peut produire un autre effet; c'est deviner que de faire dépendre l'un de l'autre, car rien ne se fait fortuitement dans la nature: mais toutes & quantes fois que les causes qui sont necessaires à produire quelque chose, concourent, cet effet est produit avec necessité. Ainsi tout effet qui peut proceder de certaines causes, procede necessairement de ces causes: d'où vient que Sextus Empyricus a dit fort sagement, que si la verité ne procedoit que de ce qui est vray, la verité des effets estant connuë, la verité des causes d'où ils procedent, le seroit aussi. Mais comme la verité peut proceder du faux comme du vray, quoy que les effets soient veritables, il ne s'ensuit pas que les causes d'où ils procedent le soient aussi: cela veut dire, que lors qu'on propose, ou qu'on peut proposer plusieurs causes d'un même effet il est necessaire qu'il y en ait plusieurs de fausses, n'y en ayant qu'une qui soit vraye. Par où on voit combien on doit mépriser la Philosophie Cartesienne. Car quand nous luy accorderions que toutes les choses corporelles ont pû proceder des principes qu'elle a posez, (ce que nous avons pourtant prouvé estre faux,) il ne s'ensuivroit pas pour cela que le monde eût procedé de ses principes, veu que Descartes avouë luy-même, qu'il auroit pû proceder de causes toutes diverses. Car il dit que par les loix de la nature on auroit pû tirer du cahos un monde tout semblable à celuy cy, comme il a entrepris autresfois de l'expliquer. (*) En quoy il est aussi ridicule, que le seroit celuy qui estant assis aux portes de Paris, feroit profession de dire d'où sont partis tous les voyageurs qui arrivent à Paris, & qui diroit que celuy-cy eût parti de Dijon, & celuy-là de Lyon, parce qu'ils en ont pû partir. Or comme ce monde-cy a pû proceder d'autres causes, ainsi un monde entierement different du nostre a pû proceder des mêmes causes que Descartes a feint. (*b*) Mais quel avantage retirerons-nous de cette fiction, dans laquelle les causes & les effets sont également incertains ? On diroit peut-estre que si cela n'est pas utile, il est fort loüable, & qu'il a esté pratiqué par Aristote & par Epicure, sur tout si on reduit à peu de principes une si grande varieté d'effets, comme Descartes l'a fait. Je ne m'étonne plus que cela ait plu au vulgaire ; mais si nous regardons de prés les Principes de Descartes, nous trouverons qu'ils sont aussi composez en effet, qu'ils sont simples en apparence : car cette continuelle brisure de parties, qui quoy que fort petites peuvent devenir encore beaucoup plus petites, & recevoir continuellement de nouvelles formes : cette grande subtilité du premier Element, & cette grande varieté de parties du troisiéme Element sont si propres à feindre tout ce qu'on veut, que Descartes en a pû tirer un monde imaginaire tel qu'il a voulu, aussi facilement que le nostre : ce qu'on ne sçauroit reprocher à Aristote ny à Epicure. Car comme celuy cy a attribué à ses atomes des figures immuables, & que celuy-là a rapporté l'origine de toutes les choses à certaines formes déterminées, ils ont pû conclure certainement certains effets des causes qu'ils ont supposées. (*c*) Si vous demandez à Descartes comment il est arrivé qu'un grand cercle qui se détache de Saturne, l'environne toujours, d'abord il vous tirera la cause de cet effet du grand magazin des causes qu'il a preparé ; mais ces causes seront telles, que vous en pourrez conclure que les autres planetes doivent estre environnées de semblables anneaux. Or c'est une maxime des Philosophes, que ce qui prouve trop ne prouve rien : c'est pourquoy s'il avoit posé des Principes d'où il eût pû conclure que Saturne devoit estre entouré d'un anneau avant que Mr. Hugens l'eût découvert, ils auroient une grande apparence de verité. Mais tant s'en faut qu'il ait connu cet anneau par ses principes, au contraire il a conclu que c'estoient deux planetes, & a crû qu'il avoit apporté des causes tres-certaines pourquoy ces deux planetes se mouvoient fort lentement autour de Saturne.....

RÉPONSE AU III. DEFAUT.

Mr. Huet n'a pas pris garde sans doute, que la Physique speculative ne se peut traiter que d'une maniere problematique, & que tout ce qui est demonstratif ne luy appartient pas. S'il y avoit fait attention, il seroit sans doute persuadé (comme le sont tous les autres Philosophes) qu'on connoist tout ce que l'esprit humain est capable de connoistre dans les choses corporelles, si l'on y peut concevoir distinctement une telle disposition ou arrangement de parties, que de cet arrangement ou de cette disposition, tous les effets qu'on voit dans les corps, puissent absolument s'en ensuivre. Et il n'importe de dire que rien ne se fait fortuitement dans la nature; car nous en demeurons d'accord: mais il ne s'ensuit pas delà qu'un effet qui est produit par une certaine cause, ne puisse estre produit par une autre; & cela estant ainsi, il est visible que quand on cherche la cause de cet effet en Physique, (où tout est problematique) il suffit d'avoir trouvé celle qui le peut produire, sans qu'il soit necessaire de connoistre precisement celle qui l'a produit; dont la raison est, que quand on a trouvé la premiere, on peut s'assurer que toutes les fois qu'on supposera cette cause, le même effet devra estre produit. C'est ainsi, par exemple, qu'en supposant des causes qui peuvent produire les mouvemens des astres, quoy qu'elles ne les produisent pas, on trouve infailliblement leurs conjonctions & leurs oppositions. Cela est confirmé par Sextus Empyricus, que Mr. Huet cite luy-même, qui dit que si les effets ne pouvoient proceder que de leur veritable cause, connoissant la verité des effets, on connoistroit aussi infailliblement la verité de leur cause. Mais comme les effets peuvent proceder des causes supposées comme des vrayes; quoy que les effets soient veritables, il n'est pas necessaire que les causes ausquelles on les attribuë, soient les vrayes causes de ces effets. C'est là le vray sens de ce Philosophe, & non pas celuy que l'Auteur luy donne, quand il luy fait dire que diverses causes d'un même effet pouvant estre proposées, il faut necessairement qu'il y en ait plusieurs de fausses, parce qu'il n'y en a qu'une de vraye; car tout le monde tombe d'accord qu'en Physique, une cause ne doit pas passer pour fausse, mais pour vraye, lors qu'elle peut produire l'effet qu'on luy attribuë.

(*a*) L'exemple que Mr. Huet apporte d'un homme qui estant assis à une porte de Paris feroit profession de dire d'où viennent ceux qui arrivent en cette Ville, & qui diroit que l'un vient de Dijon, & l'autre de Lyon, parce qu'ils en peuvent venir, ne fait rien contre Mr. Descartes; parce qu'il ne s'agit pas icy de sçavoir déterminement le lieu d'où ces hommes viennent, mais de connoistre comment ils sont venus, sçavoir s'ils sont venus à cheval, en carrosse, ou autrement; (car il faut remarquer qu'en Physique il ne s'agit que des causes efficientes des effets.) Or soit qu'ils soient venus à cheval, ou en carrosse, ou en quelque autre façon, il suffit qu'ils ont pû venir également par ces differentes voyes, pour estre assuré qu'on en fera venir d'autres quand on voudra, par une de ces voyes, quoy que cette voye ne soit pas celle par laquelle ceux qui viennent d'entrer, sont venus.

(*b*) Mr. Huet demande quels avantages on peut tirer des Principes de Mr. Descartes? Et il est aisé de luy répondre, qu'ils servent merveilleusement à expliquer les effets de la nature; sans qu'on puisse objecter qu'ils sont trop composez, & que cette brisure perpetuelle des parties de la matiere peut servir à feindre tout ce qu'on veut; ce qu'on ne peut pas dire des principes d'Aristote, ny de ceux d'Epicure: car on verra, si l'on regarde les choses de prés, que les effets de la nature sont capables d'une si grande varieté, qu'ils supposent necessairement dans la matiere une mutabilité infinie, qui ne convient pas aux principes d'Aristote, ny à ceux d'Epicure, puisque ceux-cy consistent en certaines grosseurs & figures immuables, & ceux-là en certaines formes déterminées, comme l'assûre l'Auteur.

(*c*) Quant à l'Anneau de Saturne, Mr. Descartes a pû croire avec le vulgaire, qu'il consiste en deux planetes, sans que cela fasse aucun tort à ses principes, desquels il n'a pu conclure autre chose, si ce n'est qu'il a pû se former plusieurs planetes dans le tourbillon du Soleil, &

ensuite il a esté obligé de recourir au sens de la veuë, qui en cela a plus de credit que tous les autres, pour découvrir combien il s'en est formé, au moins de celles qui nous sont visibles. Or rien n'empêche de dire, que le sens de la vuë a pû tromper Mr. Descartes, & qu'il l'a trompé en effet, en luy representant l'anneau de Saturne comme deux planetes, comme je viens de dire, sans toutesfois que cela puisse blesser ses Principes, qui ne servent tout au plus qu'à prouver qu'il a pû se former deux planetes autour de Saturne : ce qui est indubitable.

Quatriéme Défaut.

Le quatriéme Défaut est, que cette Philosophie est contraire à plusieurs constitutions de la religion chrestienne, quoy qu'elle affecte de paroistre fort pieuse ; car elle enseigne qu'il faut soûmettre son esprit à tout ce que Dieu propose à croire. (*a*) Mais ce Philosophe pieux & devot a attaché cette loy à des conditions iniques. Il a osé comparer la verité de ses opinions avec la verité des dogmes de la foy, assurant que l'une n'est pas contraire à l'autre, & que ce qu'il enseigne dans sa Philosophie est si certain, qu'il ne peut estre contraire à la Theologie, si ce n'est que la Theologie repugne à la lumiere de la raison..... Ayant donc enseigné que plusieurs choses repugnent à la raison, & à elles-mêmes, lesquelles la foy neanmoins a definies comme tres veritables; & voyant encore que par ses fictions il avoit diminué la puissance de Dieu, il a cru qu'il repareroit ce défaut en disant, que Dieu peut faire les choses qui repugnent à la raison & à elles-mêmes, parce qu'elles ne repugnent pas à la raison par elles, mais par la volonté de Dieu. (*b*) Combien il eût esté plus à propos de dire que puisque la foy enseigne, que le monde a esté fait du neant, quelque chose peut estre faite de rien, & que cela ne repugne point. Par ce moyen il eût reglé, comme il le devoit, la raison par la foy, & non pas la foy par la raison. (*c*) Il croit que Dieu peut faire les choses mêmes qui repugnent à la raison, comme que deux & deux ne soient pas quatre, & que les trois angles d'un triangle ne soient pas égaux à deux droits. Mais on peut bien dire que les mysteres de la foy sont au dessus de la portée de l'esprit humain, mais non pas qu'ils soient contraires à la raison, puisque quelques Peres semblent avoir esté de ce sentiment, comme saint Ambroise & saint Augustin, lesquels si on les entend bien, n'ont pensé autre chose, si ce n'est que Dieu peut faire beaucoup de choses outre l'ordre de la nature, que l'esprit humain ne peut comprendre, & qu'il doit admirer. C'est en ce sens là que ceux qui ont écrit l'Ecriture, ont dit qu'il n'y a rien d'impossible à Dieu, c'est à dire, que Dieu peut faire les choses que la nature ne souffre pas, & que les hommes ne sçauroient produire. Mais cette puissance de Dieu ne s'étend point sur les choses qui repugnent à elles-mêmes, & à la raison. (*d*) *Je n'ay jamais douté*, dit Descartes, dans *sa sixiéme Med. qu'une chose fût impossible à Dieu que parce que j'ay trouvé de la repugnance à la concevoir.* Son esprit & sa pensée seront donc la regle de la verité. Je n'examine pas maintenant comment cela s'accorderont avec ce qu'il a dit du changement des axiomes & des essences qui, selon luy, dépendent de la volonté de Dieu: car si Dieu peut faire que le tout ne soit pas plus grand que sa partie, ou que deux & deux ne soient pas quatre, il faut qu'il le conçoive clairement; ou s'il ne le conçoit pas ainsi, Dieu ne le sçauroit faire de cette sorte. (*e*) Mais le Concile de Latran décide la chose bien autrement. *La verité n'estant jamais opposée à la verité nous definissons*, dit ce Concile, *que toute conclusion qui est contraire à la verité de la foy, est entierement fausse.* Suivant ce principe tout ce que la raison propose comme contraire à la foy, est faux. Descartes au contraire conclut de ce principe que ce que la raison a prouvé ne peut estre contraire à la raison à cause qu'il est vray. Mais le fait est contre Descartes: car estant conduit par la raison il a crû qu'il estoit aussi vray que de rien il ne se peut faire rien, qu'il croit qu'il est vray que le tout est plus grand que sa partie: ce qui repugnant à la foy, on conclut à bon droit selon le Concile, que cela est faux. Il en est tout autrement de Descartes que du Concile; parce qu'il a crû temerairement que cela estoit vray, il a crû faussement que cela ne repugnoit pas à la foy. (*f*) Les Cartesiens n'ont pas esté plus modestes que leur Maistre: croyant estre les seuls qui ont l'usage de la raison, ils ont crû que la raison n'estoit en rien inferieure à la foy. Henricus Regius, & plusieurs autres sont parvenus à ce point d'effronterie que d'oser dire, qu'il faut soumettre son esprit également à la foy & à l'évidence, & que les articles de la foy, sur tout le mystere de la Trinité peut estre attaqué par des argumens si forts, qu'il est impossible d'y répondre sans violer la raison. .... Descartes dit encore, que c'est blesser la dignité de la foy, si pour confirmer les decrets qui ne peuvent estre démontrez par des raisons naturelles, on se sert de raisons humaines & seulement probables. Mais si la foy est blessée par des argumens probables, tout ce que la raison luy pourra fournir de secours, luy sera contraire : les similitudes, les comparaisons, les motifs de credibilité luy nuiront Cependant les écrits des Peres en sont tous remplis, & on ne trouve que cela dans les Ecrits des Theologiens. (g) Ce que Descartes dit sur ce precepte de Jesus-Christ, qu'il faut faire du bien à ses ennemis, n'est pas moins insuportable. Il veut que la raison de ce precepte soit, que la nature de l'homme estant fort portée à la vengeance, tandis qu'elle est poussée vers le côté opposé, demeure dans le milieu que la nature demande ; comme si cette bonté envers ceux qui nous font du mal, n'estoit pas desirable par elle même, mais seulement pour nous empêcher d'aller dans l'excés de la vengeance, & comme si Jesus-Christ ne nous avoit pas enseigné un motif tres-raisonnable de cette loy dans saint Mathieu chap. 5. par ces paroles : *Afin que vous soyez enfans de votre Pere qui est au Ciel, qui fait lever le Soleil sur les bons & sur les méchans, & pluvoir sur les justes & sur les injustes.* (h) De plus cette Philosophie machinale conduit à l'impieté. C'est pour cela que Parxerus l'a attaquée en dernier lieu avec beaucoup de subtilité. Car quoy qu'elle serve à expliquer les causes des effets corporels, & qu'elle soit fort vray-semblable en ces choses, elle doit estre pourtant renfermée dans certaines bornes ; ce que les Cartesiens n'ayant sçû faire, ils ont osé soumettre aux loix de la machine, les choses même incorporelles, comme la pieté, la grace, &c. Ce qui est une vraye corruption de la Religion. Iamblique reprit avec raison Porphyre, de ce qu'il reduisoit aux loix de la nature toutes les maximes des Egyptiens, veu qu'il y a des causes plus sublimes que les causes naturelles. (I) Enfin ce n'est pas un leger défaut de la Philosophie de Descartes, qu'il défend de rechercher les causes finales.....(K) Le cinquiéme Défaut est, que Descartes regarde comme des prejugez toutes les opinions qui sont contraires aux siennes......

Réponse au IV. Défaut.

Les Cartesiens défient l'Auteur de citer un dogme de foy auquel la Philosophie de Mr. Descartes soit contraire. Tandis qu'il n'en citera point, ils persisteront à croire que les veritez de la Philosophie, qu'ils ne distinguent pas des veritez de la raison, ne sont point contraires à celles de la foy. Ils assurent que Mr. Descartes n'a jamais dit que Dieu puisse faire les choses qui repugnent ; il n'a jamais dit, par exemple, que Dieu puisse faire que deux & deux ne fassent pas quatre ; ou s'il l'a dit, ce n'a esté que dans son doute hypothetique, ou bien lors que par une abstraction d'esprit, il a consideré Dieu avant le libre decret de sa volonté,

volonté, par lequel il a voulu que deux & deux fissent quatre. Car voicy comment il parle dans la 104. Lettre du second Tome. *On vous dira que si Dieu avoit établi ces veritez, il les pourroit changer, comme un Roy fait ses loix: à quoy il faut répondre, que oüy si sa volonté peut changer. Mais je la comprens comme éternelle & immuable, & moy je juge le même de Dieu.* Ce qui fait voir que Mr. Descartes ne croit pas que les veritez qu'on appelle *éternelles*, telles que sont toutes les essences des choses, puissent changer, à cause que Dieu qui les a produites, & qui les conserve, agit en les produisant & en les conservant d'une maniere immuable.

(*a*) Mr. Descartes n'attache point la soumission que nous devons à la foy, à des conditions iniques. Il veut absolument que nous croyions tout ce qui nous est revelé; mais il veut que nous nous servions de la raison pour distinguer ce qui est revelé d'avec ce qui ne l'est pas. Il ne compare pas non plus la verité de ses opinions avec les dogmes de la foy. Il sçait trop bien qu'il faut croire tout ce que Dieu a revelé, encore qu'il soit au dessus de la portée de notre esprit. C'est ce qu'il enseigne expressément dans le

25. nomb. de la premiere partie des Principes, où il dit, *que si Dieu nous fait la grace de nous reveler, ou à quelques autres, des choses qui surpassent la portée ordinaire de nostre esprit, telles que sont les Mysteres de l'Incarnation & de la Trinité, nous ne ferons point difficulté de les croire, encore que nous ne les entendions peut-estre pas bien clairement: car nous ne devons point trouver étrange qu'il y ait en sa nature qui est immense, & en ce qu'il fait, beaucoup de choses qui surpassent la capacité de nostre esprit.* Cela n'empêche pas pourtant qu'il n'assure hardiment, que les veritez de la Philosophie ne sont pas contraires à celles de la Theologie, c'est à dire, à celles de la foy, (car c'est ce que nous entendons icy par la Theologie:) dont la raison est, que les veritez de la foy sont dans un ordre surnaturel, & que les veritez de la Philosophie sont purement naturelles; ce qui fait qu'il ne peut y avoir de veritable contrarieté entre elles, à cause que la veritable contrarieté ne se rencontre que dans les choses qui sont d'un même ordre, ainsi que je l'ay expliqué dans le 12. chap. de la 1. partie du 3. Livre de ma Morale. Mr. Descartes n'a donc point enseigné que la foy ait defini comme tres-

veritables, des choses qui repugnent à la raison & à elles-mêmes. Et comme il n'a jamais diminué la puissance de Dieu par ses fictions, & qu'il l'a au contraire beaucoup augmentée, en disant que le monde est immense ; aussi n'a-t-il point esté obligé pour reparer ce défaut, de dire que Dieu peut faire les choses qui repugnent à la raison. Nous ne sçavons pas aussi qu'il ait dit cela en aucun endroit.

(*b*) Il est vray que la foy enseigne d'un costé que le monde a esté fait de rien ; & que Mr. Descartes, & tous les autres Philosophes enseignent de l'autre que quelque chose ne peut estre faite de rien : & cela est également vray en deux sens differens. Car il faut sçavoir, Monsieur, qu'il n'y a rien de plus équivoque que cette proposition: *Dieu a fait le monde de rien.* Car Dieu a pû faire le monde de rien en deux manieres ; ou en le faisant sans supposer aucun sujet, ou en le faisant de rien, comme d'une cause materielle. La foy nous enseigne bien que Dieu a fait le monde de rien dans la premiere signification ; mais non pas dans la seconde : car il est certain que le rien ne peut estre la cause materielle d'aucune chose ; c'est pourquoy quand on dit que de rien il ne se peut faire rien, cela ne signifie pas que

Dieu n'ait pû faire des choses sans supposer aucun sujet, car nous sçavons qu'il a fait ainsi les substances; mais cela veut dire que Dieu agissant par les creatures comme par des causes secondes, ne peut produire aucun estre qui ne supose une cause materielle, c'est à dire une chose dont cet être soit fait: ainsi rien n'empêche que nous ne croyons par la foy que Dieu a fait le monde du neant, entendant par là qu'il l'a fait sans supposer aucun sujet de son action & sans avoir besoin du secours d'aucune creature; & de dire en même temps avec les Philosophes, que de rien il ne se fait rien, entendant par là que Dieu agissant par les creatures & par sa puissance ordinaire, ne produit rien sans supposer un sujet de son action, & une cause materielle de l'effet qu'il produit.

(c) Comme Mr. Descartes n'a jamais dit que Dieu puisse faire des choses qui repugnent à la raison, il n'a pas dit non plus que les mysteres de la religion soient contraires à la raison: il dit seulement qu'ils sont au dessus de la raison. Ainsi l'Auteur n'a rien à démeler avec luy à cet égard. Mais il n'en est pas de même à l'égard des Peres qu'il cite: car il est certain que saint Augustin & saint Ambroise ont crû que Dieu pouvoit faire des choses qui fussent non seulement selon l'ordre de la nature ; mais encore contre l'ordre de la nature. Mr. Huet suppose avec les Theologiens modernes, qu'il y a un milieu entre estre fait selon les loix de la nature & estre fait contre les loix de la nature. Saint Augustin suppose au contraire, que tout ce qui n'est pas conforme aux loix de la nature y est contraire : c'est pour cela qu'il dit au sujet de la penetration des corps, *sed nova sunt, sed insolita sunt, sed contra naturæ cursum notissimum sunt : quia magna, quia mira, quia divina, & magis vera, certa, firma.* Que l'Auteur réponde donc à ce passage de saint Augustin.

(d) Mr. Descartes a dû dire en suivant ses Principes, qu'il n'a jamais crû qu'une chose fût impossible que parce qu'il ne la pouvoit concevoir, c'est à dire, que parce que son idée renfermoit de la contradiction. Et en effet, par quelle autre raison pouvoit-il dire qu'il la croyoit telle ? *Je n'ay jamais jugé*, dit-il dans sa sixiéme Med. *qu'une chose fût impossible, que parce que j'ay trouvé de la repugnance à la concevoir.* Si cela est ainsi, dira Mr. Huet, l'esprit & la pensée de Mr. Descartes seront donc la regle de la verité.

Cela est vray, répondront les Cartesiens; & la chose ne peut estre autrement à l'égard de Mr. Descartes. Car comment peut-il connoistre que les choses sont possibles ou impossibles, qu'entant qu'il peut ou qu'il ne peut pas les concevoir, c'est à dire, qu'il trouve ou qu'il ne trouve pas des contradictions dans leur idée ? Il seroit fort inutile d'examiner ensuite comment cela se peut accorder avec ce que Mr. Descartes a dit du changement des axiomes & des essences ; car il est certain que Mr. Descartes n'a jamais enseigné ce pretendu changement. Si Mr. Huet objecte que ceux qui ont écrit l'Ecriture, ont dit qu'il n'y a rien d'impossible à Dieu ; & partant qu'il peut faire les choses que nous ne pouvons pas concevoir : les Cartesiens répondront, que les choses sont inconcevables en deux manieres ; ou selon leur essence, ou selon la maniere dont elles sont faites : que les choses inconcevables de la premiere sorte sont absolument impossibles, & que les choses inconcevables de la seconde ne sont impossibles que parce qu'elles ne se peuvent faire par les forces de la nature, & que du reste quand les Cartesiens disent que Dieu peut changer la nature des choses, cela ne s'entend pas de leur essence, mais seulement de leur état ordinaire. Ainsi c'est une chose constante que l'opinion des vrais Disciples de Mr. Descartes est, que toutes les choses qui ne renferment point de contradiction dans leur idée, sont possibles à Dieu ; mais avec cette difference, qu'il y en a qui sont telles par rapport à la puissance ordinaire de Dieu, & d'autres qui ne sont telles que par rapport à sa puissance extraordinaire. Les choses possibles de la premiere sorte sont celles que Dieu produit d'une maniere que nous pouvons concevoir ; & celles qui sont possibles de la seconde, sont les choses que Dieu produit d'une façon que nous ne sçaurions comprendre. Ainsi, par exemple, la production d'un serpent par un autre est une chose possible à la puissance de Dieu ordinaire, parce que nous pouvons comprendre les rapports qui sont entre le serpent qui produit & celuy qui est produit. Et au contraire le changement d'une verge en serpent est une chose possible à la seule puissance de Dieu extraordinaire ; parce que nous ne pouvons pas comprendre les rapports qui sont entre le serpent & la verge, dont il est produit immediatement. Ce qu'il faut bien remarquer.

(e) Je ne sçay, Monsieur, à quel propos l'Auteur cite icy la sixiéme sess. du Concile de Latran, qui dit, *que la verité n'estant pas opposée à la verité, toute conclusion qui est contraire à la verité de la foy, est fausse;* car il est vray que cette decision est fort exacte : mais elle ne fait rien contre la doctrine de Mr. Descartes, qui est que les conclusions de la raison ne peuvent estre contraires à la foy, parce que la contrarieté ne se rencontre proprement qu'entre les choses qui sont d'un même ordre, & que les veritez de la foy & les conclusions de la raison sont dans deux ordres differens, sçavoir les unes dans l'ordre naturel, & les autres dans l'ordre surnaturel, ainsi qu'il a esté remarqué. Il seroit même inutile de dire que le fait est contre Mr. Descartes, en ce qu'étant conduit par la raison, il a cru que de rien il ne se fait rien ; & que cependant le Concile a conclu que cela est faux : car il est aisé de répondre, que le Concile de Latran ne condamne point ceux qui disent que de rien il ne se fait rien, ou s'il les condamne, que ce n'est pas absolument, mais dans un sens tout different de celuy de Mr. Descartes : car en effet, Mr. Descartes entend que de rien il ne se fait rien selon les loix de la nature, & par la puissance ordinaire de Dieu ; & le Concile défend seulement de dire, que de rien il ne se fait rien par la puissance même extraordinaire de Dieu. Ce qui est fort different.

(f) S'il y a des Cartesiens qui ont dit que la raison n'est en rien inferieure à la foy, ils n'ont pas suivi le sentiment de leur Maître qui est tout contraire. Il est vray que Mr. Descartes a crû que c'estoit blesser la dignité de la foy, si pour confirmer ses mysteres qui ne peuvent estre démontrez par des raisons naturelles, on se sert de raisons humaines & seulement probables. La raison de cela est, que c'est contre le bon sens que de vouloir prouver ce qui ne peut estre prouvé, & qu'il n'y a rien qui revolte tant la raison humaine, que de la vouloir convaincre par de fausses raisons. Mr. Huet répond, que si la foy est blessée par ces argumens probables, tout ce que la raison luy pourroit fournir de secours, luy sera contraire ; les similitudes, les comparaisons, les motifs de credibilité luy nuiront : cependant les livres des Peres en sont tout remplis, & on ne trouve que cela dans tous les écrits des Theologiens. Mr. Descartes replique que les similitudes, les comparaisons, les motifs de credibilité, &c. sont tres-utiles pour prouver que Dieu a revelé les mysteres, mais qu'ils ne servent de rien pour expliquer les mysteres que Dieu a revelez. Il est si persuadé de cela, qu'il ose dire dans la réponse aux 2. objections, qu'un infidelle qui destitué de toute grace surnaturelle, & ignorant tout à fait que les choses que nous autres Chrestiens croyons, ont esté revelées de Dieu, neanmoins attiré par quelques faux raisonnemens se porteroit à croire les mêmes choses qui luy seroient obscures, ne seroit pas pour cela fidelle, mais plutost il pecheroit en ce qu'il ne se serviroit pas comme il faut de sa raison. Il y a donc une grande difference entre prouver les mysteres, & prouver les motifs de credibilité: ceux-cy sont de la portée de l'esprit, & la raison est obligée de les examiner; & les autres sont infiniment au dessus de la capacité de notre esprit. Il y a autant de temerité à vouloir penetrer ceux-cy, qu'il y a de negligence à ne pas chercher les raisons des autres. Car, comme dit saint Augustin dans sa 122. Lettre, & en plusieurs autres lieux, nous ne pourrions pas nous porter à croire ce qui est au dessus de notre raison, si la raison même ne nous avoit persuadé qu'il y a des choses que nous faisons bien de croire, quoy que nous ne soyons pas encore capables de les comprendre. Ce qui est principalement vray à l'égard de la foy divine ; parce que la vraye raison nous apprend que Dieu estant la verité même, il ne peut nous tromper en ce qu'il revele de sa nature ou de ses mysteres : par où il paroist qu'encore que nous soyons obligez de captiver notre entendement pour obeïr à Jesus-Christ, comme dit saint Paul, nous ne le faisons pas neanmoins aveuglement & déraisonnablement (ce qui est l'origine de toutes les fausses religions) mais avec connoissance de cause.

(g) C'est un grand crime, selon l'Auteur, de dire que notre Seigneur n'a ordonné de rendre le bien pour le mal, que pour nous éloigner de la vengeance, parce, dit-il, que faire du bien à ses ennemis, c'est faire une chose qui est de soy desirable. Les Cartesiens ne disconviendront pas que faire du bien à ses ennemis ne soit une chose desirable de soy ; mais ils diront que cela n'est desirable de soy que parce qu'il est bon ; qu'il n'est bon que parce qu'il nous convient, & qu'il nous convient parce qu'il nous éloigne de la vengeance, qui est une chose qui nous est tres contraire, à cause qu'elle nous attire de nouvelles injures. Ainsi selon les principes des Cartesiens, dire que faire du bien à ſes ennemis eſt une choſe deſirable de ſoy c'eſt le même que dire que faire du bien à ſes ennemis, c'eſt s'éloigner de la vengeance; car dans le fond ces propoſitions ſignifient la même choſe, & ne different que dans l'expreſſion. Le motif de cette loy que Jeſus-Chriſt nous a enſeigné dans ſaint Matthieu, chap. 5. par ces paroles: *Afin que vous ſoyez enfans de votre Pere qui eſt au ciel, qui fait lever le ſoleil ſur les bons & ſur les mauvais, & pluvoir ſur les juſtes & ſur les injuſtes,* eſt tres raiſonnable; mais il n'a rien d'oppoſé au ſentiment des Carteſiens. Jeſus-Chriſt veut dire, que comme ſon Pere fait lever le ſoleil ſur les juſtes & ſur les injuſtes pour ſa gloire (car c'eſt toûjours pour ſa gloire que Dieu agit) nous devons auſſi faire du bien à nos amis & à nos ennemis pour notre propre avantage, & pour la gloire de Dieu: ce qui eſt conforme à la raiſon.

(*h*) La Philoſophie de Mr. Deſc. ne conduit point à l'impieté, & c'eſt mal à propos que Parkerus l'a attaquée ſur ce ſujet, comme il paroit par l'excellente réponſe que Mr. le Grand luy a faite. Mais aprés tout, l'Auteur reconnoiſt qu'elle ſert à expliquer les cauſes de certains effets corporels, & qu'elle eſt fort vray-ſemblable en pluſieurs choſes, mais qu'elle doit être renfer-

renfermée dans certaines bornes que les Cartesiens n'ont sçu luy prescrire. Ce qu'il n'a pû prouver.

(*i*) Un vray Philosophe se doit servir de toutes les causes, mais non pas dans toutes sortes d'occasions : car, par exemple, il seroit aussi ridicule de demander dans la Morale, la cause efficiente, que de demander dans la Physique la cause finale. En effet, que diroit-on d'un homme qui estant interrogé pourquoy il pardonne à ses ennemis, répondroit qu'il leur pardonne par sa volonté ? & qui estant encore interrogé comment le bois vient à Paris, répondroit qu'il y vient pour faire du feu ? On se moqueroit certes de luy, parce qu'il répondroit par la cause finale, lorsqu'il s'agiroit de la cause efficiente ; & par la cause efficiente, lorsqu'il seroit question de la cause finale.

(*k*) Il seroit inutile de répondre au 5º. defaut que Mr. Huet attribuë à la Philosophie de Mr. Descartes. Nous y avons suffisamment répondu par tout ce qui a esté dit cy-devant.

Censure. Article V.

Si l'on demande quel est mon sentiment touchant la personne de Descartes, je le repete icy,

J'estime que ç'a esté un grand homme, & un genie du premier ordre. Il faudroit pour n'en pas demeurer d'accord, ou n'avoir nulle connoissance des choses du monde, ou estre de mauvaise foy. Il avoit l'esprit vif & subtil, propre à penetrer les choses les plus cachées de la nature: & en même temps d'une telle force, qu'il n'estoit jamais ni accablé par la multitude des objets, ni abattu par l'assiduité de la meditation. L'étenduë en estoit si vaste, qu'il embrassoit sans peine tout ce qu'il vouloit. A celà estoit jointe une netteté merveilleuse tant à concevoir les choses, qu'à les expliquer après les avoir conçuës. Avec de tels talens Descartes s'appliqua premierement aux Mathematiques, où il fit un tres grand progrez, & ensuite à la Philosophie. Il remarqua bientost les defauts de cette science, & forma le dessein de les corriger. Pour cela ayant rejetté d'abord tous les prejugez, il entreprit de developer toute la nature, en commençant par des principes tres simples, tres clairs, & en tres petit nombre: entreprise certainement digne d'un Philosophe élevé par dessus tous les autres. Dans l'execution de ce grand dessein il suit partout l'ordre naturel que la raison prescrit, & que la liaison des matieres demande. Il dit une infinité de choses en peu de paroles, & dans ce peu de paroles il traite les questions à fond, & les explique avec beaucoup de clarté. C'est en cela sur tout qu'on peut dire que pas un Philosophe ni des anciens, ni des modernes ne luy est comparable. Il a fait outre cela de tres belles découvertes, & il y a des choses excellentes qu'il a pensées le premier. Mais à mon gré, le plus grand sujet de louange pour luy, c'est qu'ayant commencé sa Philosophie par la connoissance de l'ame & de Dieu, il a pris par tout un soin particulier de ne rien dire qui pût faire tort le moins du monde à ce que le Christianisme enseigne sur ces matieres delicates ; quoy qu'à la verité en plusieurs endroits il ait donné par mégarde dans l'écueil qu'il vouloit éviter. Les Mathematiques sont ce qu'il a le mieux traité, & c'est-là proprement qu'il triomphe : mais quand il les a mêlées avec la Philosophie, dont en effet elles font une partie, au lieu de les expliquer en Philosophe, comme il devoit, il a au contraire expliqué la Philosophie en Mathematicien, ramenant presque tout aux loix de la Geometrie & de la Mechanique.

Réponse a l'Article IV.

Je ne sçay, Monsieur, comment dans cet article nous accorderons l'Auteur avec l'Auteur même, tant il semble se contredire. Il fait icy l'éloge le plus magnifique qui se puisse faire de Mr. Desc. auquel il vient d'attribuer tant de defauts. Il a dit dans les 5. 10. 12. 13. articles du premier chap. & dans le 1. art. du second, que Mr. Descartes se contredit ; Que les Cartesiens sont des gens superbes & faits à rebours ; Qu'ils veulent soutenir une Philosophie qui n'est fondée que sur des doutes, ni élevée que sur des fictions & des rêveries ; Que la maniere de Philosopher de Mr. Descartes est déreglée & contraire à l'ordre de la nature. Cependant il assure dans cet article, *que Mr. Descartes suit par tout l'ordre naturel que la raison prescrit, & que l'ordre des matieres demande; qu'il a fait de grands progrez dans la Philosophie, & qu'il a entrepris de developer toute la nature, en commençant par des principes tres simples & tres clairs, & en tres petit nombre: entreprise, certes, digne d'un grand Philosophe.* Qu'y a-t-il de plus opposé que cela?

Ce n'est pas tout; il a dit encore dans le 16. art. du second chap. que si les Cartesiens avoient une attention pareille à la sienne, ils remarqueroient aussi-tost les defauts de leur doctrine, & reconnoîtroient qu'estre attentif, c'est autre chose que se forger des chimeres dans l'esprit, comme ils s'en forgent. Il ajoûte dans le 18. art. du même chap. qu'il ne sçait pas ce que c'est qu'estre fou, si Mr. Descartes ne l'est pas lors qu'il dit, que tout ce qui existe dans l'entendement, existe aussi hors de l'entendement. Il dit enfin dans le 5. art. du huitiéme chap. que Mr. Descartes est responsable de toutes les erreurs qui s'ensuivent de ses mauvais Principes. Et il assure icy au contraire, *que Mr. Descartes entreprit de developer toute la nature, en commençant par des principes tres sim-*

ples, tres clairs & en tres petit nombre ; qu'il traite en peu de paroles les questions à fond, & les explique avec beaucoup de clarté, & qu'en cela on peut dire que pas un Philosophe des anciens ni des modernes ne luy est comparable. Y a-t-il encore rien qui se contredise plus que cela ?

Il a fait remarquer dans le 2. art. du huitiéme chap. que les personnes qui sont accoutumées à philosopher, & qui sçavent suspendre leur jugement, ne trouveront pas moins de defauts dans la Secte de Mr. Descartes, que dans les autres, & que peut-estre même ils y en trouveront de plus grands. Si cela est ainsi, pourquoy dit-il donc dans cet article, *que pas un Philosophe des anciens ni des modernes, n'est comparable à Mr. Descartes quand il s'agit de traiter les questions à fond, & de les expliquer avec beaucoup de clarté ?*

Il a dit enfin dans le 3. art. du huitiéme chap. que Mr. Descartes enseigne qu'il faut soûmettre son esprit aux dogmes que Dieu nous propose à croire; mais qu'il a attaché cette sainte loy à des conditions iniques, & qu'il ose comparer la verité de sés opinions avec la verité des dogmes de la foy; & il assure icy qu'à son gré le plus grand sujet de louange pour M. Descartes est, qu'ayant commencé sa Philosophie *par la connoissance de l'ame & de Dieu, il a pris par tout un soin particulier de ne rien dire qui pût faire tort à ce que le Christianisme enseigne sur ces matieres delicates.*

Ces contradictions sont si évidentes, Monsieur, que je ne sçaurois me persuader que l'Auteur y soit tombé par mégarde : J'aime mieux croire que quand il a blâmé Mr. Descartes & sa doctrine, il estoit poussé par quelque passion d'interest ou d'honneur, laquelle ayant cessé pendant qu'il a composé cet article, luy a laissé la liberté de suivre les mouvemens propres de sa conscience, qui luy ont fait faire cet éloge si juste & si magnifique de Mr. Descartes ; si toutefois vous en exceptez ce qu'il luy reproche à la fin de l'article, qui est qu'au lieu d'expliquer les Mathematiques en Philosophe, il a expliqué la Philosophie en Mathematicien : car certes cela ne veut rien dire.

On ne trouve dans le 5. article que le jugement que l'Auteur fait de la bonté des ouvrages de Mr. Descartes. Il met les Meditations Metaphysiques au dernier rang. Il y en aura d'autres peut-estre qui les mettront au premier, sans qu'on puisse blâmer les uns ni les autres, parce qu'on ne dispute point des gouts.

Les trois articles suivans, ne contiennent autre chose, que des reproches que l'Auteur fait à Mr. Descartes de n'avoir pas esté assez modeste, & de s'estre attribué la gloire d'avoir inventé une infinité de choses qui ont esté trouvées par les Anciens. Le 9. art. est un éloge d'Aristote; & le dernier fait voir que les preceptes de la Morale de Mr. Descartes sont fort communs, & qu'il a tort de croire qu'ils sont émanez de sa seule methode, parce qu'en effet ils procedent de l'ancienne Philosophie, & ne sont que les regles mêmes que prescrit la sagesse naturelle. Comme cela ne regarde point le fond de la doctrine de Mr. Descartes, laquelle seule nous avons entrepris de deffendre, nous n'y répondrons point du tout.

F I N.

EXTRAIT DU PRIVILEGE du Roy.

PAr Grace & Privilege du Roy, donné à Versailles le 18. Janvier 1691. signé, Par le Roy en son Conseil, LE PETIT, & scellé du grand Sceau de cire jaune: Il est permis à Jean Cusson, Imprimeur & Libraire de Paris, d'imprimer, ou faire imprimer, vendre & distribuer un Livre composé par PIERRE SILVAIN REGIS, intitulé, *Réponse à un Livre qui a pour titre, Petri Danielis Huetii, Episcopi Suessionensis designati, Censura Philosophiæ Cartesianæ*: servant d'éclaircissement aux principales parties de la Philosophie, & sur tout à la Metaphysique; en tel volume, marge & caractere qu'il voudra choisir, durant le temps de six années consecutives, à compter du jour qu'il sera achevé d'imprimer pour la premiere fois en vertu du present Privilege. Et deffenses sont faites à tous Imprimeurs, Libraires, & autres personnes de quelque qualité & condition qu'elles soient, de l'imprimer ny contrefaire en aucune maniere que ce soit, vendre ny distribuer aucuns Exemplaires contrefaits, à peine de quinze cens livres d'amende, confiscation des Exemplaires contrefaits, & de tous dépens, dommages & interefts, ainfi qu'il eft plus amplement porté par ledit Privilege.

Regiftré fur le Livre de la Communauté des Libraires & Imprimeurs de Paris le 16. Mars 1691.

Signé, P. AUBOUYN, Syndic.

Achevé d'imprimer pour la premiere fois en vertu du prefent Privilege, le 31. Mars 1691.

www.ingramcontent.com/pod-product-compliance
Lightning Source LLC
Chambersburg PA
CBHW072012150426
43194CB00008B/1082